Farbrorn som inte vill va' stor

KLAS GUSTAFSON

Gösta Ekman
Farbrorn som inte vill va' stor

Leopard förlag · Stockholm 2010

Böcker av Klas Gustafson utgivna på Leopard förlag

Ett bluesliv. Berättelsen om Cornelis Vreeswijk 2006
Enkel, vacker, öm. Boken om Monica Zetterlund 2009

www.klasgustafson.se

Gösta Ekman. Farbrorn som inte vill va' stor.

Leopard förlag, S:t Paulsgatan 11, 118 46 Stockholm
www.leopardforlag.se

Grafisk form omslag och inlaga:
Niklas Lindblad/Mystical Garden Design
Omslagsfoto: Eva Lindblad/1001bild.se
Repro: 1001bild.se
Tryck och bind: Livonia Print, Lettland 2010
ISBN 978-91-7343-262-7

Innehåll

ENSK SKONLITTERATUR

Bokens bäste vän

Första gången är bland de begagnade böckerna i solidaritetsrörelsen Emmaus butik på Götgatan i Stockholm. Klädd i en rock som ser ut att vara Martin Becks avlagda stryker Gösta Ekman längs hyllorna, läser bokryggarna med huvudet på sned, lägger prövande en volym i handen. Det har stått i tidningen att han har pensionerat sig.

Andra gången ses vi för en intervju. Så snart han kommit in vänder sig Gösta Ekman till synes instinktivt mot rummets enda bokhylla. Medan han reflexmässigt återställer de band av Encyclopædia Britannica som hamnat i oordning berättar han om hur Hans Alfredson en gång generat köpt hela uppslagsverket, sedan en av sönerna ljudligt kommenterat att dörrförsäljaren hade ett ovanligt stort huvud. I revyn *Lådan* sjöng Gösta och hans dåvarande fru Fatima en duett om just Encyclopædia Britannica. Nyligen har han i samband med en flytt tvingats göra sig av med sin egen uppsättning, tillsammans flera hyllmeter böcker. Han saknar dem redan.

Tredje gången anländer Gösta Ekman till ytterligare en intervju. Han bär på några just inhandlade böcker. Som nybliven professor på Tea-

En artonårig Gösta Ekman på Stadsbiblioteket i Malmö 1958, kanske ditsänd av arbetsgivaren Ingmar Bergman. Gösta var redan en hängiven läsare, men de egna alstren blev liggande i skrivbordslådan. "Jag anser mig ännu inte tillräckligt mogen för att ge offentlighet åt mina små skriverier", sa han i en tidningsintervju från den tiden. Kavajen var det första plagg han köpte, utan mammas samtycke. Färgkombinationen blått och grönt orsakade beska kommentarer från omgivningen. "Och ingen vuxen människa tyckte om när jag klippte mig så där kort. Men det är kul att se att jag faktiskt har haft hår."

terhögskolan i Stockholm förbereder han en kurs och behöver en del av den litteratur han tidigare rensat ut och lämnat till barn, kolleger och antikvariat. I trapphuset till lokalen där vi ska ses står tre papperskassar med böcker i väntan på att bäras bort. Jag vill gärna tro att en person som alltid är igenkänd och påpassad skapar strategier för att inte i onödan hamna i blickfånget. För den händelse Gösta Ekman har en sådan strategi skingras den i samma ögonblick han ser bokkassarna. Utan minsta tvekan ställer han sig på knä för att söka igenom dem, helt oberörd av människorna som passerar bakom hans rygg. Han gör några fynd.

Hellre än till krogarna kring Stureplan har Gösta Ekman gått till Rönnells antikvariat. Hemma på bokhyllan sitter en devis: "Den vinner som har flest böcker när han dör". Det är alltså ingen tvekan om att böcker är omhuldade i Gösta Ekmans tillvaro. Han kallar alfabetet världens största underverk och betraktar böckerna som sina bästa vänner. För deras skull lämnade han i början av 2000-talet teaterscenen och filmen: "När jag slutade jobba och pensionerade mig var det just för min stora vackra bokhyllas skull."

I skolåldern kröp Gösta Ekman under täcket med en ficklampa om kvällarna för att få läsa ostört, fast han borde sova. När han fyllde 15 år blev han uppvaktad av sin pappa med ett rejält bokpaket och orden: "Nu är du tillräckligt gammal för att börja läsa bra böcker!" Författarna var sådana som Eric Linklater, Graham Greene och Olle Hedberg. Sin första bokhylla snickrade Gösta i skolslöjden. "Jag hade ett antal böcker, kanske tjugofem stycken, som jag numrerade. I en anteckningsbok hade jag skrivit nummer 1 till 25, så att jag först kunde slå upp anteckningsboken och sedan gå rakt fram till hyllan och plocka ut nummer 14, som kan ha varit något av Sigfrid Siwertz. Jag var besatt och så har det förblivit: Jag är förälskad i böcker."

Det är en kärlek han beskriver som *taktil*, Gösta Ekman har ett behov av att beröra de åtrådda: "Jag tycker om att hålla och bläddra och titta i böcker. Det är en lidelse. Jag måste sysselsätta mig med böcker varje dag. Om jag inte gör det varje dag måste jag åtminstone läsa innan jag somnar, och då blir det ofta längre än jag tänkt mig."

Böcker stillar hans kroniska nyfikenhet, Gösta Ekman betraktar dem som oöverträffade källor till kunskap, han säger sig lida av ”uppslagsvärk”. Längtan efter bildning är motsägelsefullt nog ett skäl till att han lämnade skolan efter nionde årskursen, underkänd i fyra ämnen. ”Jag slutade gå till skolan, det var därför jag blev underkänd. Före det underkända slutåret var jag nog en ganska normal elev, kanske över medelmåttan. Så länge jag var intresserad gick det bra. Sen fick jag andra intressen, bland annat läste jag mycket – men inte vad som föreskrevs.” Sedan dess har böckerna ingått i hans pågående fortbildning. ”Jag tycker det är min plikt att ta reda på så mycket som möjligt. Skolningen har varit hårdare efter det att jag slutade skolan.”

Gösta Ekman blev tidigt fäst vid Jerk Dandelin, huvudperson i flera av författaren Walter Ljungquists böcker. Sen dundrade Stig Dagerman in i hans liv. Colin Wilson. Jack Kerouac och Hermann Hesse förstärkte hans självbild som outsider. Han träffade de unga poeterna och författarna i femtiotalets Stockholm. De pratade om böcker, litteratur var ett samtalsämne, det var så man följde tidens strömningar.

Läsandet har satt spår. Böcker är ännu ett samtalsämne, också ett solkigt uppslagsverk från sextiotalet manar fram minnen och berättelser. Det finns ett litterärt citat för varje tillfälle – varför leta efter orden när en författare redan har uttryckt det man vill få sagt? ”Är du rädd för att formulera dina åsikter med egna ord?” undrade en gång en intervjuare och Gösta Ekman bekräftade: ”Jo, det är nog rätt. Jag är nog lite skrajsen för det. Det är kanske ett skrå-fel? Jag skulle kunna tänka mig att en stor grupp av just skådespelare är lite rädda för sina egna ord. De hyser kanske en abnorm respekt för det skrivna ordet och därför föredrar att citera andra.”

När han som ung sökte en inriktning var skådespelaryrket långt ifrån det självklara valet: det hade varit betydligt enklare att *inte* följa den bana som gjort hans far och farfar berömda. Gösta Ekman är en god tecknare – som sjuttonåring gjorde han omslagsillustrationen till en av pappa Hasses böcker – och en hygglig pianist, han kunde ha blivit bildkonstnär eller musiker. Eller författare. Livet igenom har han varit en flitig skrivare, speciellt i ungdomen då vänner och förälskelser fick långa och innehållsrika brev från honom. Under perioder har han fört dagbok om livet och konsten, han har suttit på caféer med nyinköpta japanska pennor och antecknat det som fallit honom in, skrivit för själva skrivandets skull.

"I klara ögonblick inser jag att jag inte är lämpad som målare, ej heller tecknare, så ej heller musiker", skriver han som tjugoåring, sommaren 1959. Han konstaterar att tre yrkesval återstår: skådespeleri, regi, författarskap. "Skådespeleri ligger närmast till hand. Regi och författarskap kräver i mitt fall livs- och teatererfarenhet." När han något år senare blivit fast anställd skådespelare vid Stockholms stadsteater stryker han även författarskap från listan. Tanken tycks honom så pretentiös att den får honom att känna leda inför sig själv, "som anser det jag skall skriva så viktigt att någon skall läsa det". Skrivandet är mödosamt, han är ju inget litterärt underbarn, det räcker inte med att föra pennan till papperet för att skapa litteratur. Vad värre är, han tycker sig sakna en avgörande talang: "Jag kan inte spåra skuggan av en stil någonstans." När han ändå dristat fråga sig själv: "Ska inte du göra en bok?" har han genast slagit ifrån sig med båda händerna. Böcker bär han med vördnad. "Litteratur är ett så fantastiskt område att jag har lite svårt att släppa in mig där. Det blir gärna att jag väljer att läsa i stället för att skriva. Att bli författare känns som ett omöjligt steg, jag har ju så stor respekt för dem som verkligen är det." I mer än femtio år har det därför varit Gösta Ekmans jobb att tolka vad andra redan formulerat. De gånger han själv arbetat fram manus har det skett i samarbete med andra, ofta professionella skrivare.

Att han är en hängiven läsare har gjort Gösta Ekman till en omtyckt uppläsare med förmåga att ge ord lyster. Själv närmar han sig varje oläst bok med vetskapen att den kan komma att förändra hans liv. Som barn byggde han kojor, som vuxen erbjuder böckerna honom fredade platser att vistas i: "Det är något specifikt med böckernas förtrollade värld. Det är som om jag hade rum som jag går in i. Jag får sällan komma ihåg drömmar, fast jag som alla andra drömmer en hel del. Mitt behov av att gå in i andra världar och miljöer och läsa andras dialoger kanske är en kompensation."

Han har ingen dator och säger sig knappt kunna hantera en mobil: "Men jag har gamla böcker som jag läser om. Jag har blivit gammal och är glad för det."

MED TANKE PÅ den position han erövrat i svenskt kulturliv har litteraturen om Gösta Ekman hittills varit löjligt liten. För trettio år sedan gav Bengt Forslund ut familjekrönikan *Från Gösta Ekman till Gösta Ekman. En bok om Hasse, far och son*. Sedan dess har unge Gösta porträtterats i några längre tidningsintervjuer och i en tredelad teveserie från 1996. Hög tid alltså att bokälskaren Gösta Ekman tillägnas en egen volym!

”Det är inte lätt att skriva om Gösta Ekman. Men roligt. Han tillhör dem som slår vakt om orden. Det är viktigt vilka man väljer”, konstaterade Bengt Forslund 1982 och, kan jag intyga, det gäller än. Jag har försökt vakta min tunga när vi har träffats, eftersom Charles-Ingvar Jönssons triumferande ”tajmat och klart, in i minsta detalj” och herr Gunnar Papphammars ömkliga kontaktförsök ”här ser ni en som inte syns” sedan länge ingår i mitt dagliga tal. Men Gösta Ekman säger sig vara enbart smickrad över de avtryck han gjort i svenskt språkbruk.

Den här boken vilar på omfattande samtal med Gösta Ekman, men vi var tidigt överens om att inte göra en renodlad intervjubok. Avsikten har varit att bredda och fördjupa historien om hans liv med kompletterande intervjuer och grundlig research: bara att se de femtio filmer han medverkat i under femtio år är i sig en resa genom svensk filmhistoria. Gösta Ekman har villkorslöst ställt sitt privata arkiv till mitt förfogande. Det har fyllt golvet i mitt arbetsrum; fyra digra papperskassar och en rymlig plastkasse med fotografier och teckningar, personliga brev och noteringar, manuskript, affischer, klippböcker, tidningar och tidskrifter. Det har utgjort ett oumbärligt arbetsmaterial. Utan att förringa den gröna Konsumkassens betydelse har den rödvita från Hemköp visat sig särskilt innehållsrik.

I fyra tidigare artistbiografier har jag försökt att begränsa antalet namn, för att inte i onödan belasta läsarens minne med ett alltför rikt persongalleri. I den här boken har jag låtit alla sådana hänsyn fara. Gösta Ekmans livsvandring är i högsta grad beroende av dem han mött längs vägen, lärt känna och tagit lärdom av. De är många! Där finns folk från teater, film och revy, radio och teve, där finns författare, bildkonstnärer, konsthantverkare och åtskilliga andra. Sammantaget utgör de matrikeln över nittonhundratalets svenska kulturliv.

Minns någon *Forrest Gump*? Filmen där Tom Hanks spelar mannen med den kusliga förmågan att vara närvarande vid de avgörande ögonblicken i USA:s moderna historia har gjort sig påmind under bokarbetets gång. Jag har föreställt mig Gösta Ekman som det svenska kulturlivets egen Forrest Gump. Se där, den bleke yngling som promenerar arm i arm med den åldrade stumfilmsstjärnan Victor Sjöström på Filmstaden i Råsunda, det är Gösta! Han går steget bakom Ingmar Bergman på Malmö Stadsteater, när den står i centrum för svensk teaterkonst. Från Knäppupps kulisser ser han Povel Ramel förnya svensk revyunderhållning och hör den unga jazzsångerskan Monica Zetterlund på Nalen. Under Kungsträdgårdens almar umgås Gösta med Metamorfosgruppens poeter, bland dem den självförbrännande Paul Andersson. På Hamburger Börs möter han författarna och visdiktarna vars litterära kabaréer väckt krogpublikens jubel: Lars Forssell, Beppe Wolgers, Pär Rådström och Olle Adolphson. I Kråkslottet i Saltsjöbaden sitter han om natten vid köksbordet och delar en flaska rött med värden själv, revykungen Karl Gerhard. I en liten röd stuga i Vitabergsparken sprutar han idéer med den nya tidens revymakare, Hasse och Tage. Det är klart att Gösta Ekman också var närvarande vid de händelser i Stockholms kulturliv som ännu låter tala om sig: uruppförandena av *Lång dags färd mot natt* på Dramaten vårvintern 1956 och *Aniara* på Operan sommaren 1959.

Gösta har faktiskt mött framtida vänner och kolleger utan att ens vara medveten om det. Åtskilliga år efter att han lärt känna skådespelaren Kent Andersson insåg Gösta att de båda faktiskt hade stött på varandra redan som ungdomar. Kent Andersson berättade om ett Parisbesök våren 1960 då hans sällskap blivit bjudet på absint, den alkoholstinna malörtsbrygden, och en tokstolle började fasadklättra. "När Kent berättade om denna idiot kom jag på att det faktiskt var jag. Den där absinten gjorde nog sitt till", säger Gösta om tilltaget att bestiga fasaden.

Under en revyrepetition 1973 satt Gösta och småpratade med sin medspelare Martin Ljung, som han sett och beundrat i femtiotalets Knäppuppföreställningar. Nu talade de om sina tidigaste minnen av roliga teaterbesök och Gösta kom att tänka på när han som åttaåring sommaren 1947 togs med till Skansenteatern. Pjäsen i sig roade honom inte speciellt, men under ett scenbyte skrattade han desto hjärtligare. Några smårollsinnehavare ställde ut ett par grindstolpar, som ingick i dekoren. ”De kånkade med stort besvär. En av dem satte ner en stolpe, till synes gjord av sten, ställde sig några meter ifrån och upptäckte att den var felaktigt placerad. Då sprang han fram, gav den en puff och avslöjade hur lätt den i själva verket var. Det tyckte jag var fantastiskt roligt.” Martin Ljung satt en lång stund i tankfull tystnad, sen tittade han på Gösta och sa: ”Skojar du? Det var jag!”

Allt detta säger möjligen att Sveriges – och i synnerhet Stockholms – kulturkrets är liten, men också att Göstas sociala talang är stor. Själv säger han att de viktigaste kontakterna knöts under tioårsperioden 1955–65.

INFÖR ARBETET MED den här boken talade jag med personer som, utan att känna Gösta Ekman närmare, kunde anförtro mig att han är svår, divig och självupptagen. En av dem beskrev honom till och med som ”journalistätare”. Den Gösta Ekman jag mött – utan att bli slukad – har varit engagerad och intresserad och kommit punktligt till avtalade möten, i den stund klockorna i Maria Magdalena kyrka slagit har han dykt upp bland fotgängarna på S:t Paulsgatan. Han har visat sig vara lättillgänglig, ha psykologisk blick och stor inlevelseförmåga – faktiskt inga självklara egenskaper hos skådespelare, vars jobb det är att gestalta andra. Gösta Ekman, som hela livet haft ljuset på sig, är genuint intresserad av människor i sin omgivning, noterar detaljer, är generös med komplimanger. ”Jag gick i psykoanalys under sju års tid och har inte bara en nyfikenhet på mig själv. Jag undrar: ’Hur fungerar *jag*? Hur fungerar *vi*? Vad finns det för terminologi när vi pratar om hurdana vi är?’ Det här jobbet handlar om människor. Därför blir det också jobbigt. Jag kan längta efter ensamhet och är mycket för mig själv. När jag är tillsammans med någon annan, så upptar det mig väldigt starkt.”

När jag nämnde bokprojektet för en person som faktiskt känner Gösta Ekman väl, fick jag ett snett leende och en medlidsam blick: ”Han kan snacka!” Mångordigt och målande, med åtskilliga inskjutna bisatser och förklarande utvikningar, har han berättat för mig om sitt

Den drömske Ragnar sitter på sitt kontor och tänker på den lyckliga tid då han var barn. Ur Farbrorn som inte vill va' stor.

liv och sin karriär i den film- och teatermiljö dit han kom som tredje generationen Ekman. Han har haft ett brinnande intresse för det yrke han trots allt valde. Därtill är han en reflekterande och god berättare med öga för det udda. Gösta Ekman har ett häpnadsväckande gott minne av enskilda filminspelningar och scenföreställningar, alldeles särskilt minns han dem som var hans arbetskamrater. De jobb han gjort på egen hand, som uppläsare och berättare, kan han däremot ha glömt, fast de satt outplånliga spår hos oss som tagit del av dem.

I slutet av 1970-talet stod han för berättarrösten till den tecknade teveserien *Farbrorn som inte vill va' stor.* Vi som såg den anade redan då att Gösta Ekman och farbrorn var befryndade, nu vet jag säkert. Barnet bor i honom och leken är hans livsluft, fast han fyllt 70. Den farbroderlige Gösta Ekman undrar fortfarande vad han ska bli, när han blir stor.

Det har gått åtskilliga år sedan han första gången fick frågan: ”Måste du klä dig som en farbror?” Han tänkte: ”Jag har väl alltid klätt mig så här! Och så plötsligt är man *farbror*!” Om hans barndoms blick hade fångat den han är i dag hade den unge Gösta sett en farbror. Men aldrig att barnet hade kunnat ana att farbrodern hade de tankar och fantasier som nu fyller hans huvud. ”En farbror satt väl på en bänk, till exempel, med ena benet över det andra och kunde svara på vilka frågor som helst. Han var lugn och *visste*, hade sett och hört och visste hur det *egentligen* förhöll sig. Men ... det är ju inte alls jag ... och ändå är det ju det. Jag svarar ju på frågor hela tiden! Tycker att jag vet allt och kan allt: ’Kom inte här och säg emot! Lilla du! Det måste vara trettio ... nej, fyrtio år sedan! Och i din ålder hade jag ...’”

Likt många av oss tycker han om att prata om sin egen person, låt vara att den självkritiske Gösta Ekman lider av det han kallar en obesvarad kärlek till sig själv: ”Jag har väldigt svårt att imponera på mig. Jag går inte på mig. Och jag bedrar mig. Jag vet att jag gör så gott jag kan, men det går jag inte på.” Han ifrågasätter ständigt sina motiv, även för samtalen som ligger till grund för den här boken: ”Det handlar om mig! Vadå om mig? Mera gömd än så här kan man väl inte bli. Det är bara kamouflage!”

Lusten framför allt

När rektorn för Teaterhögskolan i Stockholm hörde av sig och erbjöd honom en professur i scenisk gestaltning trodde Gösta det var ett skämt. Blotta tanken på ”professor Papphammar” föreföll absurd. ”Jag tänkte att jag har i alla fall arbetat i över femtio år, med det mesta inom det här jobbet. Varför skulle inte jag kunna vara professor! Det är fortfarande svårt att fatta, eftersom jag inte ens är student. Jag tänker på vad en professor var för mig, när jag var ung.”

Efter en lång karriär är han en av Sveriges mest kända och älskade skådespelare. Själv brukar han invända att det är hans farfar som är *skådespelaren* Gösta Ekman: ”Om jag nu inte direkt vill kalla mig en reproduktion så är jag väl underhållare, komiker, artist, allt i allo. Lite vad du vill.” Vad han än är, har hans spelstil blivit ett begrepp och en måttstock för andra. Om någon yngre kollega av en recensent kallas ”Gösta Ekmansk” är det avsett som beröm, det förväntas läsarna förstå. Den som vill vara Gösta Ekmansk ska förena rapp replikföring och troskyldig uppsyn med det Hans Alfredson kallar ”en uppfinningsrik kropp”. Det är en sällsynt kombination.

Drygt fyrtio verksamma skådespelare sökte till den ettåriga magisterutbildningen *Den skrattretande teatern*. Sju fann nåd inför juryn, bland dem Maria Sundbom och Erik Johansson. Båda har teaterhögskolestudier bakom sig, men först nu fick de chansen att fördjupa sin kunskap i ”teaterkonstens komiska potential”, som det heter i kurspresenta-

← *Ett exempel på konsten att vara Gösta Ekmansk: mannen som spiller på sig, från Svenska Ords revy* Svea Hund på Göta Lejon 1976. *Bakgrundskören består av Lasse Bagge, Monica Zetterlund, Hans Alfredson och Kerstin Bagge.*

tionen. Egendomligt nog; när den förste gycklaren ställde sig på torget var syftet att locka fram skratt.

Det går inte att vara komisk på en scen utan att ge av sig själv och lyhört samspela med publiken. Alltså borde det vara skådespelarutbildningens grundkurs, menar Maria Sundbom: "Man skulle börja där, för att få med sig den medvetenheten, lära sig vad som funkar och inte funkar, rätta till och ställa om för att få det att flöda. Sen kan man ta in dramatiken." Ändå var det inte ämnet i sig som fick henne och Erik Johansson att söka till kursen *Den skrattretande teatern*. Det var den skrattretande professorn som lockade dem, deras barndoms Charles-Ingvar Jönsson och herr Gunnar Papphammar. För Maria Sundbom var det en dröm att Gösta Ekman efter en tid i det fördolda plötsligt blev tillgänglig. Erik Johansson ser i honom den komplette skådespelaren: "Han kan göra allt!". Därtill erbjuder Gösta honom ett alternativ: "För mig som ung manlig skådespelare är det svårt att hitta äldre förebilder. Det finns ett machoideal där man ska vara häftig och tuff och jobba med grabbarna. Gösta står för en öppen och prestigelös och sund inställning, till sitt yrke och sig själv. Om jag skulle få drömma om var jag är som skådespelare när jag blir äldre, så är det *där*."

Det blev ett intensivt år, med många skratt och långa samtal om liv och död, filosofi och psykologi. "Ovanligt djupt, för att vara en humorkurs", säger Maria Sundbom: "Det finns lika mycket att diskutera kring humor som kring vilken konstart som helst. Nu låter det självklart, men det var inte självklart för mig tidigare. Efter ett helt år blir man tvungen att ta det på stort allvar och det är också Göstas budskap: Man ska inte skoja bort humorn!"

Snarare än professorsmässig pedagog har han varit inspiratör och mentor. Det finns inga enkla trick, ingen klatschig Gösta Ekman-metod att ta till för att höja stämningen i en teatersalong. Möjligen finns det en Gösta Ekman-moral, som förenar risken att misslyckas med modet att visa upp den egna litenheten. Hans egen guru är Nasse, Nalle Puhs förskrämde vän, han som hoppar till när han blir rädd och sedan fortsätter att hoppa, för att dölja sin pinsamma reaktion. "Jag har alltid älskat Nasse. Det är basen för all komik – man gör bort sig och så försöker man släta över det."

Det är inte kul att göra bort sig. Att snubbla är inte roligt. Förmågan att locka fram publikens skratt bottnar i ens livshållning. Tricket är att identifiera sitt *eget* "humor-jag", blotta det på scenen och stå för sin humor. August Strindberg påstod att vi bara skrattar åt våra medmänniskors olycka. "Om det är så vill inte jag vara med", säger Gösta. "Jag hoppas att man kan skratta, utan att hånskratta och utan att vara skadeglad. Jag hoppas att vi kan skratta åt oss själva och varandra, som en avslappning. Eftersom livet faktiskt är väldigt svårt och krångligt och för det mesta *inte* är roligt – för att inte säga o-roligt." Skådespelaryrket är enligt Gösta den enda terapi man kan få *betalt* för: "Jag snubblar inte bara för andras skull. Det är också för min egen skull. Eftersom jag inte kan vara så tjusig, så kan jag stå på huvet i stället och göra bort mig."

Under året på teaterhögskolan har Gösta generöst delat med sig av det han själv lärt under sitt yrkesliv, ändå finns något som är undangömt. "Han har en hemlighet! Så tänker jag fortfarande, fast vi har tillbringat ett år med honom. Inte för att man vill ha den, eller ens vill veta vilken den är, men den lockar en att söka vidare – i sin egen person, i teatern, i komiken. Han inspirerar med det där, vad-det-nu-är", säger Maria Sundbom.

Året har varit lärorikt också för Gösta. Han har i sitt yrkesliv varit hektiskt upptagen av teater och revy och film och radio och teve. Han har inte haft tid att lyfta blicken och analysera *vad* han gjort och *varför*, framför allt har han inte tidigare tvingats formulera sig kring yrkets teori och praktik. Det är först i samtal med andra människor erfarenheterna får en innebörd. "Hur ska jag veta vad jag tänker, innan jag hör vad jag säger, sa kärringen", är ett ordstäv Gösta gärna citerar: "Det ligger mycket sanning i det. När man plötsligt hör vad man säger, kan man i konfrontation med andra upptäcka om det håller."

Analysen kan också leda vilse. Gösta brukar likna underhållande teater vid en kärleksakt, så laddat är samspelet mellan scen och salong. "Men att i en kärleksakt prata om hur vi ska göra för att få ut mesta möjliga? 'Om du trycker lite mindre där och pillar lite hårdare där, så kan jag i gengäld sluta upp med att göra så där ...' Man kan tappa lusten för mindre! Och allting handlar om lust, leklusten är det primära."

Teaterstudenternas intresse för hans erfarenheter har han funnit både smickrande och skrämmande. Det har inte ens föresvävat honom att försöka förmedla en teknik. Konsten är inte att härma. Den som ton för ton pluggar in ett solo av Charlie Parker blir inte automatiskt världens bästa altsaxofonist. ”Jag har alltid varit rätt så fysisk som skådespelare, och det har jag varit av bara farten. Jag har inte tänkt: ’Jag skulle nog trilla omkull här, det skulle kunna vara effektivt.’ Jag har *gjort* det. Så har jag upptäckt, själv och med hjälp av andra, att det inte blev så pjåkigt. Jag kan inte lära andra *var* de ska snubbla, *hur* de ska snubbla och av vilken orsak. Men jag kan peka på vad jag har gjort och vad jag tror att jag hade för motiv när jag gjorde det.”

Det finns förvånansvärt lite forskning kring konsten att vara rolig på en scen, underhållning har ju inte alls samma status som dramatik. Nu har Gösta fördjupat sig i improvisationsteatern i Chicago, med rötter i 1920-talet. Han har läst om hur utländska kolleger i böcker har beskrivit sina jobb. ”Jag upptäcker att det finns likheter hos oss som har gjort likartade grejer. Det där är kul, för det har jag inte brytt mig om tidigare i mitt liv. Det är en upptäckt: Vi är många som säger ungefär samma sak.”

Året på teaterhögskolan har lärt Gösta att bättre förstå sin egen plats i traditionen. Vår tids omhuldade naturalistiska teater som ropar ”Jag! Jag! Jag!” och blåser upp aktörens ego är bara en episod i en mycket större berättelse. Bakom den teater som talar med magstöd och där skådespelaren helst ska vara ett med sin roll finns den där marknadsgycklaren som samlar en ring av åskådare kring sig. Gösta har spelat såväl Shakespeare som Tjechov och Strindberg, men har sitt hjärta hos gycklaren på torget. ”Jag är barnsligt förtjust i idén att ha ett bord att ställa mig på för att synas bättre. En enkel teater där jag kan säga: ’Jag är en myra.’ Eller ta på mig en kork med ett gummiband och säga: ’Nu är jag clown.’ Det lätta, barnsliga.” Nog har Gösta emellanåt önskat att han vore större och stiligare, men hans format har blivit en tillgång i jobbet: ”Många kan identifiera sig med en liten person, för vi har alla varit små, vi har varit barn. Jag tror att jag har kontakt med den där lilla, i mig.”

När Gösta Ekman scendebuterade som statist på Skansenteatern sommaren 1955 var skådespelarens arbetsmarknad begränsad, var jobben fanns var väl definierat. Det var teatrarna, där Dramaten var finast och hade scenutbildningen knuten till sig. Filmbranschen bestod av några få produktionsbolag och ateljéer. Radion fick sin andra kanal. Televisionen hade ännu inga reguljära sändningar. "I dag har den skrattretande teatern förgrenat sig och knoppats av och kastat både luftrötter och underjordiska rötter och poppar upp både här och där, på ett sätt som är väldigt annorlunda mot när jag ville in i den här världen. En skådespelare är ju vid och bred på ett annat sätt i dag. Du kan föreläsa och du kan ståuppa och det finns en oändlighet av massmedier som du kan vädja till i ditt desperata behov av att åtminstone få ihop till hyran. Det är väldigt förändrat sedan jag var tonåring."

Den unge Gösta kom till en hierarkisk teatermiljö. När han som nybliven skådespelare och regiassistent föreslog att *alla* som medverkade i en produktion skulle få var sitt pjäsexemplar, trodde omgivningen att han skojade. I dag är det en självklarhet att alla ska vara pålästa, men då hade regissören monopol på att tolka dramatikerns avsikter. Klassindelningen var strikt. Stjärnskådespelarna talade i bästa fall med varandra och högst ogärna med den övriga ensemblen. Gösta fann det befriande att spela fars och revy på de mer jämlika privatteatrarna: "Där var det lika barn som lekte tillsammans."

På sextiotalet luckrades teaterns hierarkier upp. Revy- och kabaréformen kom in också på etablerade scener. År 1963 ansågs till och med Bertolt Brecht ha blivit tillräckligt fin för att bli spelad på Dramaten, mer än trettio år efter genombrottet som dramatiker. Några unga skådespelare lämnade nationalscenen för att spela ensembleteater, fristående teatergrupper bildades, Gösta var själv med om att starta en.

Han minns med värme och kärlek mötet med den politiskt radikala New York-gruppen The Bread and Puppet Theatre, med sina anslående dockor och vanan att dela bröd och aioli med sin publik. Han lyssnade på skivinspelningar med amerikanska improvisationskomiker som Mike Nichols, Elanie May och Shelley Berman – och tog stort intryck. "Den typen av teater var ju, för att uttrycka det enkelt, inte *fin*."

"Jag vilar min talang", var det avväpnande svar Göstas farfar tog till när han blev kritiserad för att svika dramatiken och spela komedi. Han om någon visste förstås att det kostade på att vara rolig på scenen. "Han levde på det, han hängde på gärsgårn, han var tvungen att få folk och garva. Då fick han in pengar. Det ska man inte förakta; att kunna arbeta på allvar med att få folk att skratta", säger Gösta och citerar gillande skådespelaren Peter Ustinov: "Comedy is just a funny way of being serious."

Gösta har själv skrattat på teatern sedan han gick i kortbyxor och knästrumpor. Han minns komediaktören Thor Modéen, har roats av Åke Söderblom och Egon Larsson, Carl-Gustaf Lindstedt och Arne Källerud. Povel Ramels Knäppuppföreställningar gjorde honom upphetsad till hjärtklappningens gräns. "Det var en lisa. Jag mådde bra av det. Det var som medicin. Även om jag beundrade Ingmar Bergman och led med James Dean och undrade hur man bar sig åt på Actors Studio så är den andra sidan lika viktig, den är värd att tas på samma allvar." Att det han kallar den skrattretande teatern fortfarande betraktas som lägre stående förvånar Gösta: "Juvelen i teaterns krona är fars och komedi. Många skådespelare kan spela lysande teater, få kan spela fars och komedi. I många andra länder betraktas det som höjden av kunskap. Om jag kan bidra till att höja statusen på den skrattretande teatern, då tycker jag att jag har uträttat något."

Närhelst han hör stridsropet att teaterns uppgift är att skildra verkligheten skakar Gösta på huvudet: "Glöm aldrig att det är lek!" Hans studenter på teaterhögskolan har hört honom tala om det eviga barn vi bär inom oss och vikten av att behålla leklusten. Visst måste skådespelare analysera sitt stoff, förbereda sig, läsa och anteckna, men den teoretiska sidan av jobbet får inte skymma sikten, den ska nära leklynnet. Gösta Ekman drivs av lust och så har det alltid varit: "Det måste ständigt svämma över, så att man kan ta av överskottet."

Gamle kungen Gustaf VI Adolf hade som sitt valspråk "Plikten framför allt". Gösta har spelat såväl Gustav III som Karl XII och Kungen i Mumindalen och om han själv tagit sig ett valspråk hade det kunnat bli "Lusten framför allt". En orsak till att han drog sig tillbaka från scenen och filmen var att plikten börjat tära på lusten. Det betyder inte att han någonsin tagit lätt på sina uppgifter, det förstår alla som sett resultatet. Lusten föds i arbetet och Gösta har varit plikttrogen. "Har jag sagt att jag ska klara något gör jag vad som står i min makt i hopp om att klara av det. Jag skolkade sista året i skolan, men det var också sista gången. I övrigt har jag aldrig klarat att skolka. Det känns så visset efteråt."

Också rollen som kursansvarig professor på Teaterhögskolan har han gått in i med största allvar. Det har förvånat honom att det kostat så mycket energi att bara sitta och prata. "När jag höll på som mest med gruppen så kände jag mig som en jättelik utsugen sugga med långa torra spenar när jag kom hem. Det fanns ingenting kvar. Det tror man inte medan det pågår, för vi hade väldigt trevligt tillsammans."

Under den andra terminen överlät Gösta allt oftare undervisningen till kolleger, erfarna komiker som ingen högre scenutbildning tidigare engagerat. "Vad ska jag göra!" undrade de flesta lätt skärrat när Gösta Ekman ringde och bad dem komma. De ställde upp, eftersom det var just han som bad dem. "Vem annars hade fått in de här människorna i jobbet? Där kan jag slå mig för bröstet!"

Sedan Mia Skäringer från teveserien *Mia och Klara* fått ett sådant samtal från Gösta grät hon hela kvällen, för det var han som lyste upp hennes barndom: "När pappa drack och mamma mådde dåligt psykiskt så var det Papphammar och jag. Bara vi som förstod varandra. Bara han som tröstade mig. På en liten ful teve. I en liten ful video. I ett fult höghus i en ganska ful barndom." Sedan hennes mamma ropat in ett par rullskridskor på auktion hade Mia Skäringer lyckan att välta möbler, riva ner gardiner och slå telefonen i huvudet. "Och mamma och pappa skrattade. Och jag lärde mig att älska när människor skrattar åt mig. Det kunde betyda att de faktiskt mådde bra. Att allt skulle bli bra."

UNDER INTENSIVA PERIODER i regiarbetet med Molières *Den girige* på Dramaten hösten 2009 låg Gösta i sin säng om natten och försökte koppla av, med bindel för ögonen, proppar i öronen och bettskena i munnen. "Det är nästan komiskt", sa han, fast det var ett helvete. Gösta besitter den rätt sällsynta förmågan att kunna betrakta sig själv utifrån, han har en distanserande blick som kan ge omvälvande händelser rimliga proportioner. Självironi kan vara en lyx för den som haft framgång i livet, men Gösta hade uppenbarligen fått gåvan tidigt. Hans

VHS-kassetten som lyste upp Mia Skäringers barndom.

vän Beppe Wolgers kommenterade den redan 1966: "Jag tror aldrig jag mött någon som berättar om sej på ett sånt sätt. Så fullkomligt osentimentalt, raljerande, klarsynt, utanför. Hjärnan talar och hjärtat tiger, lite häpet och undrande."

I Göstas inre vrår finns minnet av situationer som har skrämt honom. "Jag bär med mig det och gör därför om mycket, endera till något jag ska erövra eller komma förbi och sen säga: 'Det gick!' Eller göra om det till något rent av skrattretande, för att klara av det." Gösta ser inte bara det tragiska utan också det sorglustiga i sitt pinsamma prov till teaterskolan och sin ungdoms misslyckade självmordsförsök. Det betyder inte att tragiken förringas och allvaret flamsas bort, men bitterheten och självömkan håller han kort. Så blir smärtsamma erfarenheter möjliga att leva med och lära av. Skrattet är den bro som bär över bråddjupen. "En desperat överlevnadshumor" har hans konst blivit kallad.

Han är fallen efter en filmstjärna och en friherrinna och döpt efter en legend, ändå brukar Gösta beskriva sig som *vanlig*. Han intresserar sig mer för det som förenar oss människor, än för det som skiljer oss åt. "Vi äter, dricker och sover. Vi blir glada av samma saker och oftast blir vi också ledsna av samma saker. Sen finns det också olikheter, vi är alla unika. Men likheterna är större." Att de figurer han gjort på scen och i film skulle locka till skratt har han aldrig kunnat vara helt säker på. "Jag gör det jag tycker är roligt. Sen blir jag förvånad över att de flesta faktiskt tycker likadant. Det är bland annat det som gör mig övertygad om att jag är vanlig."

När Gösta får frågan "Hur upptäckte du att du var rolig?" brukar han svara: "På grund av att omgivningen skrattade." Han växte upp bland många bröder och kusiner, med mycket bråk och mycket garv. "Min morfar var i sitt umgänge känd för att vara lite knasig, en festprisse. Min mamma var i hög grad kvinnan som gjorde vad som föll henne in. Min pappa har både gjort och skrivit en massa kul saker. Min farfar kunde vara fantastiskt rolig, säger folk. Det ligger i släkten det där med att vara skrattretande, att framkalla skratt."

En journalist överrumplade honom en gång med frågan: "Har din mamma ett fint skratt?" Gösta erinrade sig ett *härligt*, klingande skratt. Hans mamma blev bjuden till alla premiärer, inte minst för att hennes smittande skratt lockade andra att skratta. ”På äldre dar har jag kommit på att båda mina föräldrar älskade att skratta, de skrattade mycket och gott. Min pappa var den första som verkligen skrattade åt mig och uppskattade att jag var skrattretande. Båda mina föräldrar ville skratta tillsammans med mig och var jätterädda för att jag skulle fortsätta att vara så där allvarlig och utmanande. 'Måste du krångla till allting? Var inte så jobbig!' Det har jag hört i hela mitt liv.”

Känd redan som spermie

I en intervju från sjuttiotalet förklarade Gösta Ekman sitt stora tvivel på veckopressen med att han var känd redan som spermie. Det har blivit ett ofta citerat uttryck. Formuleringen är inte bara välfunnen, den återger rena rama sanningen. Hans föräldrars kärlekshistoria, bröllop och familjebildning gick vid slutet av 1930-talet som följetong i svenska veckotidningar, de var "Hasse och Agneta" med läsekretsen.

Blott tre månader gammal visades sonen Gösta upp på Vecko-Revyns omslag. Upplyft ur vaggan placerades han framför fotografen K W Gullers kamera. "Men unge herr Gösta tog saken lugnt och underkastade sig den ena posen efter den andra. Med en säkerhet, som absolut verkade medfödd", försäkrar reportern och anförtror läsarna att "efter fotograferandet drog sig dock kronprinsen tillbaka till sitt sovgemak och lämnade fältet fritt för vidare kameraskott i den vackra och konstöversållade våningen vid Rigagatan". Det var Gösta Ekmans första möte med hemma-hos-reportrar. Det skulle bli fler. "Publiciteten hörde till, liksom det hörde till att klä upp sig för att gå på en premiär. Att det fanns fotografer var en självklarhet, liksom att gå som seriefigurer i tidningarna", skrev mamma Agneta i sin memoarbok *Hallon och torr champagne*.

AGNETA WRANGEL VAR född och uppvuxen på godset Kristineberg utanför Eslöv i Skåne. Den vitputsade huvudbyggnaden hade tjugo-

Gösta debuterade som offentlig person när han vid tre månaders ålder poserar med pappa Hasse och mamma Agneta för fotografen K W Gullers, hösten 1939. Bilden hamnade på Vecko-Revyns omslag.

Gösta och brodern Krister var i början av fyrtiotalet omslagspojkar i veckopressen.

två rum och en armé av tjänstefolk: barnsköterska, kokerska, köks-pigor, husor, chaufför och kammartjänare. Uppfarten kantades av en kastanjeallé, kring parkens gräsmattor växte häckar av avenbok, i dammen simmade karpar, ridhästar och jakthundar hölls i stallet. Tolv statarfamiljer brukade godsets 400 tunnland jord och skog. Herrskapet hade vattentoalett, lantarbetarna satt på torrdass.

Godset hade Agnetas far fått i bröllopsgåva från sin egen far, när han sensommaren 1910 gifte sig med Stina Mörner. Sju år senare föddes Agneta som parets tredje barn.

Friherre Carl Gustaf Alfred Fredrik Axel Wrangel af Sauss kallades Chéri av vännerna. Han var enligt dottern Agnetas beskrivning beläst, intelligent och artistisk. Som ende sonen blev han satt att administrera familjens jordegendomar, trots att han varken hade intresse eller begåvning för uppgiften. Om han fått råda över sitt eget liv hade han blivit konstnär. Han var en kulturintresserad sällskapsmänniska, intog gärna stambordet på Savoy i Malmö, var god vän med prins Eugen och en intresserad deltagare vid arkeologiska utgrävningar tillsammans med blivande kung Gustaf VI Adolf. Hemma på gården var han en lynnig make och far. I hans närhet var Agneta alltid rädd och hon undvek honom så mycket som möjligt: ”Min pappa var en typisk 1700-talsfigur, en envåldshärskare. Han kallade mig 'jävla bolsjevik' för att jag bara lekte med statarbarnen. Det var mitt sätt att protestera mot hans kolossala intresse för noblessen.”

Gustaf Wrangel var allt annat än bolsjevik, under brinnande världskrig skulle han köpa aktier i den pronazistiska tidningen Dagsposten, utgiven av Sveriges Nationella Förbund med aktivt stöd från Hitlers Tyskland. Trots att släkten Wrangels stolta valspråk är ”Ärlighet varar längst” skulle det först så småningom bli känt att Gustaf Wrangel under hela äktenskapet med Stina hade en älskarinna. Skilsmässa var inte att tänka på i deras kretsar, men sommarmånaderna med barnen och hembiträdet vid stranden i Torekov erbjöd Stina en fristad. När Agneta och hennes bror studerade i Lund flyttade mamma Stina med, liksom när Agneta for till Frankrike för att lära sig språket. Till vårterminen 1937 bosatte sig mor och dotter i Stockholm, då Agneta som tjugoåring hade kommit in på Otte Skölds målarskola, ”den flyttningen blev mammas räddning undan äktenskapet”, skriver Agneta Wrangel i sin memoarbok. Själv räddade hon sig också undan den feodale patriarken på det skånska godset; målade och ritade croquis, debuterade i Stockholmssociteten, presenterades vid hovet och dansade på Grand i vit chiffongklänning. ”Min umgängeskrets bestod av Bennettar och Lewenhauptar och Thamar och alla dessa trevliga Stockholmsfamiljer, men där fanns ingen som jag föll för.”

Det fanns däremot stockholmare som föll för henne, inte minst den tjugoettårige Hasse Ekman, känd som skådespelaren Gösta Ekmans son och på egna meriter redan ökänd flickjägare. Klädd i svajig hatt och brokig sidenscarf gled han längs Stockholms gator i en grällt gul Chevrolet som gick under namnet "den rullande omeletten". Alltid något, tänkte Hasse Ekman: "kunde han inte väcka beundran kunde man åtminstone väcka uppmärksamhet." Enligt Agneta Wrangel såg unge Ekman ut som om han ägde alla fruntimmer som överhuvudtaget fanns: "Jag hörde en massa skvaller om honom och jag bestämde mig för att han inte var min typ."

Att hon däremot var hans typ framgår av det förälskade porträtt han senare skulle teckna ner. Hasse Ekman beskriver den skånska friherrinna han fått korn på som en skorrande vårprimör, hennes skratt lika smittande som en novemberinfluensa och ögonen glittrande som ett par sörmländska insjöar. En majdag 1937 träffas de på tu man hand. Hon är försenad på väg till sin sömmerska och skyndar över Nybroplan när en bil bromsar in tätt bakom henne. Där sitter Hasse Ekman i sin omelett, lyfter på hatten och övertalar henne att låta sig bjudas till lunch. En halvtimme senare, på takterrassen till Djurgårdsrestaurangen Bellmansro, föreslår han att de ska gifta sig. Därefter var de ett ofta sett par i Stockholms nöjesliv: "Cecil på Biblioteksgatan blev vårt andra hem, Royal och Operakällaren gick vi ofta på. Det blev en ansvarslös och rolig vår", skulle Agneta Wrangel minnas. Glatt bytte hon det uppsträckta societetslivet mot teaterbarnet Hasses mer okonventionella umgänge bland skådespelare, regissörer och producenter. Efter några film- och teaterroller och med färska intryck från ett halvårs studievistelse i Hollywood hade han fått anställning på Svensk Filmindustri med hela 22 000 kronor i årslön.

Gösta Ekman och sonen Hasse hade inlett ett för båda givande samarbete; i filmen *Intermezzo* spelade de far och son och gemensamt regisserade de en uppsättning på Vasan, faderns teater. Hasse var Gösta Ekmans förtrogne, den han kunde testa idéer på hemma vid köksbordet sena kvällar efter föreställningarna på teatern: "I timmar kunde vi sitta där ute i köket och prata och äta, och när pinnstolarna så småningom blev hårda och kalvkotletterna hade ätits upp, gick vi in i hans eget rum och fortsatte tills fåglarna började kvittra i kyrkogårdens trädkronor och morgontidningen med en duns ramlade ner ute i hallen."

Agneta Wrangel lärde känna Gösta Ekman och hans fru Greta i deras praktfulla våning på Artillerigatan 30, vid Hedvig Eleonora kyrka på Östermalm. Det var Gösta Ekmans sista tid i livet, märkt av kokainmissbruk och försvagad av blodförgiftningar uppträdde han alltmer bisarrt. Julen 1937 fick han lunginflammation, fördes till sjukhus, drabbades av urinförgiftning och dog den 12 januari 1938, bara 47 år gammal. Kungahuset och regeringen var representerade när han jordfästes, hovkapellet spelade och operakören sjöng. Mer än hundra tusen sörjande kantade gatorna där begravningståget passerade, i fönstren stod tända ljus.

Mitt i denna familjetragedi förberedde Hasse och Agneta sitt bröllop, han var 22 år, hon skulle fylla 21 samma vår. Gustaf Wrangel motsatte sig dotterns förening med simpelt teaterpatrask, själv hade han en hertig och några andra ståndsmässiga kandidater på lut. Han framhärdade i det längsta, försökte med myndigt maktspråk, bussade en privatdetektiv på Hasse Ekman, men fick ge sig. Till midsommarhelgen 1938 rustade han till bröllop i stensalen på Ellinge, godset han ärvt efter sin far.

Brudgummen anlände från Stockholm i sin nyinköpta tvåsitsiga Chrysler Royal Cabriolet med 120 hästkrafter och ägarens monogram målat på dörren. Som ressällskap hade han Filmjournalens reporter, som i sin tidning kunde beskriva ett riktigt sagobröllop i ett slott med medeltida anor, komplett med vallgrav och åldriga ekar i parken. Brudens föräldrar och brudgummens mor var på plats. Bland gästerna fanns kammarherrar och friherrinnor, löjtnanter och regissörer. I stora salen dukades för 74 personer. Bruden bar en vit klänning i kräppad matelassé med två meters släp, på huvudet en femuddig krona av myrten. Brudbuketten bestod av vallmo, blåklint och mandelblom. ”Det var ett vackert par – det kan jag försäkra er. Hasse har kanske aldrig varit sin pappas son i så hög grad som denna dag. Och Agneta var så blond och söt och skär om kinden som aldrig en borgfröken varit i en folkvisa!”, skrev Filmjournalens utsände. När slottets gamla trotjänare och trotjänarinnor steg fram för att gratulera brudparet snyftade till och med den garvade veckotidningsreportern. ”Under skyfall av risgryn och medan bengaliska eldar flammade i den gamla parken som om elden vore lös lämnade unge herr och fru Hans Ekman Ellinge slott.” Brudparet skyndade till Malmö för att ta sista båten till Köpenhamn.

Smekmånaden reducerades till tre dagar på hotell d’Angleterre, eftersom Hasse var upptagen av att skriva en bok om sin berömde far. Den kom ut redan till julen 1938, knappt ett år efter Gösta Ekmans död. Då var Agneta gravid med parets första barn, som hade arbetsnamnet "Lill-Gösta". Den 28 juli 1939 föddes barnet på Allmänna BB i Stockholm, en son som fick sina dopnamn efter pappa, farfar och morfar: Hans Gösta Gustaf.

Den "gamle" Göstas död och sonens födelse låg så nära i tiden att de nyblivna föräldrarna måtte ha tagit kontinuiteten för given. Några långsiktiga konsekvenser övervägde de knappast, men i hela sitt liv har "Lill-Gösta" tyckt sig bära en *annan* människas namn. I vuxen ålder frågade han pappa Hasse varför han fick det: "Det var bara så självklart för honom. Eftersom han älskade sin farsa mycket och fick sin första son, sitt första barn, tyckte han automatiskt att jag skulle heta Gösta. Det var ingen som tänkte på vad jag eventuellt skulle välja för yrke så småningom. Det blev ju lite egendomligt när jag trasslade mig in i film- och teatervärlden och hade detta mytomspunna namn." Skulle han mot förmodan själv ha förträngt det, har pressen aldrig försummat att nämna hans plats i successionen. "Gösta den andre Ekman" är bara ett av de epitet han fått.

MAMMA AGNETA HAR beskrivit en vårpromenad på Östermalm med den nio månader gamle Gösta i vagnen. Det var Första maj 1940 och vid Valhallavägen lämnade hon plats för demonstrationståget, som med musik och fanor var på väg mot Gärdet. Då hörde hon hur balkongdörrarna på fjärde våningen i ett av husen öppnades med ett brak. Ut trädde den världskände tenoren Jussi Björling och stämde upp Verner von Heidenstams text till Vilhelm Stenhammars musik: "Sverige, Sverige, fosterland, vår längtans bygd, vårt hem på jorden ..." Agneta skulle inte glömma den händelsen: "Alla fönster och dörrar i hela kvarteret slogs upp och när sången förklingat bröt applådåskorna fram och hela gatan var full av människor. Bort mot Gärdet skymtade en liten grupp människor med röda flaggor och själv torkade jag tårarna som trängt fram under sångens intensitet och skönhet. För mig blev den stunden det finaste bevis på fosterlandskärlek jag upplevt."

Fosterlandet var omhuldat vid den här tiden. Göstas födelse sammanföll med andra världskrigets utbrott, under hans första sex levnadsår var det krig i Europa. Världsläget präglade flera av de filmer Hasse Ekman medverkade i under fyrtiotalet: *Hjältar i gult och blått*, *Första divisionen* och *Örlogsmän*. Gösta föddes i skarven mellan *Med folket för fosterlandet* och *Kadettkamrater*.

Hasse Ekmans filmkarriär hade tagit ordentlig fart, förutom flera roller hade han fått sitt första manus antaget och skulle året därpå debutera som regissör. Framgent skulle han regissera minst en film om året, ibland två eller fler. Ofta hade han dessutom skrivit manus och spelade själv huvudrollen. I offentligheten poserade Hasse Ekman gärna som sorglöst leende dandy, i själva verket arbetade han ständigt. "En ung framåtsträvande regissörs dag är strängt upptagen från bittida till sent. 7.15 på morgonen skall han vara klar till arbete ute på ateljén och så följer en rad arbetsamma timmar nätt och jämnt avbrutna av en sen om ens middag", skrev en förstående reporter på hembesök.

Hasse Ekmans hastigt stigande stjärna avspeglades i en snabb bostadskarriär: efter ungkarlsdubbletten på Norr Mälarstrand 76 fick han och Agneta en lägenhet i ett nybyggt hyreshus på Rigagatan 6 vid Gustav Adolfsparken på Östermalm, strax därefter flyttade de med lille Gösta till ett stilrent funkishus på Askrikegatan 19 vid Tessinparken på Gärdet, för att landa i en praktfull etagevåning på Dalagatan 44 i Vasastaden. I grannhuset 46:an bodde Astrid Lindgren. När hon senare mötte den vuxne Gösta brukade hon utropa: "Hej på dej, ditt gamla blekansikte!", och påminna om att hon haft ögonen på honom sedan han satt i barnvagn.

Familjen Ekman hade en åttarummare högst upp i huset, med fönster och balkong mot Vasaparken. På nedre etaget fanns kök, serveringsrum och matsal möblerad i robust herrgårdsstil, arbetsrum, barnkammare och barnsköterskans rum. En ektrappa ledde till det övre planet som rymde sovrum och blomsterrum med rottingstolar och framför allt ett åttiosju kvadratmeter stort vardagsrum, med en väldig öppen spis mitt på ena långväggen. I memoarerna återger Agneta Wrangel förtjust prins Bertils förvånade utrop när han vid första besöket stigit uppför trappan: "Åh förlåt, jag måste ha kommit till Slottet."

Bildsvepen i hemma-hos-reportagen från Dalagatan visar ett över-

Familjen Ekman på promenad i hemkvarteren på Östermalm i Stockholm.

lastat högborgerligt hem som stilmässigt sträcker sig från det ärvda rokokomöblemanget till den moderna bardisken med stålrörspallar som varit rekvisita i en Hasse Ekman-film. Framför allt imponerar konstsamlingen, uppbyggd under några få år och som redan 1942 tar våningens samlade väggyta i anspråk. Hasse Ekman köpte verk av svenska konstnärer, ofta med anknytning till Stockholmsgalleriet Färg och form. Flera av dem hade han personlig kontakt med, vännen Curt Clemens porträtterade både honom och Agneta. En del av konstnärerna var ännu relativt okända, som Albin Amelin, Sven X-et Erixson, Osvald Larsson och Olle Olsson. Vid sidan av matsalens mahognyskåp hängde

Eric Hallström och över öppna spisen Fritiof Schüldt. Nils Dardel och Isaac Grünewald trängdes med Einar Jolin och Hilding Linnqvist. Från vardagsrumsväggen lyste Bror Hjorths stora *Kafferep vid Långsjön*. När Hasse Ekman köpte den hade färgen knappt torkat, efter hans död skulle den bli en av Sveriges dyraste tavlor, såld på auktion för mer än tolv miljoner kronor. Hasse Ekmans intresse var genuint, säger Gösta: "Min far var verkligen passionerad konstälskare, han köpte inte konst av spekulation."

I ett reportage beskrivs familjen Ekmans hem som "ett modernt konstmuseum i miniatyr". Det är svårt att tänka sig att det förekom barn i den miljön, men paradvåningen på Dalagatan var Göstas och brodern Kristers hem i tre år. Hösten 1942 tittar en reporter på husesyn in till dem och noterar hur barnkammarens vita möblemang livas upp av det blå- och vitrutiga bomullstyget i gardiner och soffklädsel. "Här har Gösta j:r och Krister alla de trevliga attiraljer och oömma inredning, som är den mest lämpliga för ett par unga gentlemän på 2 och 3 år." Ett foto visar Gösta sittande i den rutiga soffan, typiskt nog försjunken i en bok.

Hans minnen från barndomsåren på Dalagatan är vaga, genuina hågkomster flyter ihop med de bilder tidningsreportagen i efterhand har skapat. Han tror sig ha hört ett häftigt gräl mellan föräldrarna och kommer ihåg masonitskivorna som sattes för fönstren vid mörkläggning. Det mest distinkta minnet är doften av gummi: "När man tvättade spädbarnen fällde man ut en ställning, det var en gummerad dyna och en liten avtappning som man klämde fast med en tvättklämma. Jag kan minnas doften av skötbordet, som jag förstår att jag stod vid rätt så mycket, eftersom jag fick syskon hela tiden som sket på sig och skulle tvättas."

"Hasse och Agneta Ekman klär varandra på något vis, samma blonda rena skönhetstyp, samma finmejslade anletsdrag. Ska några ha utsikter att få vackra A-barn, så ska det väl vara dessa två", skrev Veckojournalen, som kunde konstatera att sönerna alls inte hade vansläktats. Krister föddes i oktober 1940, våren 1943 kom Mikael. Agneta fick smeknamnet Gossexpressen av kåsören Kar de Mumma.

I tidningarna kunde Hasse Ekman beskrivas som idealisk äkta man och förtjusande barnafader, på reportagebilderna sågs han stoja med sönerna. Agneta Wrangel skulle senare berätta att han knappt rörde vid dem, blöjor bytte han aldrig: ”Hasse hade sällan tid med barnen. Tog han i dem var det mest när det fanns en fotograf i närheten. Han var sällan hemma, hade aldrig tid.”

Själv hyrde Agneta en ateljé i Gamla stan för att ostörd kunna ägna sig åt måleri, Gösta fick följa med på tebjudningar hos Sigvard Bernadotte på Stockholms slott och till eftermiddagarnas träffar med väninnorna över ett glas vin på Galerie Moderne, restaurangen i Dramatenhuset. Av memoarboken framgår att föräldraskapet inte tycks ha påverkat Agnetas och Hasses gemensamma sällskapsliv särskilt mycket. De hade ännu inte fyllt 30, att synas i vimlet var en del av jobbet. Som tidigare gick de på premiärer, alltid i smoking och aftonklänning. Det glada umgänget på Cecil på Biblioteksgatan 5 fortsatte, i baren en trappa upp hade paret Ekman sitt stambord och de åt ofta middag nere i restaurangen: ”Klockan elva spelade orkestern upp och väggen gled undan till Röda Kvarns foajé där man dansade på marmorgolvet.” Senare på natten var svartklubben Grotta Azzurra på Grev Magnigatan den självklara samlingsplatsen. ”Barnvakt hade vi alltid, för sedan vi flyttat till Dalagatan hade vi både barnsköterska och kokerska”, skriver Agneta Wrangel.

”För morsan var det naturligt att man hade folk som tog hand om barnen. Hon tillhörde den sista överklassgeneration som tyckte det var *märkvärdigt* att vara tillsammans med sina barn”, säger Gösta. Han och bröderna såg inte mycket av sin pappa, och mamma var inte där mer än nödvändigt: ”Vi är barn som inte fick så mycket föräldrar.”

Den unga barnsköterskan Margit Danielsson hade en fästman som hette Rune. Han körde buss i stan och Gösta fick åka med. Den inbyggda motorn bildade en upphöjning vid sidan av förarplatsen, där satt Gösta och kände värmen och vibrationerna medan bussen rullade genom krigsårens Stockholm, bland gengasbilar och spårvagnar, arbetshästar med havresäckar över mularna och cykelbud i keps: ”Det är klart att jag minns det. Och det är klart att jag kan känna en längtan efter den tiden. Mamma och pappa var gifta. Margit var jättesnäll. Man kunde drömma om att bli busschaufför.”

I DECEMBER 1943 poserade Hasse och Agneta åter med sönerna hemma i soffan, den här gången för Damernas Världs fotograf. Tidningen skrev om den lyckliga familjen Ekman, ”ett strålande ungt föräldrapar, som med sin förtjusande barnskara bättre än de flesta kan tjäna som illustration till det positiva, livsbejakande i livet.” Ett halvår senare rämnade idyllen.

Agneta hade som de tidigare somrarna rest med pojkarna och barnsköterskan till Torekov, där hon själv hade tillbringat sina barndomssomrar. Hon var gravid igen, i november skulle sonen Stefan födas. Hasse var kvar i Stockholm, där han gjorde sin första riktigt stora filmroll, i *Stopp! Tänk på något annat.* Den sommaren tänkte han mest på sin filmpartner, den tjugofyraåriga Eva Henning. De hade en kärleksrelation, i filmen och vid sidan av. Under ett uppehåll i inspelningen kom Hasse till Torekov och berättade för Agneta att han funnit sitt livs stora kärlek.

Hon var i sjunde månaden och hennes värld rasade: ”Jag var förtvivlad. Ja, hela situationen fann jag förtvivlad. Att vänta vårt fjärde barn och samtidigt bli kastad ur sammanhanget gjorde mig helt försvarslös.” Hon tappade elva kilo och behövde läkarhjälp för att komma på fötter igen. Bitterheten över Hasses svek skulle dämpa hennes klingande skratt, men Agneta Wrangel gav sig inte. ”Hon var tapper och uppfinningsrik. Hon var en mycket positiv människa. Visst kan livet vara trist och jävligt, men då får man hitta på något!” säger Gösta.

I en frätande självkritik skulle Hasse Ekman drygt tio år efteråt – sedan han i sin tur blivit övergiven av Eva Henning – beskriva den man som lämnade sin familj som en hård och effektiv arbetsmaskin: ”En kallhamrad kille för vilken karriären och pengarna blivit det väsentliga. Fram för framgång! hade blivit hans valspråk och Fåfängan hans ledstjärna.”

Gösta fyllde fem år den sommar Hasse lämnade familjen och kan inte minnas att han förebrådde sin far. ”Inte vad jag vet. Jag var ju mycket bunden till min mamma. Jag blev under många år hennes förtrogne, vilket är på gott och ont.”

Jag har gråtit mycket i Limhamn

Hösten 1945 var skilsmässan klar. Hasse och Agneta lämnade våningen på Dalagatan. Han tog tavlorna, hon fick sönerna: ”Hasse hade på många frånskilda fäders bekväma sätt förklarat att modern var den mest lämpade att sköta barnens uppfostran och hördes av endast sporadiskt”, konstaterade Agneta Wrangel torrt. Hon var en tjugoåttaårig ensamstående fyrabarnsmor utan vare sig yrkesutbildning eller anställning, men strandsatt var hon inte. Hasse betalade 16 000 kronor om året i underhåll och pappa Gustaf lade upp 25 000 kronor till en villa i Djursholm. Dit flyttade hon med pojkarna.

I närheten av villan på Sigurdvägen 4 bodde redan Agnetas äldre syster Magdalena, gift Lindholm, med sin familj. Bröderna Ekman och deras fyra jämnåriga kusiner bildade vad Gösta beskriver som ”en hord av halvvilda barn”. De samlades under stora granen på Lindholms tomt, utom räckhåll för de vuxna. I dag säger Gösta att han och bröderna lämnades ensamma alldeles för mycket, att de fick för lite kärlek och intresse från de vuxna. Föräldrarna svek dem och barnflickornas auktoritet var begränsad; de kunde överlistas och ignoreras.

I första avsnittet av teveserien *Vennerman & Winge* från 1992, med manus av Marie-Louise Ekman, spelar Gösta såväl fru Vennerman som hennes försagde son. Ingen behöver vara okunnig om vem som stått modell för modern; på hennes bord står ett ungdomsporträtt av

← *Som ung bodde Gösta fem år i skånska Limhamn. Femtio år senare förhindrade en högljudd opinion att Marie-Louise Ekmans bronsstaty* Det svenska tungsinnet, *med en gråtande Gösta, placerades på torget. Nu faller tårarna i stället på Södra Promenaden, mitt i Malmö.*

"Champinjonodlingen" kallades de. Bröderna Ekman vid tiden för flytten från Djursholm till Limhamn. Från vänster: Krister, Mikael, Stefan och Gösta. Farmor Greta har stickat tröjorna.

Agneta Wrangel i balklänning med gardenior i håret. Sonen är ett kuvat och kontaktsökande barn i fyrtiotalsklädsel: fluga, slipover och golfbyxor. "Ni förstår hur jag har det! Han sticker in sitt lilla huvud *överallt*!" klagar modern uppgivet för sina väninnor. "Herregud, man får ju *aldrig* dansa!" Det är ett skoningslöst porträtt av en fåfäng och egoistisk kvinna. "Det är inte smickrande", medger Gösta: "Hon vill leva sitt liv och ha lite kul. Då gäller det: 'Hur blir jag av med barnet?' Det har nog jag och mina bröder upplevt, mer eller mindre medvetet, under vår uppväxt."

Som storebror förväntades Gösta ta ansvar för sina bröder och föregå med gott exempel. Det var ett mandat som gav honom en viss makt, men det gjorde honom samtidigt ifrågasatt. Vem var han lojal mot, barnen eller de vuxna? Vilka regler gällde? Till råga på allt växte småbröderna snart om honom, vilket ytterligare försvagade hans auktoritet. Stående på tramporna till en alldeles för stor damcykel kunde Gösta ta sig till livsmedelsbutiken för att handla, men han förmodar att mamma Agneta till vardags inte fick så mycket praktisk hjälp av sina söner: ”Morsan skojade om att hon tog den ene och slog den andre med, det var nog ett jävla liv.” Bröderna lekte våldsamma lekar och kom ofta i slagsmål, det blev många turer till sjukhuset för att plåstra om blessyrer och sy ihop sår. Gösta umgicks mest med Krister, som var närmast i ålder. Mikael skulle så småningom regissera Gösta i fyra filmer om Jönssonligan. Stefan blev hans skådespelarkollega på Stockholms stadsteater. Numera har Gösta inget nära umgänge med bröderna: ”Eftersom jag var förste man på plan och många gånger prioriterades av mamma tror jag det blev jobbigt för dem. Gösta vet bäst, kan bäst, var först, ska få välja först, fick störst bit, eller vad det nu var. Vi har nog den största respekt för varandra i dag, men var och en håller sig på sin planhalva.” Halvsystern Fam Ekman, pappa Hasses dotter med Eva Henning, är författare och illustratör i Norge. Hon och Gösta har aldrig delat vardag, men håller regelbunden kontakt.

UNDER DRYGT ETT halvår hade Agneta uppdrag som illustratör för veckotidningen Vårt Hem. Hennes arbetsplats var matsalsbordet, mitt i tumultet. Hon beskriver i sin memoarbok hur hon en sen kväll utmattad sitter lutad över strumpstoppningen och märker att tårarna väter handarbetet – ändå fanns det en hemhjälp som lagade maten och tog hand om barnen.

Gösta kunde känna sig övergiven, även om Agneta ibland visade honom ett närmast maniskt intresse. I villan på Sigurdvägen fanns en Malmsjöflygel som genast väckte Göstas intresse, han satt ofta vid klaviaturen. ”Min mamma ville gärna få mig till något Mozart-liknande underbarn.” Så snart Gösta hade ”komponerat” ett stycke på flygeln tillkallades mammans vän Charlie Svederman, barpianist på Cecil, för att föreviga det i notskrift. Ännu sedan han nått trettioårsåldern talade Agneta beundrande om den symfoni Gösta komponerade när han var åtta år. ”Det lät fantastiskt, och Gösta såg väldigt häpen ut och sa: ’Har jag verkligen gjort det här?’ Tyvärr förkom noterna.” I Göstas minne framstår insatsen inte som lika pampig: ”Min mamma tyckte det var fantastiskt! Jag är övertygad om att det inte alls var fantastiskt. Jag hade hittat på lite musik som var förbryllande lik redan befintlig musik.”

Pianospelet har Gösta fortsatt med, men han har aldrig lärt sig läsa noter. Pianopedagogen han skickades till skrämde honom: ”Det blev lite straffarbete, det gjorde att jag i stället höll på för mig själv och betraktade det som någon sorts terapi.”

De finaste minnena från tiden i Djursholm omger tant Hilma. Hon bodde med sin man Calle i ett grannhus, på Ösbyvägen 29. Deras hem blev en tillflykt för Gösta. I efterhand kan han förstå att hans regelbundna besök där kompenserade för det han saknades i sitt eget hem: värmen, lugnet, långsamheten. ”Mamma var ryckig och snabb. Det blev ofta hektiskt, med alla barnen. Därför var det väldigt skönt hos tant Hilma. Det var stilla och lugnt. Kanske hade hon bakat. Hon var som i en saga: söt och snäll.” I själva verket var väl Hilma Hallqvist en ordinär Djursholmsdam, med vuxna och halvvuxna barn och en man som var forskare med doktorsgrad. Den unge Gösta såg i henne en liten tant, i en liten stuga, med en liten katt. Hos tant Hilma och farbror Calle fanns det alltid en vuxen människa att ty sig till, någon som hade *tid*. Gösta satt i deras varma kök och deltog i någon hushållssyssla, de sjöng om bonden som åkte till Furuskog eller tränade på multiplikationstabellen – höstterminen 1946 hade Gösta börjat i första klass i Ösby skola. Ibland spelade han *Else-Marie och blommorna*, ett eget pianostycke som han tillägnat tant Hilmas barnbarn, det tyckte hon mycket om.

Efter fyra år i Djursholm var det slut med hejom-fejom och multiplikationen i tant Hilmas bulldoftande kök. Gösta gick i fyran och kunde äntligen nå tramporna från den stora cykelns sadel. Då berättade mamma Agneta om sin vän från ungdomstiden som hon hade återupptagit kontakten med. Finn Wicksell arbetade nu som läkare på Malmö Allmänna sjukhus, två döttrar från ett tidigare äktenskap bodde hos sin mamma i Danmark. Agneta sa att hon och Finn tyckte så mycket om varandra, de skulle gifta sig och flytta till Limhamn utanför Malmö. Gösta minns det närmast som en kampanj; hon ritade upp ett hus som *nästan* liknade hennes barndoms slott, med ett fint klätterträd på tomten, italiensk trädgård och garage och hönshus och tennisbana och brygghus ... Tänk, man kunde se ända till Köpenhamn! "Hon beskrev Limhamn som paradiset på jorden. Jag förstod att det där skulle man tydligen tycka om. Men det var långt bort, på andra sidan jordklotet!"

Det Limhamnska godset visade sig vara en villa på Strandgatan 90, i samhällets utkant. Egentligen låg den i Sibbarp, just där fyrans spårvagn vände. Bortom villatomten fanns bara bondlandet och kalkbrottet och världens ände. Längs stranden låg bunkrar från det krig som just tagit slut. Där gick Gösta och letade efter Hitler, han sades ju ha dött i en bunker. Blåsten från havet gjorde det svårt för en tioårig nykomling att gå upprätt: "Det kom en kastvind, så att man försvann in i någon taggig häck." I ett brev till den saknade tant Hilma i det fjärran Djursholm beskrev Gösta hur han hade det: "Vi har en villa på tolv rum och en tomt på 2 tunnland med etthundratrettiofyra fruktträd. [...] Kristers och mitt rum är mycket trevligt. Vi har en garderob och ett tvättställ som är inbyggt. Och ett burspråk som vi har bokhylla och skåp i." Han skrev om vardagsrum med salong, matsal, kök och arbetsrum, sovrum, gästrum och jungfrukammare. Mikael och Stefan delade ett rum på andra våningen, hans och Kristers rum låg på vinden. I garaget stod en ny, turkosblå Austin Atlantic med crèmefärgad cabriolet. Två danska barnflickor och en uniformerad betjänt med "W" i mössan arbetade i den nya familjen.

Finn Wicksell var allmänläkare och gynekolog, först i Malmö och senare i Lund, arbetade intensivt och träffade sällan sina styvsöner: "Om han fick någon tid över ville min mor lägga beslag på den. Då var de endera inlåsta eller bortresta. Så hade de sitt umgänge med goda drinkar och vänliga och snälla människor." Efter några glåmiga år odlade mamma Agneta åter ett glatt sällskapsliv med middagar där Finn Wicksells läkarkolleger blandades med godsägarfamiljerna Gyllenkrok, Treschow, Thott, Wachtmeister och Ramel. Gösta och hans bröder satt i trappan och kikade genom räcket när de vuxna skrattade och hade trevligt. Det hände att mamma Agneta bjöd ner dem för att underhålla gästerna med det hon presenterade som deras egna kompositioner: "Vi fick uppträda för de vuxna som klappade händerna och sa: 'Förtjusande!' Sen sa mamma att vi kunde gå upp till oss igen."

Agneta berättade för Gösta om sin idé att skapa en litterär salong i villan, kanske skulle självaste Winston Churchill kunna komma dit och prata? I skolan nämnde Gösta sedan för sina klasskamrater att Churchill eventuellt skulle komma hem till hans familj: "Jag fick rätt så mycket stryk i plugget."

Det var fyrtio pojkar i klassen i Linnéskolan. De pratade bred malmöitiska, väsensskild från Agneta Wrangels ädelt skorrande skånska och ett helt annat språk än Göstas egen uppsvenska. Att han var en känd mans överklassige son var skäl nog för att ge honom stryk, att han inte pratade som han borde kvalificerade honom definitivt. Lika plötsligt som oförklarligt skulle Gösta mäta sina krafter med en klasskamrats: "Alla stod i ring och nu skulle vi slåss! Jag visste inte riktigt varför. Jag försökte slå honom och blev plötsligt helt yr och hade antagligen fått en smäll i tinningen. Jag minns det som en våldsam miljö." I området fanns gäng som i förväg gjorde upp om tid och plats då de skulle slåss. Gösta var ofta rädd för att stöta ihop med de grabbarna. Som slagskämpe var han medelmåttig.

"Jag har gråtit mycket i Limhamn", säger Gösta i tevefilmen som skildrar den sorglustiga historien om Marie-Louise Ekmans bronsstaty *Det svenska tungsinnet*. Den föreställer en gråtande man i basker och med händerna nerkörda i byxfickorna. Gösta hade stått modell för statyn, som gjordes till den svenska paviljongen på världsutställningen i Sevilla 1992. I början av 2000-talet väckte den Limhamnsbornas högljudda ogillande. Förslaget att ställa statyn på stadsdelstorget fick protestlistorna att cirkulera. "Vi vill inte ha honom, för han platsar inte här", säger en upprörd Limhamnsbo i filmen. "Det är en förolämpning mot Limhamn!" utropar en annan. Limhamnsborna ville ha en pissoar i stället. Gösta sa: "Jag är beredd att göra en ny, där jag står och kissar."

Ett halvt sekel hade förflutit sedan Gösta fick stryk för att han inte platsade i Limhamn, området speglade sig ännu i sin egen förträfflighet. "Jag tror att det var många som grät i Limhamn på den tiden. Jag gjorde det väl kanske ovanligt mycket. Jag fick mycket på käften; en liten klen jävel som var snabb i käften och inte så mycket muskler. Jag pratade väl inte med alla de diftonger som man *skoulle hau*. Då gick

Gösta i fotoateljén i Malmö: "Jag minns fortfarande hur generad jag var, för att fotografen sa åt mig hur jag skulle se ut. Han berättade för mig vilket uttryck jag skulle ha. Mina leenden beror främst på missförstånden mellan oss. Jag tyckte det var obehagligt."

man på en propp", sa Gösta när statyn till slut kunde avtäckas i Altonaparken i centrala Malmö, på behörigt avstånd från Limhamn.

"Ungarna stormtrivdes", skriver Agneta Wrangel om åren i Skåne. "Det är ett sätt att uttrycka det", säger Gösta, som har en helt annan minnesbild: "Det handlade inte så mycket om vad vi tyckte om Limhamn. Jag längtade därifrån hela tiden."

VARDAGSLIVET MED PAPPA Hasse var minimalt redan när de bodde under samma tak, nu hade det upphört. Han och Eva Henning hade köpt gården Vinsarp i Västergötland, norr om Ulricehamn. Dit åkte bröderna några sommarveckor för att hälsa på, men Hasse Ekman blev under de här åren en alltmer främmande person.

"Det är min pappa!" kunde Gösta glatt utropa när han var ute och gick med mamma och upptäckte Hasse Ekmans porträtt på en löpsedel utanför någon kiosk. Motvilligt köpte Agneta tidningen till honom, själv uppskattade hon inte alls att se hur trevligt Hasse Ekman och Eva Henning hade det hemma hos sig. "Farsan var ju min mors bitterhet. Han lyste med sin frånvaro och kastade en lång skugga. Jag visste inte vem han egentligen var, utan hörde bara hennes bitterhet: 'Gör aldrig som din pappa, lova mig att aldrig vara som din pappa.' Så jag har ju varit tvungen att göra absolut rätt för mig och stå vid mitt ord och inte bedra någon."

Under åren i Limhamn följde Gösta sin pappas liv på avstånd. Hasse Ekmans bild förekom på filmaffischer och i veckopressen. Motvilligt köpte mamma Agneta på Göstas begäran tidningarna som skrev om Hasse och hans nya hustru Eva Henning.

Hasse Ekman hade vid den här tiden sin glansperiod, han var en institution i svenskt film- och teaterliv. Bildtidningen Se ägnade honom omslag och åtta sidor, porträtterad av stjärnfotografen Lennart Nilsson. Produktionstakten var hektisk, Hasse Ekman kunde regissera flera filmer om året och därtill göra ett par stora roller. Inte konstigt alltså att hans bild regelbundet satt i skyltskåpen utanför Limhamns biografer, Rex på Linnégatan och Centrum på Järnvägsgatan. För Gösta var fadern bokstavligt talat ett affischnamn. När Rex visade en Hasse Ekman-film gick han dit och klev rakt in i salongen. ”Hallå där! Biljetten!” ropade vaktmästaren uppfordrande. Gösta såg oförstående på honom: ”Jag har ingen biljett. Det är min pappa som har gjort filmen.” Gösta blev förstås utkastad. ”Jag trodde på allvar att jag kunde gå in på min pappas film! Det är klart jag ville bort från Limhamn.”

I Linnéskolan räckte det inte med att vara rolig för att göra sig populär, sedan Gösta flyttat till Slottstadens samrealskola i centrala Malmö fungerade det bättre. ”I realskolan kunde jag nog vara skrattretande och få några på min sida. Då skulle man vara fräck och göra taskiga grejer bakom ryggen på lärarna – synligt eller osynligt. Det var det vanligaste sättet att få vissa klasskamraters uppskattning: att vara uppkäftig, stöddig mot lärarna eller säga fräcka grejer. Jag kunde sälja ut någon lärare för att vinna poäng bland klasskamrater.” Gösta skäms vid minnet.

”Att han fick stryk berodde mest på avundsjuka. Jag tror att många egentligen såg upp till honom och ville vara hans kompis, men inte hade självförtroende nog att klara det”, säger Britt-Marie McDowell. På den tiden hette hon Nilsson och kallades Vovs. Hon mötte Gösta på en skolbal: ”Jag förstod genast att jag hade träffat den person jag ville umgås med! Det var nog ömsesidigt, för Gösta sökte upp mig efteråt, fast han redan hade en flickvän.” Flera flickor i Malmö var kära i Gösta, fast han knappast motsvarade de traditionella idealen stor och stilig. ”Jag tyckte att han var det snyggaste som fanns. Fast egentligen var det hans personlighet jag förälskade mig i”, säger Britt-Marie McDowell.

Efter skolbalen blev de ett par. Visst var de kära i varandra, men Britt-Marie säger att deras relation inte var någon vanlig tonårsromans. Hon beskriver Gösta som väldigt speciell, helt olik andra trettonåriga

Gösta och Britt-Marie – Göcke och Vovs – utbytte porträttbilder 1954. "Vi har nästan syskontycke. Jag bär kläder som mamma valde, slipsen fick jag av min styvfar – han hade många slipsar. Frisyren var på modet, baktill skulle håret formas till en ankstjärt."

pojkar. Han gjorde henne delaktig i en värld av konst och kultur, umgänget med Gösta innebar ett intellektuellt uppvaknande: "Jag njöt av att få ta del av hans begåvning. Han var en jättespännande kille! En tänkare, mogen för sin ålder. Vi hade långa diskussioner, om film och litteratur." De tillbringade mycket tid i varandras sällskap, pratade om böcker de läst, gick på bio och diskuterade vad de just sett. "Efter ett biobesök blev Gösta jättearg, han tyckte att jag hade missförstått allt! Nästa kväll gick vi och såg samma film igen."

De kom från välbeställda hem, men var kroniskt fattiga. "Jag hade fem kronor i veckopeng och Gösta fick nog inga pengar hemma, han var inte bortskämd", säger Britt-Marie. Veckopengen skulle räcka till både biobiljetter och cigaretter. Turligt nog rökte Göstas mamma cigaretter med munstycke och lämnade ganska långa fimpar, som kunde rökas färdigt om man höll dem mellan skänklarna på en sax. De bodde långt ifrån varandra, men fyrans spårvagn gick mellan Britt-Maries hem i centrala Malmö och Göstas ute i Sibbarp: "Vi hoppade på och åkte så långt vi hann, innan konduktören slängde av oss, för att vi inte kunde betala", säger Britt-Marie. Hon minns att Gösta kunde spexa på spårvagnen och sätta sig i knät på någon vilt främmande dam i hatt och kappa. Gösta var igenkänd, stan var inte större än att folk visste vem han var. Alla kände förstås till Hasse Ekman. Också Agneta Wrangel utmärkte sig – hon var inte som andra mammor.

Britt-Marie kom från en vanlig, borgerlig Malmöfamilj. Hemma hos Gösta var just ingenting som vanligt. Där förenades uppsträckta överklassnormer med charmigt slarvigt bohemeri. I den stora villan tog en husmor hand om hemmet och lagade maten. En butler passade upp vid bordet under middagarna. Mamma Agneta var tillåtande och frimodig. Finn Wicksell hade en helt annan utstrålning: "Finn var man rädd för. Han var sträng." Britt-Marie minns med fasa en måltid då hela familjen var samlad. Det serverades vin till maten, även för ungdomarna. "Vi fick kronärtskockor. Jag hade aldrig sett sådana tidigare och visste inte hur de skulle attackeras. I ren nervositet grep jag efter vinglaset, men då reagerade Finn: 'Hallå där, Vovs! Det är inte mjölk i glaset, utan vin. Här skålar vi innan vi dricker!' Han skulle säga sitt 'Varsågod, börja', innan måltiden kunde inledas."

Britt-Marie tyckte ändå det var fantastiskt att komma hem till Gösta. Där bodde fyra ungdomar, så hon behövde aldrig sakna kompisar. Villan var stor, trädgården härlig. "Jag gick som barn i huset, älskade att vara där och hade gärna flyttat in för gott! Det var en underbar atmosfär." Britt-Maries förtjusning berodde till stor del på den air som omgav Agneta. "Jag tyckte det skulle vara fantastiskt att ha en sådan mamma. Hon var en dröm! Man kunde prata med henne om *allt*, sådant man absolut inte kunde ta upp med sina egna föräldrar." Agneta hade en god vän som arbetade i juvelerarbutik. Dit tog hon Britt-Marie och Gösta och köpte dem var sin silverring: "Hon tog vår förälskelse på allvar." I sin lilla Citroën, som hon körde alldeles för fort, skjutsade Agneta ungdomarna till baren på Malmöhotellet Savoy, där de bjöds på riktiga cocktails, fast alkoholfria. Att Britt-Marie skulle sova över i gästrummet hemma hos Gösta var inte populärt hos hennes föräldrar, antagligen lät de sig övertalas av Agneta. På söndagsmorgnarna samlades husets alla ungdomar i Agnetas säng och hade högläsning.

Gösta hade fått eget rum på vinden. ”Där fanns mycket böcker, det var han som fick mig att bli intresserad av litteratur”, säger Britt-Marie. Gösta läste Jerome K Jeromes *Tre män i en båt* och han lånade ut Dostojevskijs *Idioten* till Britt-Marie: ”Den tog mina föräldrar ifrån mig, de tyckte inte det var lämpligt att jag läste den.”

Britt-Marie beskriver den Gösta hon var tillsammans med under några år i femtiotalets början som en konstnärssjäl. Senare skulle han själv se tillbaka på sina dåvarande ambitioner med roat överseende: ”Jag målade tavlor, spelade piano, hade orkester, jag skrev i tidningar, jag tecknade, jag frossade i att skilja mig från mängden, gick omkring i lugg och jeans och ansågs begåvad – relativt – och lida av storhetsvansinne. Allt jag tog mig före, lyckades jag med, och lyckades bra. Det, och vad folk sa, ingav mig en orubblig tro på mig själv.”

I skolan blev Gösta uppmärksammad som en begåvad tecknare, några lärare köpte till och med hans alster. Han planerade för en tillvaro som konstnär under takåsarna i Paris: ”Jag ville vara ensam och stark och missförstådd och möjligen inte geniförklarad förrän efter min död.” Under tiden publicerades hans teckningar i skoltidningen Det mesta, som Gösta hade döpt och grundat tillsammans med en kamrat. Redaktionen var liten, men tapper: ”Det hände att vi fick arbeta 11 timmar i sträck, men vi klarade det, till mångas häpnad”, har Gösta noterat i sin klippbok. Tidningen spreds i 570 exemplar i Slottsstadens samrealskola. Redaktionen producerade vårterminen 1955 två nummer av Lilla Extrabladet, som trycktes som bilaga till tidningen Arbetet i Malmö. Tanken var att Gösta skulle vara illustratör, men han kom dessutom att skriva flera artiklar, oftast signerade med smeknamnet Göcke. Han skrev om det som låg hans hjärta nära; film och musik, individualism och föräldraansvar.

I en artikel försvarar han den förtalade svenska filmen: ”Många diskussioner har jag deltagit i angående film och alltid har resultatet blivit, att engelska och franska filmer är de bästa, och att svensk kommer i skymundan. (Antagligen för att jag inte fått en syl i vädret under dis-

Göstas skämtteckningar publicerades i skoltidningen Det mesta och i Lilla Extrabladet, våren 1955. Hans förebild var tidningstecknaren Rolf Gustafsson, signaturen Gurr.

kussionernas gång.)" Gösta prisar svenska skådespelare och filmfotografer. Som exempel på utmärkta inhemska filmer nämner han ett par av Hasse Ekman och en av Ingmar Bergman.

Under rubriken "Svenska textförfattare sämst i hela världen?" klagar "Göcke" över alla usla schlagertexter och efterlyser en liten revolution inom skivindustrin. Bara en av musiklivets textmakare ger han

godkänt: "Det är den av mig högt uppskattade friherren, crazy-författaren och kompositören Povel Ramel, som väl måste sägas ha lyft upp den svenska skivkvaliteten oerhört."

Hemma vid flygeln hade Gösta vid den här tiden definitivt abdikerat som musikaliskt underbarn och övergått till boogie woogie, till mammas besvikelse. "Gööösta!" ropade hon vädjande från sitt rum för att få honom att sluta: "Snälla Gösta!" Han lyssnade på den samtida jazz som föräldragenerationen uppfattade som atonalt oljud, ljusår från den egna ungdomstidens melodiösa och dansbara swingmusik. "Det var min revolt. Hemma var ju jazz av ondo. Jag blev tidigt invigd i jazzens förtrollade landskap av något äldre kamrater," säger Gösta. Han hade kunnat ingå i rockmusikens första lyssnargeneration. När filmen *Blackboard jungle* (*Vänd dem inte ryggen*) 1955 introducerade rock'n'roll, tyckte han det lät svängigt, men ganska töntigt. Han och brodern Krister lyssnade hellre på barytonsaxofonisten Gerry Mulligans och trumpetaren Chet Bakers första inspelningar på skivmärket Pacific Jazz – Gösta skaffade till och med en egen trumpet. I februari 1953 hade han varit på MFF-stadion och hört gästspelande *Jazz at the Philharmonic*, ett turnéprogram med de allra främsta jazzmusikerna från USA. Harry Arnolds orkester framträdde regelbundet i Malmö och på skoldanserna spelade lokala jazzgrupper.

Efter en Stockholmsresa vintern 1954–55 rapporterade Gösta i skoltidningen från ett besök på Nalen, nöjespalatset på Regeringsgatan som var den svenska jazzens centrum. Han hade ännu inte fyllt sexton år och därmed inte nått åldersgränsen, men lyckades passera vakten och de båda poliskonstaplarna i entrén: "Redan när man kommit in genom dörren hör man fräna jazztoner ackompanjerade av ett enormt publiksorl. Man hänger av sig kläderna och nalkas själva mitten av helgedomen." På det stora dansgolvet ser han fascinerad hur ett myller av människor rör sig till Arne Domnérus orkester. Publiken består till största delen av "bop-girls", som bär vida och färgglada skjortor utanpå långbyxor, och "bop-boys", i rutiga västar och mycket insydda

Gösta jammar under en sommarlovsresa till engelska Guernsey, 1953. Jazzen var hans revolt, mamma tyckte inte om den. "Antagligen har jag hoppat in i något skolband, i en paus, för att spela någon av de två låtar jag kunde."

byxor. "Till detta bör, nästan måste, man ha skägg eller åtminstone lugg", skriver Gösta om Nalens jazzmode. Han hade varit ett barn i kortbyxor, teddypäls och tyrolerhatt som i sjuårsåldern avancerat till rutig fluga och manchesterkavaj. "Jag minns hur jag tittade på min styvfars kläder när jag var tolv, tretton år och tänkte: 'Snart ska jag ha gabardinbyxor och tigertandad kavaj.' Så där som mamma tyckte att jag skulle se ut som man." På Nalen ser han en glipa mellan barndomen och vuxenvärlden: femtiotalets tonårskultur. I publiken noterar han också "pyjamasmarodörer" klädda i randiga kostymer, några negrer, ett par kända svenska jazzmusiker "och faktiskt ganska många alldeles vanliga människor".

Klockan elva glesnar det på dansgolvet och när Gösta villrådigt frågar en stamgäst vad som står på, möts han av en misstrogen blick: "Det är ju jam i Harlem i kväll, fredag, gosse lilla!" I Nalens mindre salong sammanstrålar musiker från skilda Stockholmsestrader och improviserar tillsammans. "I en och en halv timme gungar hela Harlem av verklig jazz, men på slaget ett kommer vakterna med stålblickarna in och säger till att nu är det slut." Unge Gösta vacklar ut i den klara vinternatten, "fullt övertygad om att Nalen motsvarade alla ens förhoppningar". Det är klart att han längtade till Stockholm!

I artikeln "Den gråa massan" beskriver han vådan av att skilja sig från mängden: "Om en av eleverna i sin klädsel skulle avvika från det ordinära, så blir följderna, för det mesta ett utbuande av eleven i fråga, skulle han ändra sin frisyr eller något liknande, skulle resultatet bli detsamma." Gösta försvarar dem som vågar vara annorlunda: "Var och en ska gå sin egen väg. Det är så det uppkommer personligheter och trots allt är det just dessa som uppskattas."

Göstas eget utanförskap rymde en hel del fåfänga. Han var mycket förtjust i sina italienska Marelli, gräddfärgade mockaskor med rågummisula. Britt-Marie lyckades övertala sina föräldrar att få ett par likadana. Iklädda sina nya skor gick de på skoldans i ett av Malmös läroverk. "Då hörde det till att man klädde upp sig, men Gösta och jag kom i jeans med färgfläckar på. Hans hade fläckar därför att han målade, mina för att jag ville likna honom. Vi var främst ute för att visa upp våra skor." Den ett år äldre, blivande journalisten, Gary Engman skrev sedan i läroverkets skoltidning att Gösta och Britt-Marie hade burit *vita gymnastikskor.* "Gösta blev vansinnig! Hans Marelliskor hade inte uppmärksammats!"

På Malmö stadsteater arbetade den beundrade skådespelaren Folke Sundquist. Gösta skaffade sig en likadan regnrock som han hade och strosade sedan utanför teatern i hopp om att händelsevis bli upptäckt. Att deklamera något ur världsdramatiken var det inte fråga om, han visste inte hur man gjorde. Han kunde inte spela dragspel och pianot var omöjligt att bära dit. I stället *visslade* Gösta så fint han kunde. Kanske skulle någon – helst teaterchefen, annars någon regissör eller skådespelare – komma ut från en repetition, lystra och sedan ropa: "Hallå, unge man! Är det ni som visslar så vackert?" Då skulle Gösta med låtsad förvåning se sig om och säga: "Va? Jag? Jaa, jag kanske gick och visslade nyss." Det skulle visa sig att teatern lustigt nog behövde någon som kunde vissla vackert i den uppsättning som just repeterades och Gösta skulle bli erbjuden rollen. "Jag gick och visslade ganska mycket, men där misslyckades jag."

Han tecknade, skolkade, cyklade och gick mycket för sig själv. "Jag minns när jag satte mig på spårvagnen för att åka till skolan och kom till hållplatsen där jag skulle stiga av – och satt kvar! Det kunde ibland vara lika skönt som att kissa på sig när man var ung: 'Jag låtsas som ingenting, det är i alla fall varmt och skönt just nu.'" Han trodde inte längre att skolgången i Malmö var till någon nytta, eftersom han tänkte söka sig till den konstnärliga världen. Att Gösta skulle komma att ägna sig åt konstnärlig verksamhet i någon form stod helt klart för Britt-Marie: "Han pendlade mellan att bli skådespelare, bildkonstnär, musiker eller författare."

STÄMNINGEN FÖRÄNDRADES I villan i Sibbarp. Äktenskapet mellan Agneta och Finn Wicksell var på väg att upplösas. "De hade ju en väldigt olycklig erfarenhet tillsammans. Min mor födde hans efterlängtade son, som ströps i navelsträngen. Det var Finn Wicksell som förlöste min mor och fick se sin döde son", säger Gösta.

Flickvännen Britt-Marie ville inte se något fel hos den beundrade Agneta, men kan i vuxen ålder förstå att hon inte alls erbjöd det stöd

Gösta hade behövt. Britt-Marie beskriver honom som *väldigt* känslig och *mycket* olycklig: "Han hade många funderingar och tyckte inte att det var lätt att leva. Han och Agneta kom inte överens." De råkade allt oftare i luven på varandra. "Vilken djävla tid det blev innan vi rök ihop mer eller mindre handgripligen och jag sedan blev körd på dörren", skriver Gösta senare i en dagboksanteckning.

Han var fjorton, femton år och höll sig allt oftare hemifrån. Ibland gömde han sig hos Britt-Marie: "Han passade inte in någonstans. Han var mer mogen än andra i samma ålder och hade andra behov." Om somrarna bodde Britt-Marie med sin familj i Ljunghusen vid Falsterbo. Dit kom Gösta för att sova över. "Mina föräldrar tyckte det räckte med en natt, men det tyckte inte vi. Gösta bestämde sig för att tillbringa kommande natt i en badhytt vid stranden, utan föräldrarnas vetskap. Han skulle sova på en uppblåsbar gummimadrass och använda handdukar och badrockar som sängkläder. Morgonen därpå smög jag ner med bullar till Gösta. Han var sur och kantstött. På natten hade det blivit becksvart på stranden och Gösta var vansinnigt mörkrädd. Dessutom hade all luft pyst ur madrassen."

Som yngre hade Gösta byggt kojor; grävt ett stort hål i marken, lagt plankor över, täckt med jord och gräs och bara lämnat en oansenlig ingång, som till ett gryt. "Jag blir fortfarande upphetsad när jag tänker på det. Jag gillar gömställen och kojor." Den gången när han höll sig borta i två dagar i Malmö efterlyste Agneta honom hos polisen. Då hade han sitt gryt på vinden till huset där Britt-Maries familj bodde. "Min rymning och skilsmässan hänger nog ihop, omedvetet. Det skapades något som höll på att krackelera och gå sönder. Jag var väldigt förälskad i den här flickan. Det aktualiserade att jag ville bort". Britt-Marie kom med smörgåsar till Gösta, men tyckte att situationen var obehaglig. Till slut ringde hon till Agneta och berättade var han fanns. Gösta blev hämtad i bil. Han och Agneta grät under hemresan. Styvfadern satt tyst.

Våren 1955, när Gösta hade ett år kvar till realen, lämnade han skolan för gott, med två hundra frånvarotimmar utan giltigt förfall, sänkt uppförandebetyg och underkänt i geografi, biologi, tyska och matematik. Teckningsbetyget var däremot bra, tack vare en älskad lärare:

Casimir Lindhe. ”Han sa: ’Du får sitta här på mitt rum och teckna om du ger fan i att skolka. Men sök till Konstakademien när du kommer upp till Stockholm.’ Jag hade bestämt mig för att flytta till Stockholm och bli konstnär.”

Genast efter skolavslutningen gav han sig iväg, lämnade villan i Sibbarp, blåsten från havet, fyrans spårvagn och Britt-Marie. ”Det var slutet på vårt förhållande, sorgligt nog för mig. Jag var visserligen ung, men övertygad om att jag hittat den människa jag *alltid* ville vara tillsammans med. Han betydde så mycket, att jag flyttade från stan när vårt förhållande var slut, jag ville aldrig mer umgås med någon i Malmö”, säger Britt-Marie McDowell. De höll brevkontakt en tid, sedan Gösta kommit till Stockholm och fått sina första teatererfarenheter: ”Då hade han hamnat rätt, det märktes på hans brev.”

Hemma hos farmor

Det ekade sommartomt i entréhallen till Konstakademiens palats på Fredsgatan när Gösta anlände, under armen bar han mappen med sina bästa verk. Efter knappt sex år i Skåne hade han återvänt till Stockholm, femton år gammal. Han gjorde som den gode teckningsläraren sagt: sökte till Konstakademien. Åtminstone trodde han att det var det han gjorde.

En äldre man uppenbarade sig. Gösta bockade och presenterade sitt ärende: Han ville söka till måleriutbildningen, han skulle bli konstnär! Teckningarna och målningarna som han tog fram ur mappen ägnade mannen ett förstrött intresse, i stället bad han Gösta återkomma. Långt senare skulle Gösta fundera över sitt besök. Var det möjligen en vaktmästare han hade träffat?

I stället för konstutbildning fick han sommarjobb på Skansenteatern, som sedan tio år drevs av Lorens Marmstedt, god vän till Göstas föräldrar. Hasse Ekman beskrev honom en gång som en härlig och förvirrande blandning av bortskämd haremspascha, dumdristig gambler, småsnål teaterdirektör, storhetsvansinnig filmproducent, charmfull intrigör, glad amatör, smågenial yrkesman och generös och hjärtegod vän. Nu erbjöd Lorens Marmstedt Gösta ett inhopp på friluftsteatern. ”När jag kom till Stockholm och ville måla, sa Lorens: 'Du måste betala hyra och köpa mat, du kan väl börja med att statera'”, säger Gösta. Han hade

Greta Ekman i våningen på Norrlandsgatan 16 i Stockholm. Statyetten föreställer maken Gösta i Kanske en diktare, *på fotot till höger syns sonen Hasse och till vänster Jan Mikael, sonen som dog späd. ”Det var hennes hörn, i ljuset från de stora ateljéfönstren. Det är en fin bild, den har jag i mitt arbetsrum.”*

pappas underhåll att leva på, 333 kronor i månaden: ”Det var liksom inte pengar nog till att bli festprisse.”

Sommarens pjäs på Skansenteatern var Hjalmar Bergmans *Markurells i Wadköping*. Det är en ödets ironi att Gösta dagen efter att han i förtid hoppat av skolan med bedrövliga betyg skulle statera som student. Det var första, men inte sista gången han fick en sådan uppgift. I tre filmer och en teaterpjäs skulle Gösta under sextiotalet spela blivande eller nybliven student: *Nils Holgerssons underbara resa*, *Chans*, *Äktenskapsbrottaren* och *Påsk*.

Teaterdirektören Lorens Marmstedt hjälpte sina vänners son att få ett sommarjobb, i gengäld fick föreställningen bästa tänkbara förhandspublicitet. Efter den skånska förvisningen var Gösta tillbaka på tidningssidorna. I Skansenteaterns programhäfte ingick han i det anonyma kollektivet ”studenter, studentflammor, uppasserskor och kökspojkar”. Hans blygsamma insats bestod i att under andra akten ta emot en lyckospark inför studentexamen vid Wadköpings högre allmänna läroverk, men scendebutanten hamnade ändå på förstasidorna i flera dagstidningar. Ingen av dem försummade att poängtera det påbrå den unge nykomlingen hade. ”Det är Hasse Ekmans son och den store Göstas sonson som tar sina första stapplande steg på scenen”, skrev Aftontidningen. Jämte ett foto av Gösta publicerade Expressen jämförande porträtt av far och farfar. ”Ett släktskap som förpliktar”, skrev Aftonbladet. ”Om det blir teater även i fortsättningen, vill han dock inte uttala sig om”, hette det i Arbetet: ”Regissör hägrar så smått, medger han i varje fall.”

Fösta gången Gösta stod på en scen inför betalande publik var på Skansenteatern i Stockholm, sommaren 1955. Han staterade som student i Markurells i Wadköping.

Reportern Kid Severin från Veckojournalen letade upp Gösta på Skansen, också hon sökte ett återsken av ”den store”. Den blonde och blåögde yngling hon fann bland påfåglarna på en bänk i lövskuggan bakom teatern tycktes motsvara förväntningarna. ”Och, ja, med sina fina drag och känsligt svängda läppar liknar han sin farfar”, skrev hon gillande, men noterade att sonsonen var kortare och inte lika klassiskt marmorskön. Gösta gjorde ett anspråkslöst intryck: ”Han sitter ytterst på kanten av bänken och ser lite blyg ut, i den smalaxlade svarta kostymen, den höga skolmössan och de stora tafatta skorna, som hör till pjäsen, medan han försäkrar, att han inte alls debuterat, han bara staterar.” Gösta visste inte ens om han ville ägna sig åt skådespeleri, i så fall hellre film än teater: ”Man slipper skrika så och mimiken blir något annat.”

På friluftsteatern var Gösta omgiven av erfarna skådespelare, de flesta med personliga minnen av hans farfar. En av dem, Wiktor ”Kulörten” Andersson, med ett halvsekel i branschen, rådde Kid Severin att av omsorg om den löftesrika ynglingen inte skriva för mycket: ”Det *kan* vara farligt. Jag har sett exempel ...” Att Gösta var en reflekterande person hade ”Kulörten” hunnit notera: ”Den här har mer än en hatthylla ovanför axlarna.” Också teaterdirektören Lorens Marmstedt beskrev Gösta som ”en tänkande August” – ett omdöme som händelsevis anspelade på titeln till farfars memoarbok. ”Så har också unge Gösta vid nattliga diskussioner retat nästan gallfeber på farbror Lorens som har orientaliska kvinnoidéer (månggifte, ingen rösträtt åt kvinnan m.m.) genom att som sin egen åsikt framföra att kvinnan är juvelen i skapelsens krona och vida överlägsen mannen i så gott som allt.”

DEN MYTOMSPUNNE FARFADERN spökade ständigt för Gösta efter återkomsten till Stockholm. Om natten förenades fantasier om den gamle Gösta med en längtan till trygga gömställen: ”Jag drömde att jag grävde mig in i min farfars grav för att ta reda på hur det verkligen förhöll sig. Som en motpol till allt jävla mytologiserande och alla historier som jag matades med så närde jag en önskan att själv ta reda på vem han var. Han var trevlig! Jag minns inte detaljerna, men vi hade ett positivt möte. Det var som att äntligen komma till källan och kunna fråga själv. Det var ingen mardröm – tvärtom!"

Närheten till farfadern blev än större då Gösta flyttade in hos sin farmor, Greta Ekman, i hennes stora ateljévåning fyra trappor upp på Norrlandsgatan 16, mitt i city. Besynnerligt nog stod farfar ännu sjutton år efter sin död som innehavare av abonnemanget, även om titeln "Fru" i Rikstelefonkatalogen skvallrade om att det sannolikt skulle vara hans änka som lyfte på luren. Nu tog Greta Ekman med öppna armar emot sonsonen Gösta. Hon sa: "Det är klart du ska vara här! Du får bo här. Du får allt du vill." Han fick det han behövde, från långkalsonger till nattmat och huvudvärkstabletter. Hos henne skulle Gösta bo från och till under tre år. "Hon var betydelsefull för mig, som döptes till Gösta Ekman. Jag kunde tala med henne om den *riktige* Gösta Ekman. Vem var det? Varför pratar människor om honom som de gör?" Farfars filmer gjorde inte Gösta så mycket klokare: "De är intressanta att se som historiska dokument. Till skillnad från Edvin Adolphson – som jag tycker var vårt lands kanske första moderna skådespelare och en väldigt bra filmskådespelare – så har inte något av det jag sett min farfar göra på film fallit mig på läppen."

Under hela barndomen hade farmor Greta varit Göstas stöd och förtrogna, men efter flytten till Skåne blev deras umgänge sporadiskt. Hon hade gjort besök i Sibbarp och Gösta och hans bröder hälsade på henne vid tillfälliga resor till Stockholm. Det var Greta som såg till att Gösta kunde göra två sommarlovsresor till kanalön Guernsey för att lära sig engelska.

Efter skilsmässan från Hasse hade mamma Agnetas förhållande till farmor Greta blivit ansträngt. Att Greta helhjärtat stött sin ende son och upplåtit ett rum i sin våning till honom och Eva Henning hade Agneta svårt att förlåta. "Min mor tyckte nog, med all rätt, att det var hon som skulle ha sympatierna, inte Hasse", säger Gösta. Att han nu sökte sig till farmor var ingen medveten distansering från Agneta: "Jag visste ju inte vad som låg bakom – då. Det förstod jag med åren. Förhållandet var laddat också därför att min farmor tyckte att med ett så pass högt underhåll som Agneta fick av Hasse, så skulle barnen se mera välvårdade ut. Farmor stickade och stickade och stickade. I många år fick vi tröjor som hon stickat och hon lagade våra kläder. Hon blev som en sträng ordningsman, det tyckte min mor väldigt illa om."

Sedan Gösta flyttat in hos sin farmor försökte han medla mellan henne och pappa Hasse. Deras relation hade blivit spänd, eftersom hon tyckte illa om hans nya fru, Tutta Rolf. Greta Ekman höll sig ändå väl informerad om sonens förehavanden genom regelbunden kontakt med hans hushållerska, fröken Dahlman.

När Gösta berättar om sin farmor är han drygt sjuttio år, lika gammal som hon var då han som femtonåring flyttade till Stockholm: "Jag tyckte att hon var ohyggligt gammal! Jag var inte störd av det, men insåg att hon knappast kunde förstå något av vad jag tyckte, tänkte och kände. I gengäld hade hon en stabilitet, man visste var man hade henne och hennes värderingar." Greta Ekman fyllde en stor funktion för hela brödraskaran, inte minst för Gösta: "Hon *fanns*! Bara det att hon befann sig på samma ställe och hade samma telefonnummer, inte gifte om sig och inte skilde sig och inte bytte jobb." Ibland sträckte hon upp ett varnande finger och frågade om hans vanor och hans ekonomi. Gösta kunde låna pengar av henne, på villkor att han återbetalade dem punktligt. "Hon sa: 'Du får låna en hundralapp, men när du får lön betalar du tillbaka det första du gör. Då kan du låna igen, förstår du. Det kan du inte annars.' Så var farmor."

Hon var inte som mamma, inte heller som den bullbakande tant Hilma. "Hon hade sina regler, sin ordning. Gärna skämta och vara glad, men slåss får man göra hemma. Det var viktigt att ha en fin fasad." Gösta brukade skoja med henne och säga att det gick an att kräkas i soffan, om man placerade några eleganta kuddar över, så att det inte syntes. "Jag läste Olle Hedberg i min ungdom och han ironiserade och drev med överklassen och övre medelklassen på Östermalm. Farmor hade ju det där. Hon var född 1887, så hon hade det arvet. Hon var starkt utrotningshotad."

Minnet av farmor har förstås satt spår hos Gösta. Den magnifika modern i hans film *Morrhår och ärtor* bär hennes drag. "Hon är så besviken på någon väninna, så nu ska hon minsann gå ner på banken och ändra i testamentet. 'Hon ska inte få så mycket som en krona!' Så kunde farmor göra." Det fanns en förtrolighet mellan Gösta och Greta, men de hade också sina duster: ”Vi bråkade mycket, hon hade väldiga krav på mig och jag på henne. Det var säkert på det sättet att jag behandlade henne taskigt och nonchalant, för jag visste att hon fanns där hela tiden.”

När Gösta kom hem till våningen om kvällarna lagade farmor choklad och bredde smörgåsar. De fick en vana: Hon började stoppa om Gösta när han gått och lagt sig. Sittande på hans sängkant berättade hon om sin barndom. ”Det var väldigt trevligt, väldigt roligt! Hon var en lysande berätterska.” Greta Sundström kom från en förmögen köpmanssläkt i Stockholms så kallade skeppsbroadel. För Gösta berättade hon om sina morbröder i vita linnekostymer, om barndomshemmet på Skeppsbron och om de vita lakanen som las över möblerna när familjen flyttade ut till sommarnöjet på Djurgården och lämnade den stora våningen tom i flera månader. Under terminerna hände det att unga Greta på väg till skolan klev ner från trottoaren för att lämna plats åt den mötande August Strindberg, som hon var lite rädd för. Han var en sådan som föräldrarna skrämde barnen med: ”Akta dig, annars kommer farbror Strindberg!” I Brummerska skolan var hon klasskamrat med blivande konstnären och diktaren Harriet Löwenhjelm.

Farmor Greta var med när en man med en röd flagga gick och ropade ”Hallå! Se upp!” för att varna stockholmarna för den första bilen, som kom tuffande efter. När Gösta besökte sin farmor en sommardag år 1969 satt hon och tittade på teve, men knäppte av så snart han stigit in. ”Jag sa att hon inte behövde stänga av för min skull. Då suckade hon: ’Det är den där månlandningen, jag vet inte *hur* många gånger jag har sett den nu!’ Hon som var med om att Stockholm fick modern gatubelysning och såg den första bilen, hon blev trött på månlandningarna!”

Greta Sundström var en gediget utbildad yrkeskvinna när hon förälskade sig i Gösta Ekman. Halvskolad och uppvuxen under fattiga förhållanden blev han sin tids mest firade scenskådespelare och en filmaktör med världsrykte. Från giftermålet 1914 var Greta hans ständiga stöd, hemma och på teatern, alltid till hands, lojal och överseende. I Gösta Ekmans allt mer turbulenta liv var hon den fasta punkten. Greta Ekman talade i efterhand om äktenskapet som tolv lyckliga år och tolv mörka.

Gösta bad flera gånger sin farmor att hon skulle teckna ner sina minnen: ”Jag tjatade på henne genom decennier att hon skulle skriva på allvar om allt detta nedgrävda och dolda när det gäller min farfar. Då tappade hon sömnförmågan. Hon började skriva, sen kunde hon inte sova, det gick inte att få henne att lätta på förlåten, tyvärr.” Minnena av äktenskapets sista år, med kokainlangare och utpressare, receptförfalskning, polisanmälningar och utmätningshot var för svåra att återge. Vid den tiden kämpade Greta Ekman för att hålla näsan över vattenytan, odlade sitt ordningssinne och putsade fasaden. ”Hon hade varit med om saker i historien och hade fått gro väldigt kraftiga rötter för att hålla sig still i stormen”, säger Gösta.

FAST HON VARIT med om att ge sin son den legendariske farfaderns namn skulle Agneta Wrangel hålla Greta Ekman ansvarig för att pressa honom till att bli ”en ny Gösta Ekman”. Själv säger Gösta att hans farmor snarare bromsade. Den veckotidningsreporter som kom för att intervjua honom medan han var statist på Skansenteatern sommaren 1955 fick förhållningsorder av farmor Greta: ”Ni skriver väl inget märkvärdigt om honom. Det där staterandet är absolut ingenting. Det är bara nyttigt i största allmänhet att ungdomarna får lära sig arbeta. Att det blev teatern nu, *behöver* ju inte ha någon avgörande betydelse.”

När Gösta tvekade om vilket konstnärligt uttryck som passade honom bäst, såg hon nyktert på situationen: ”Skådespelare kan du väl knappast tänka dig att bli, antar jag?” Gösta slog ifrån sig. ”Det hade jag aldrig i mitt liv funderat på och har på djupet egentligen fortfarande inte funderat på”, säger han femtiofem år senare. ”Jag tror jag går runt den heta gröten, grovt maskerad till gycklare, underhållare, estradör, vad du vill. Det handlar mycket om att den *riktiga* Gösta Ekman var skådespelare, medan jag pysslar med ett antal andra saker som andra får tolka och sätta etikett på.”

Den press han så småningom skulle känna allt starkare, hade ett mer subtilt ursprung: ”Jag tror att *båda* damerna i sanningens namn ville att jag skulle bli något stort, om jag skulle bli något.” Både mamma och farmor hade måhända outtalade förväntningar på Gösta, han skulle kompensera för deras egna tillkortakommanden, fånga det som de själva förlorat. ”Min mamma var en misslyckad konstnär, på så sätt att hon inte helt fick ägna sig åt det; hon fick en jävla massa barn och hindrades att bli en fri konstnär. Farmor från den fina släkten som blev lyckligt gift med den mest uppburne av sin samtids skådespelare råkade också ut för en narkoman och missbrukare som dog nyss fyllda 47 år. Både min mamma och min farmor hade erfarenheter i sina liv som jag tror delvis för dem själva var outredda. Det de projicerade på mig var mycket omedvetet: vad jag skulle bli, vad jag skulle förverkliga, vad jag skulle göra. Endera skulle jag bli något väldigt stort eller så vete fan vad jag skulle bli över huvud taget. Det gavs inte så många alternativ.”

Den inställningen har Gösta inympad. Om det han presterar inte är fantastiskt kan det lika gärna kvitta, då är det ingenting värt. ”Jag tror att jag regelbundet känner mig som ingenting alls. Jag är inte mycket att hänga i julgran, tycker jag. Jag är fortfarande beredd på att bli knackad på axeln och när jag vänder mig om är det någon som säger: ’Jag vet hurdan du är, du behöver inte gå där och spela stor.’ Det kan vara en ingrediens i att jag upplevde att jag inte hade något val.”

Mot bättre vetande skulle han dras till rampljuset. I vuxen ålder har Gösta ofta undrat om han gjort det han har gjort, bara för att han fått reda på att det var det sista han borde göra. ”Om det finns tre höjder på trampolinen har jag tyckt att det varit lika bra att genast gå högst upp, jag ska ju ändå dit. Det är lika bra att hoppa! Men jag har också gjort mig inihelvete illa. Vilken vettig människa som helst skulle rått mig att träna i stället för att kasta mig ut.”

EN MARSDAG 2009 när snön yr över förorten vankar Gösta i en dunkel repetitionslokal i Riksteaterns hus i Hallunda. Marie-Louise Ekmans pjäs *Gäckanden* repeteras inför sin nypremiär och turné genom landet, två år efter uruppförandet på Dramatens lilla scen. Den gången regisserade Marie-Louise och Gösta gemensamt, nu har han ensam ansvaret. En aktör är ny i ensemblen. Hon spelar den unga kvinna som genom sin skepsis stör ett par äldre damers kontaktförsök med andevärlden. Rollen är liten men viktig, Gösta kan själv spegla sig i den.

Sedan hon 1938 förlorat sin man blev Greta Ekman spiritist, medan de ännu levde tillsammans hade de regelbundet talat om att återförenas den dag de båda lämnat jordelivet. Gösta minns hur fru Örtengren om torsdagarna kom hem till hans farmor. Damerna drog för draperierna, placerade fingrarna på en liten skiva av glas och inledde dialogen med andevärlden. Några seanser fick Gösta delta i, men blev utkörd eftersom hans tvivel sades försvåra kommunikationen: ”Ibland gick det som smort, ibland var det gäck-andar, som liksom störde. Men oftast gick det bra. Och farmor och farfar kunde väl dryfta det viktigaste tillsammans. Var inte han tillgänglig, fanns det någon annan som tjänstvilligt kunde informera om vad han låtit meddela.”

Greta Ekman blev 91 år gammal. De sista månaderna av sitt liv låg hon på Serafimerlasarettet på Kungsholmen, Gösta satt ofta vid hennes sjuksäng: ”Hon blev ibland väldigt ledsen och rädd. Jag påminde henne då om att hon sagt att farfar väntade och att hon bara ’skulle gå in i ett annat rum’, som hon brukade säga. Hon hade ju i alla fall haft kontakt med farfar i fyrtio år! Då tittade hon på mig, och hon såg obetydligt äldre ut än tretton år, och så sa hon: ’Ja, men man kan ju inte vara *helt* säker’.”

HÖSTEN 1955 FÖRSVANN motboken, det blev en ny atmosfär, kroglivet blomstrade, men hade ännu sina begränsningar. ”Man blinkade med ljuset vid halv tolv, tolv och sen fick man larva sig iväg. Skulle man fortsätta var det hemma hos någon eller på illegala ställen”, säger Gösta. Han var ung bland äldre kamrater, de hade vanor som han ännu inte tillägnat sig. ”Jag hängde med, ’hej och skål, jag tar också en till’. Jag drack inte i närheten av vad mina numera döda kamrater från den tiden gjorde, men alla drack ju. Jag hade aldrig gjort det tidigare i mitt liv.” Ingen, varken lärare eller föräldrar, hade någonsin talat med honom om faran med alkohol. Hemma hade det varit självklart att de vuxna drack vid middagen. Ett glas sherry eller en ”pick-me-up” före maten. Vin eller snaps och öl till maten. Konjak eller en gingrogg efteråt.

I Stockholm – och senare i Paris – lärde Gösta känna skådespelare, konstnärer, musiker och unga poeter. Alla hade sina omhuldade vägar till berusning. Amfetamin piggade upp dem som hade mycket att stå i, det betraktades inte ens som narkotika. En jazzmusiker bjöd på ”jävligt bra grejer från Marrakech”. Det blev en mardrömsupplevelse, den första haschcigaretten blev den sista. ”Det var mitt försök att göra som jazzmusiker gör. Sen blev det snaps och vin”, säger Gösta.

Redan första ungdomssommaren i Stockholm blev han allvarligt sjuk. Efter att ha tillbringat några nätter utomhus, under ett bord vid Skansenteatern, fick Gösta en förkylning som gick ner i njurarna. ”Jag vill avråda den som funderar på att bosätta sig under ett bord på en friluftsscen. Det ska man inte göra! Dessutom skriker påfåglarna väldigt högt.” Han togs in på S:t Eriks sjukhus, läkarna fann mycket äggvita i hans urin, konstaterade njurinflammation och tog vävnadsprover för att få en säker diagnos. ”Där låg jag några gånger för långa tråkiga undersökningar och läste mycket.” Njurinflammationen blev orsak till att Gösta blev frikallad vid mönstringen till militärtjänst: ”Jag blev odugligförklarad. De var så rädda för att mina njurbesvär skulle dyka upp under militärtjänsten och att staten därmed skulle bli skyldig att ge mig livstids ersättning.”

I efterhand talar Gösta om njurinflammationen som sin smala lycka: ”Jag hade ett antal läkare som sa till mig att passa mig för alkohol, för mina njurar funkade inte som de skulle.” Nedsatt njurfunktion i kombination med farmors erfarenheter av livet med en narkoman fick konsekvenser. Han har varit disciplinerad och har inte velat göra sina uppdragsgivare besvikna. ”Jag jobbade hela tiden. Jag ville sköta det. Jag har aldrig kunnat slarva med åtaganden.” Gösta har skytt knark – ”det har varit som ett låst rum, jag har överhuvud taget inte kunnat gå in där”. I stället blev han arbetsnarkoman: ”Ja, det var den narkotika jag kunde ägna mig åt.” Han blev måttlighetsdrickare:

> Jag är känd bland mina kamrater som den där tråkiga typen som tar mina tre glas. Så säger jag: ”Tack för vinet. Nu är jag nöjd!” Sprit dricker jag mycket sällan. Att känna ”den blommiga bläckfisken som sprider sig” – det är ljuvligt. Men jag odlar hellre en annan passion: Jag älskar morgnar! Jag gillar att gå upp tidigt, vill vara fräsch i huvudet när jag vaknar. Och när jag dricker mycket kan jag inte sova, det vet jag, så det är bara att välja. Sen får jag ågren, en väldig ångest, när jag missköter mig.

Hasse Ekmans regiassistent

Hasse Ekman och Ingmar Bergman var de regissörer Gösta hade lyft fram som goda exempel i sin skoltidningsartikel om svensk film. Det var ingen tillfällighet, de båda var det tidiga femtiotalets ledande svenska filmregissörer. Den ene var Göstas pappa, den andre skulle bli en fadersgestalt.

Två egenskaper nämns alltid i beskrivningarna av Hasse Ekman: flyhänt och sorglös. Han kunde inta stambordet på Cecil, ladda med kaffe och Delficigaretter och skriva ett filmmanus före middagsdrinken. Han såg prestigelöst på det egna skapandet, oavsett om han utövade det som författare, regissör eller aktör. Ibland blev resultatet bra, ibland mindre bra, men det var alltid *tillräckligt* bra för Hasse Ekman. ”En begåvad medelmåtta”, kallade han sig själv.

Det hände att Gösta ville diskutera filosofen Kierkegaard och hans existentiella ångest. ”Min farsa kunde svara: 'Du, vad är det som är så märkvärdigt med Kierkegaard? Har du läst Raymond Chandler? Jävligt spännande, faktiskt.' För honom var det inte märkvärdigt att visa att han hade en massa *vanliga* drag, medan jag av olika orsaker – framför allt när jag var yngre – skulle vara *märkvärdig*.” Hasse Ekman var inte den som i onödan la pannan i djupa veck. Han tog tidigt intryck av Hollywoodfilmens drivande berättarstil. Söndagarna tillbringade han

Gösta inledde samarbetet med pappa Hasse sommaren 1955 som scripta och regiassistent för Sjunde himlen, *filmen om en busstur genom Europa. ”Farsan är solbränd efter att ha gjort en rekognosceringsresa. Kavajen fick jag av honom, han hade väldigt eleganta kläder. Den var köpt i Hollywood, om jag inte missminner mig.”*

helst på Råsundastadion, som hängiven AIK:are missade han ogärna en hemmamatch. Det hände att han tog med Gösta, som i stället för att tillägna sig pappas intresse för fotboll grundlade en rädsla för stora folksamlingar och kollektiva känsloutbrott.

Gösta minns sin far som kreativ och konstruktiv, därtill som en ovanligt *ärlig* person, befriad från alla illusioner. Han kunde säga: "Vadå? Jag var kåt och frun var bortrest, svårare än så är det inte, så ser livet ut." Uttrycket "Det ger sig!" hördes ofta från Hasse Ekman. "När jag låg sömnlös av oro över något, sa han: 'Det ger sig!' Han hade en sån sida", säger Gösta, som också erinrar sig baksidan; Hasse Ekmans outredda förhållande till den egna fadern. "Det fanns garderober i dessa stora, ljusa rum som han inte ville höra talas om. Han var också uppfostrad med att det finns garderober, men dem behåller vi för oss, det behöver man inte tala om." Visst kan denna till förnekelse gränsande sorglöshet vara avundsvärd, men Gösta har inte ärvt den: "Jag som gått sju år i analys har inte lika lätt att se det på det sättet. Därför har jag också krånglat till det väldigt mycket."

SOMMAREN 1955 SKULLE Hasse Ekman snart fylla 40 och han skrev för andra gången på en memoarbok, den första kom redan när han som sjuttonåring hade lämnat internatskolan i Sigtuna. Det avhoppet hade gjort det möjligt för honom att komma hem och lära känna sin far. Att den egna sonen nu följde hans exempel bekymrade inte Hasse Ekman det minsta. I en tidningsintervju försvarade han Göstas beslut: "Ja, om han inte gillar plugget ska han väl inte gå där heller. Jag anser absolut att ju förr man kan koppla in en ung människa på det specialområde, där hon har de största förutsättningarna att göra sig gällande, desto bättre. I skolan får man bara lära sig en massa onyttiga saker. Och en studentmössa – ja, vad är väl den värd i vårt specialiserade tidevarv." Själv hade han klarat sig bra utan den vita mössan och att Göstas specialområde låg inom film och teater var underförstått. Planerna var redan smidda: Till hösten tänkte Hasse Ekman göra sonen till sin regiassistent, på liknande sätt hade hans egen far skolat in honom i jobbet. Gamle Gösta Ekman menade att skådespelare blir inte konstnärer genom att gå i skola, utan genom att lära av dem som har praktisk erfarenhet.

Tio år efter föräldrarnas skilsmässa kunde Gösta närma sig sin far. ”Min bild av pappa, som jag inte träffade *så* mycket under min uppväxt, var ju väldigt laddad. Jag tyckte han var en dröm, när jag började jobba med honom – i ordets alla betydelser.” Det fanns bara ett sätt för Gösta att lära känna Hasse Ekman: ”Om vi inte jobbade ihop, då sågs vi inte.” Det må ha varit enda möjligheten, men knappast den bästa tänkbara. I en dagboksanteckning reflekterade Gösta över det: ”Att ha ett behov av en far och få honom som arbetsgivare är inte rätta sättet att komma underfund med honom, ej heller han med mig. Det blev en påfrestande tid för oss båda, men det gick ihop.”

I två år var Hasse Ekman navet i Göstas liv. Det började sommaren 1955 med inspelningen av filmen *Sjunde himlen*, där Hasse Ekman var manusförfattare, regissör och huvudrollsinnehavare – samt hade skrivit texterna till flera av filmens melodier. Det var hans första

Hasse Ekmans lyckosamma filmsamarbete med Sickan Carlsson inleddes i Sjunde himlen *och fortsatte i* Med glorian på sned. *Gösta var regiassistent vid båda inspelningarna.*

filmsamarbete med Sickan Carlsson, etablerad stjärna från en lång rad publikknipande komedier, beundrad för sin charm och inte utan skäl ständigt beskriven som glittrande glad. Filmens romantiska förvecklingar skulle utspela sig på en sällskapsresa med buss genom Europa – sedan såren efter andra världskriget hjälpligt läkts och före flygcharterns och privatbilismens genombrott var det ett relativt billigt sätt för svenska resenärer att besöka andra länder. Hasse Ekman hade redan rekognoscerat på inspelningsplatserna: Hamburg, Innsbruck, Venedig, Assisi och Rom.

På journalfilmsbilderna från inspelningsstarten utanför Linjebuss vänthall i Helsingborg syns den sextonårige Gösta bokstavligen följa i faderns fotspår. Nu tassade han in i filmbranschen, som han så länge varit nyfiken på och längtat till: ”Lilla jag satt någonstans i bussen och var scripta och skulle lära mig bli regiassistent. Jag satt med manuskriptet och beundrade alla människor som var med och tyckte och tänkte och visste allting som jag tyckte att jag skulle lära mig.” Efter tre veckor i bussen avslutades inspelningen i Svensk Filmindustris ateljéer i Filmstaden i Råsunda.

”Det var hårt, men ruskigt kul och intressant att få jobba ihop med pappa. Han betraktade mig som vuxen, han litade på mitt omdöme och lyssnade på mig då jag sa något. Men han lärde mig också att jag måste känna ödmjukhet inför mitt arbete om jag ville komma någonstans”, summerade Gösta i en intervju några år senare. Han hade sökt sig till filmjobbet för att ta reda på vem hans far egentligen var. Han hade hittat en person som var svår att förstå sig på, men vars yrkesskicklighet imponerade. ”Pappa har en fantastisk arbetskapacitet och han utnyttjar den till bristningsgränsen gång på gång. Och jag går själv omkring med komplex ibland för att jag inte arbetar tillräckligt. Jag vill arbeta, jag trivs med det och jag känner behov av att arbeta. Och jag är faktiskt rädd att jag måste ha en stor arbetsbörda hängande över mig för att inte bli lat”, sa Gösta efter att ha varit regiassistent också vid inspelningen av *Med glorian på sned*. Även den filmen hade Sickan Carlsson som stjärna och Hasse Ekman som manusförfattare, regissör och manlig huvudrollsinnehavare. Den här gången spelade han bokförläggare. Manusidén fick han efter besöken på Wahlström & Widstrand,

När Hasse Ekman 1956 romandebuterade med Kurre Korint och Drömfabriken *stod Gösta för omslagsillustrationen. "Jag var väldigt förtjust i Saul Steinberg, antagligen hade jag påverkats av honom."*

förlaget som just givit ut hans första och enda roman, *Kurre Korint och Drömfabriken* – med Göstas omslagsillustration.

Romanen utspelar sig i filmmiljö. Den är knappast självbiografisk, men skildringen från filmateljéerna och krogborden i Stockholm en het weekend sommaren 1956 är förstås initierad. Hasse Ekman beskriver en mondän miljö där dubbelknäppta herrar och damer med strumpsömmarna mitt på vaderna dricker Dry Martinis och White Ladies på Teatergrillen och Cecil och tänder sina turkiska cigaretter med gaslighters innan de ger sig av hem till Östermalmsvåningar med Boccaramattor på golvet och Fornasettitallrikar på väggen. Författarens inledande försäkran att berättelsen är osannfärdig och befolkad av rena fantasifigurer tycks vara avsedd att reta läsarens nyfikenhet: vem är egentligen vem? Att den pratglade scenografen och krogdekoratören Brunte Gardin är en milt karikerad Yngve Gamlin är lätt att förstå, film- och teaterkungen bär Anders Sandrews excentriska drag, samtida läsare kunde säkert pricka in många fler överensstämmelser med verkliga personer. Filmregissören Kurre Korint delar åtminstone kynne, gatuadress och inredningsdetaljer med en yngre upplaga av bokens författare: "Det var barskåp och franska reproduktioner och mahognyskrivbord och blommig tapet på *en vägg* och enfärgat för resten. Och öppen spis och shaker från Svenskt Tenn och en keramikbrallis från Uppsala-Ekeby och hängande bokhyllor lite varstans; persienner för fönsterna och randig öronlappsfåtölj (som Hasse Ekman!) och plastskydd i pärlemorfärg på telefonen." Morgontidningens avdelningar för kultur och politik bläddrar han förbi och koncentrerar sig på sport, film, kåserier och dagens skämtteckning. "Jag kommer ändå aldrig att bli nån sån där konstnärlig djuping som snackar om Gide och Kafka, sa han till sig själv, då är det väl bättre att jag läser grejer som jag tycker är kul."

HASSE EKMAN BALANSERADE ständigt mellan konsten och kommersen. "Man vill göra filmer som går bra men samtidigt känna sej konstnärligt snygg", sa han i en intervju. Som regissör hade han vid den här tiden sina bästa filmer bakom sig. Den melankoliska *Flicka och hyacinter* från 1950 betraktade han som sin bästa, men någon publiksuccé i klass med *Fram för lilla Märta* blev den ju inte. Filmen om den romantiska bussresan drog publik i stora skaror, tidningarnas recensenter var avmätta. *Sjunde himlen* kallades "resebyråfilm" och "en mycket trivsam kolorerad bagatell utan några större artistiska ambitioner". Hasse Ekman fick utstå de vanliga jämförelserna med Ingmar Bergman, och de utföll alltmer sällan till hans fördel. Hasse Ekman var i nedan, Ingmar Bergman var i ny.

Vid tiden för premiären av *Sjunde himlen* hade Gösta själv hunnit filmdebutera med en halvstor roll som skolelev i *Swing it, fröken!* I ett radiosamtal med filmens regissör Stig Olin skulle Gösta långt senare erinra sig hur han inför inspelningen fick lov att slipa bort den skånska brytning han av ren självbevarelsedrift lagt sig till med i Malmö. Skådespelerskan Sif Ruud drillade honom i att raskt rabbla ramsan "Tre trummande trumpetare gingo rysligt trummande uppför berget Ararat".

Swing it, fröken! var ett oblygt försök att anknyta till fyrtiotalssuccén *Swing it, magistern!*, Alice Babs stora genombrott. I den första filmen agerade hon skolflicka. I uppföljaren var hon vikarierande lärare i engelska med en ny pedagogisk idé; eleverna ska *sjunga* de oregelbundna verben. Gösta spelade eleven Erik som uppvaktar en flicka i klassen och som på skoldansen hamnar i slagsmål med en rival.

Vid Stockholmspremiären i oktober 1956 stod biografägaren Anders Sandrew själv på Astoria och rev biljetter. Gösta kom dit, men stannade inte länge: ”Jag gick innan det var slut. Jag tyckte det var ganska otäckt och pinsamt.” Aftontidningens filmkritiker satt kvar i salongen, också han pinsamt berörd. I sin recension skrev han: ”Ungdomarna visar en ordentlig provkarta på spelteknik, värst är en ung man vid namn Gösta Ekman som är förfärligt amatörmässig och affekterad. Han lyckas inte få en replik att låta naturlig.” Övriga Stockholmstidningar uppskattade däremot både filmen och Göstas insats. I Svenska Dagbladet beskrev Marianne Höök filmdebutanten som ”en yngling med en älskligt trött världsvana i målbrottsrösten.” Flera recensenter nämnde hans kända pappa. ”Det var inte bara namnet som var lovande”, skrev Expressen och Aftonbladet tyckte att Hasse Ekmans son gav en helt trovärdig bild av ett ”spisande” jazzyngel.

Göstas eget musikintresse fick samma höst nytt syre genom vänskapen med Oscar Hedlund, musikreporter i veckotidningen Idun. ”Oscar Hedlund bestod då till nittionio procent av musik. Ja, hundra procent, tror jag.” Han bodde i en etta, inredd med skivspelare, jättelik högtalare och tusentals skivor. Någon gång i veckan kom Gösta dit och deltog i lyssnarorgier, där den ena skivan gav associationer till nästa, oberoende av genre och epok: ”Med sitt kunnande och sin bildning matade han mig, stoppade i mig musik från modernaste moderna, både jazz och seriös musik, till medeltida”, säger Gösta. ”Han var en mentor för mig på musikområdet. Det var för mig ett viktigt, nyttigt möte.”

MED HASSE EKMANS hjälp hade Gösta fått jobb vid Alléteatern på Narvavägen. Enligt samtida pressrapporter kom premiärpubliken från Övre Östermalm, ingen annan Stockholmsteater kunde räkna in lika många smokingar och silverrävar. Teaterdirektör och ledande skådespelare var Sture Lagerwall, som hade inlett sin karriär hos farfar Gösta och som var en av pappa Hasses bästa vänner. Gösta minns honom med värme: ”Sture var fräck och kul och sa vad som föll honom in. Regelbundet under några år satt jag efter föreställningen inne hos Sture i direktörslogen när han sminkade av sig. Då berättade han om sitt liv, om teatern och filmen. Det var därför jag kom till Allén, där fick jag göra allting.” Gösta hoppade in där han behövdes; som påklädare, inspicient och ridåhalare, han ropade ”Plats på scen!” och fick till

Min man har komplex
Lindberg, Lombard, Thunberg

allé TEATERN 61 99 20 61 99 23
I afton kl. 7.30
PREMIÄR
Monsieur TOPAZE
Komedi i 4 akter av
Marcel Pagnol
Övers.: Stig Ahlgren
Sture Lagerwall
Sonja Wigert, Gunnar Sjöberg,
Sven Bergvall, Hariette Garellick
Gunnar Nielsen, Olle Ek
Folke Udenius, Marianne Nielsen
William Linné, Gösta Ekman
Regi: SAM BESEKOW
Dekor o. kost. Yngve Gamlin
UTSÅLT
Bilj.-kont. öpp. fr. kl. 10.

BLANCHE KL8 10 56 20 20 56 10

I Alléteaterns uppsättning av Monsieur Topaze *hösten 1956 hade Gösta en liten roll och fick till och med sitt namn i annonsen. "Sam Besekow var den första regissör – förutom min farsa – som jag träffade på allvar. Därefter var det Per-Axel Branner. Jag träffade två väldigt sympatiska regissörer, innan jag trädde in i demonernas värld. Jag bevarar dem i hjärtat, de var så snälla och söta mot mig."*

och med själv ta plats på scenen. I pjäsen *Monsieur Topaze* hamnade han längst ner i rollistan, som "En elev", och fick sitt porträtt i programhäftet. När han dagarna före premiären i september 1956 skulle hämta en hårborste till Sture Lagerwall tog han full av iver ett språng och slog huvudet i en järnskodd dörrkarm. Han fördes till sjukhus och återvände till teatern med ett rejält bandage kring skallen. "När ridån gick upp satt jag med en 'turban' på scenen." Gösta nämns i recensionerna, inte för bandagets skull och inte heller för sin skådespelarinsats, utan för den han råkade vara: "På scenen fanns en ung man med det traditionsrika namnet Gösta Ekman; i salongen satt pappa Hasse och såg ofantligt stolt ut."

På Alléteatern lärde Gösta känna den tjugotvååriga Birgitta Andersson: ”Jag träffade henne fort och är mycket glad för det, vi hade fantastiskt roligt.” De skulle därefter regelbundet roa såväl varandra som andra i drygt trettio år, i filmer och teveprogram, revyer och farser. Birgitta Andersson har flera gånger spelat fru till Gösta, hon har dessutom varit hans faster, styvmor och mamma. Likt andra unga kvinnor föll hon vid första mötet för Göstas blotta uppenbarelse: ”Gud vad söt han var! Han var ju så himla *skön*!” Hon tyckte att den stränge teaterdirektören Sture Lagerwall körde alltför hårt med unge Gösta.

Den skandalösa historien om Mr Kettle och Mrs Moon blev senhösten 1956 ett genombrott för Birgitta Andersson. ”Sådana kurvors spel och sådana lojfräckt precisa repliker!” utbrast en recensent, författaren och akademiledamoten Sigfrid Siwertz. Expressens recensent kunde inte undgå att notera hur ”brösten hoppade inunder den åtsmitande jumpern”, men betonade också andra förtjänster: ”Birgitta Anderssons rolltolkning var teaterhändelsen i går kväll på Alléteatern.” Uppsättningen höll på att bli Sture Lagerwalls och teaterns undergång, sedan den första huvudrollsinnehavaren lämnat ensemblen och hennes ersättare plötsligt dött efter en hjärnblödning. För Gösta hade föreställningen det goda med sig att han fick kontakt med regissören Per-Axel Branner, som erbjöd honom att följa med till Dramaten som regiassistent. Så kom det sig att sjuttonårige Gösta vid årsskiftet 1956–57 arbetade med uppsättningen av *Ett brott* på Stora scenen, en uppgift han fått på egna meriter. I rollistan fanns den unge Björn Gustafson, som ett kvarts sekel senare skulle bli Göstas kumpan i Jönssonligan.

De dagar han inte behövdes på teatern arbetade Gösta i Filmstaden i Råsunda, också där hade Hasse Ekman lagt ett ord för honom. Till Gösta sa han: ”Jag kan hjälpa dig in, sedan är det din sak att se till så att de har nytta av dig, annars får du inte bli kvar. Jag kan inte göra mer än rekommendera dig, resten är ditt problem.” På Filmstaden gick Gösta och spionerade på den allt mer ryktbare Ingmar Bergman, så småningom fick de kontakt med varandra. ”Det var en egendomlig historia. Jag bodde hos min farmor och låg hemma i feber. Jag jobbade på SF och kände att jag måste åka dit!” Fastän omtöcknad gick Gösta ut och tog spårvagnen, vid Odenplan bytte han till linje 15 som förde honom till Råsunda. Han hade inte mer än kommit in genom Filmsta-

Den i Stockholms kultur- och krogliv ständigt närvarande och hektiskt verksamme Yngve Gamlin, porträtterad av Gösta. "Jag tecknade som en vettvilling, på manus och lösa papper och överallt." Allkonstnären Gamlin gjorde bland annat restauranginredningar, regisserade revyer och sprutade idéer i Knäppupp. Han var scenograf på Alléteatern, där Gösta blev hans hantlangare. "Yngve var överallt och gjorde allting. Han var i ett väldigt varv och kunde vara pretentiös och jobbig, men också gudabenådad. Han var en fantastisk improvisatör."

dens grindar när han stötte ihop med Ingmar Bergman, som tog in honom på sitt rum och sa: "Öh, ska du inte bli assistent till mig?" Gösta svarade: "Jag kan inte tänka mig något roligare." Senare skulle Ingmar Bergman berätta att han aldrig sett någon se så ledsen ut. Efter samtalet återvände Gösta hem till farmor och sjuksängen.

INGMAR BERGMANS FÖRHÅLLANDE till Hasse Ekman var komplicerat, det har han själv vittnat om: "Hasse var framgångsrik från första stund, alltid omgiven av vackra kvinnor och vackra barn." Kring Hasse Ekman var allt välordnat, kring Ingmar Bergman rådde kaos. Han hade många skäl att vara avundsjuk:

> Jag var i periferin medan Hasse satt mitt i smeten och var oerhört charmerande och älskvärd. Alla älskade hans inspelningar därför att han hela tiden visste hur han ville ha det och gav klara besked. Han var klok och effektiv och jag var kaotisk, otrevlig, oresonlig och mina inspelningar var katastrofer från början till slut. Dessutom var mina sociala förhållanden inte särskilt ordnade. På det sättet levde vi väldigt olika och kom egentligen aldrig varandra särskilt nära som människor.

Olikheterna måste tidigt ha varit uppenbara för Ingmar Bergman. År 1934 blev hans far kyrkoherde i Hedvig Eleonora församling på Östermalm i Stockholm. Den då sextonårige Ingmar flyttade med sin familj till en tjänstebostad på Storgatan 7, mitt emot kyrkan. Inom synhåll, snett över kyrkogården, bodde den tre år äldre Hasse Ekman med sina föräldrar i en omskriven praktvåning i två etager på Artillerigatan 30. När prästsonen Ingmar byggde en enkel teater med säckvävsridå i en källarskrubb hade teaterbarnet Hasse redan debuterat som skådespelare i film och på scen. När Ingmar om söndagarna tvingades närvara vid sin fars predikningar var gardinerna säkert ännu fördragna hos teaterfamiljen Ekman, medan ljuset kunde lysa nätterna igenom då far och son planerade gemensamma projekt. När Ingmar trånade i biomörkret på Fågel Blå besökte Hasse filmateljéerna i Hollywood. Ingmar Bergman var i periferin medan Hasse Ekman redan satt mitt i smeten.

Att de som filmregissörer senare kom att jämföras med varandra var ofrånkomligt. De var nästan jämnåriga, deras filmer hade likartade motiv och utspelades i likartade miljöer, de arbetade ofta i angränsande ateljéer, under flera år med samma producent i samma filmbolag – Lorens Marmstedts Terrafilm.

När Hasse Ekman på 1990-talet sedan länge dragit sig tillbaka från filmarbetet hävdade han och Ingmar Bergman samstämmigt att rivaliteten dem emellan främst varit ett påhitt av pressen. ”Att dåtidens kritiker höll på med att jämföra oss är en sak som blåsts upp till för stora proportioner”, sa Ingmar Bergman då. ”Det där försiggick ju inte så mycket mellan Ingmar och mig som mellan recensenterna och deras läsare”, sa Hasse Ekman.

Filmprofessorn Leif Furhammar är inte så säker på att det verkligen förhöll sig så, han anar ett besvärande tonfall i dementierna och ser i deras filmer en lång rad tecken på att Hasse Ekman och Ingmar Bergman verkligen var indragna i en konstnärlig tvekamp. Redan i *Fängelse*, den första film Bergman regisserade efter eget manus, fick Hasse Ekman en roll – som ytlig och cynisk filmregissör. Hasse Ekman svarade med att i *Flickan från tredje raden* göra ett infamt Bergman-porträtt; en självupptagen teaterregissör som gör fiasko med pjäsen *Helvetet.* Nästa gång Hasse Ekman fick en roll av Bergman var det som vidrig psykiater. Att Hasse Ekmans rolltolkningar är mer helgjutna i Bergmans filmer än i dem där han själv stod för regin ser Leif Furhammar som en framgång för Ingmar Bergman som personinstruktör.

Sedan Bergman i två uppsättningar misslyckats med att dra publik till Lorens Marmstedts nyöppnade Intima teatern kallades Hasse Ekman in för att rädda ekonomin. Han satte upp en komedi med sig själv och hustrun Eva Henning och gjorde succé med nära två hundra föreställningar. För Bergman var det ett förödmjukande nederlag. I den kommande filmen *Gycklarnas afton* skapade Bergman i cirkusdirektören ett självporträtt, enligt upphovsmannen ”ett tumult av känslor på två ben”. I en grym slagsmålsscen misshandlas cirkusdirektören tills han förnedrad sprattlar i sin egen manege. Hans överman är en stroppig teaterskådespelare, därtill en notorisk kvinnokarl, spelad av – Hasse Ekman.

När Hasse Ekman och Ingmar Bergman därefter steg in på varandras områden förändrades styrkeförhållandena, enligt Leif Furhammar. Med ångesten och demonerna i *Den vita katten* fiskade Hasse Ekman i Bergmans vatten och fick bottennapp; filmen blev ingen framgång. När Ingmar Bergman med *Sommarnattens leende* gjorde en kvick och elegant komedi vann han världsberömmelse. Då erkände Hasse Ekman slaget förlorat: ”Jag minns att jag skrev ett brev till Ingmar efter

Sommarnattens leende, hans första riktigt bra film, och sa att 'nu ger jag definitivt upp'". En eftersläng unnade han sig ändå; i *Ratataa* förekommer en satanisk liten parodi på en av nyckelscenerna i *Sommarnattens leende.*

Som regissör av lättsamma publikfilmer blev det Hasse Ekmans lott att till Svensk Filmindustri dra in pengarna som bekostade Bergmans konstnärliga rörelsefrihet. Ingmar Bergman gjorde *Det sjunde inseglet* och Hasse Ekman *Sjunde himlen*, konstaterar Leif Furhammar.

När kampen var över och motståndaren tillintetgjord kunde Ingmar Bergman kosta på sig att strö beröm över sin tidigare rival. Då beskrev han Hasse Ekmans *Flicka och hyacinter* som ett mästerverk, "en film utan fel". Efter premiären 1950 var Bergman däremot inte alls förtjust, det har Leif Furhammar fått veta av en trovärdig källa.

GÖSTA DROGS IN i spänningsfältet mellan pappa Hasse och Ingmar Bergman. Mötet i Filmstaden var början på en omtumlande tid som assistent vid filminspelningar och vid teateruppsättningar på Malmö stadsteater, där Ingmar Bergman var regissör och konstnärlig rådgivare. "Därmed kom jag väldigt nära Ingmar och jobbade med honom i nästan ett par år, med allting han gjorde. Jag bodde i Malmö och kopplades bort från min farsa", säger Gösta.

Varför Ingmar Bergman ville ha en artonårig glop till sin assistent har förbryllat Gösta sedan dess. När han långt senare träffade Ingmar Bergmans före detta hustru Ellen gav hon sin förklaring: "Han tålde inte att se att du och Hasse hade ett så trevligt förhållande, så det ville han spräcka!"

Ingmar och jag kommer nog aldrig riktigt överens

Göstas samarbete med Ingmar Bergman inleddes med filmen *Smultronstället*, sommaren 1957. Filmens manuskript hade Bergman skrivit i ett litet rum på Karolinska sjukhuset, där han vistades ett par vårmånader för vad han själv kallat ”allmän översyn och upprustning”. Bakom sig hade han ett hektiskt arbetsår och en plågsam separation och han låg i bitter fejd med sina föräldrar. Privatlivet var kaotiskt, men den internationella filmkarriären fortsatt framgångsrik; vid filmfestivalen i Cannes fick Bergman juryns specialpris för *Det sjunde inseglet*. Den man som nu gjorde Gösta till sin regiassistent var enligt egen beskrivning ”avskuren från mänskliga relationer, självbekräftande, innesluten, inte bara tämligen misslyckad utan ordentligt misslyckad. Fast framgångsrik. Och duktig. Och ordentlig. Och disciplinerad”.

I *Smultronstället* förekommer flera ungdomar, bland annat hade Ingmar Bergmans då fjortonåriga dotter Lena en liten roll. Gösta har funderat på om Ingmar Bergman var nyfiken på honom, just för att han var så ung. Han kallades regiassistent, men hans främsta uppgift var att ta hand om Victor Sjöström, filmens åldrade huvudrollsinnehavare. ”Det hade Ingmar kommit på. Han sa: ’Du får börja med att ta hand om Victor. Gör vad han säger.’ Det var väldigt kärt, en fantastisk upplevelse, jag var mycket med Victor då”, säger Gösta.

Gösta som nybliven regiassistent till Ingmar Bergman vid inspelningen av Smultronstället, *sommaren 1957. Victor Sjöström spelade huvudrollen som professor Isak Borg. Ingmar Bergmans dotter Lena hade en mindre roll.*

Som regissör till 1921 års stumfilmklassiker *Körkarlen* var Sjöström en av Ingmar Bergmans världsberömda föregångare och hans konstnärliga föredöme: ”Han hade gjort den film som hade betytt mest av alla filmer.” Ingmar Bergman såg *Körkarlen* första gången vid femton års ålder, som vuxen såg han om den minst en gång varje sommar. Han menade att den påverkade hans yrkesutövning in i enskilda detaljer.

Katinka Faragó var scripta vid inspelningen av *Smultronstället*, redan tre somrar tidigare hade hon som sjuttonåring börjat arbeta med Ingmar Bergman. Hon minns hans beundran för Victor Sjöström, någon av hans filmer skulle alltid visas när Filmstaden hade utländska gäster på besök. Den amerikanske författaren James Baldwin var så förkyld när han anlände att hypokondrikern Bergman inte ville dela biosalong med honom. I stället beordrades Katinka Faragó att sitta med som Baldwins översättare av Victor Sjöströms *Ingeborg Holm* från 1913. Den hade hon inte sett tidigare och blev häftigt berörd: ”Jag grät så det skvalade, så han fick ingen översättning”, säger Katinka Faragó.

Inspelningen av *Smultronstället* inleddes med att Ingmar Bergman, som vanligt vid den tiden, härjade med allt och alla. Filmstadens trotjänare kunde minnas att det varit samma höga tonläge då Victor Sjöström och hans regissörskollega Mauritz Stiller var i aktion när seklet var ungt. Nu fick Ingmar Bergman en skarp tillrättavisning av Sjöström: ”Nej men Ingmar, ett sådant språk du har!” Det var orsaken till att Bergmans vredesutbrott därefter drabbade henne och Gösta med dubbel kraft, menar Katinka Faragó: ”Ingmar blev lite blek om nosen och måste uppföra sig när Victor var i studion. Sedan var det mycket samlad ångest som skulle ut! När Gösta hade lett ut Victor från studion fick vi så vi teg, båda två. Det var synd om oss! Det där sitter kvar, konstigt nog. Ännu i dag när vi träffas kramas vi som om livet hängde på en skör tråd. Vi har det minnet gemensamt.”

Under inspelningens gång fyllde Gösta 18 år och Ingmar Bergman 39. Victor Sjöström skulle strax därpå fylla 78, han var alltså nära 40 år äldre än Ingmar Bergman och hela 60 år äldre än Gösta. Tre generationer arbetade med en film där samtid och förfluten tid förenas. Marianne Höök skrev 1962 i sin bok om Bergman att hans känsla för kontinuitet fick näring i denna filminspelning, där han själv var bryggan mellan generationerna: "Victor Sjöström hade huvudrollen och Gösta Ekmans sonson var regiassistent. Bergman skapade mer eller mindre medvetet en önskesituation för framtida essäister att använda som utgångspunkt för sina jämförelser."

Myten säger att namnens magi var anledning till att den unge Gösta engagerades: Ingmar Bergman ville ha Gösta Ekmans, Victor Sjöströms och sitt eget namn i samma förtexter. Bergmans mångåriga medarbetare Katinka Faragó tycker det låter befängt, men faktum är att Gösta inte är omnämnd som regiassistent för de båda Bergman-filmer som följde efter *Smultronstället.*

Folkets kärlek till den äldre Gösta Ekman delades uppenbarligen inte av Ingmar Bergman. I sin självbiografiska bok *Laterna Magica* beskriver han med illa dolt förakt Gösta Ekman som en genial amatör som ersatte kunnande med utstrålning, en metod som charmade premiärpubliken men som inte höll i längden. Som femtonåring hade Ingmar Bergman sett Gösta Ekman spela *Hamlet* på Vasateatern i Stockholm. Föreställningen var en stormande succé som spelades för utsålda salonger, också engelska och tyska kritiker knäföll inför rolltolkningen. Den vuxne Ingmar Bergmans dom över sin ungdomstids mest uppburna teateraktör blev däremot hård: "Jag såg hans Hamlet en alldeles vanlig torsdag. Det var en privatuppvisning i arrogans och omotiverade choser i flitig dialog med en alltmer uppskärrad sufflör." Den store Gösta Ekman hade enligt Bergman blixtrande ögonblick och däremellan "ojämn gråhet, stimulantia, droger, alkohol". I filmerna ser han hur bluffen avslöjas: osäkerheten och bristen på sexuell identitet.

"Det är ord och inga visor! Han släpper ut något som han uppenbarligen har behov av att säga", menar Gösta, som när han läste *Laterna Magica* blev illa berörd av detta totala avståndstagande. Han har ofta funderat på vad man hemma hos familjen Bergman kan ha sagt om teaterdirektören – och narkomanen – Gösta Ekman, som bodde snett över kyrkogården? Är Ingmar Bergmans stämpling av Gösta Ekman i själva verket ett uttryck för den egna rädslan för irrationella beteenden? Gösta känner igen den från sin tid som Bergmans assistent: "Ingmar sa flera gånger till mig, när vi pratade om andra personer, att det här jobbet är så jävla svårt i alla fall, så man kan inte plocka in några ytterligare svårigheter. Det får räcka med hur svårt det är i sig själv. Själv tålde han inte alkohol, han försökte i sin ungdom, men det funkade inte."

Det har alltid funnits mycket sprit inom teatern: en sup för att döva rampfebern, en sup för att varva ner efteråt. Gösta försvarar det inte: "Jag skulle aldrig fundera på att använda någon form av stimulantia i jobbet, för mig är det fullständigt otänkbart!" Han har därtill alltför många alltför tidigt döda kolleger för att romantisera alkoholen, men han kan heller inte tänka bort den. Gösta minns hur en berusad aktör under en repetition kunde sätta Ingmar Bergmans hela värld i gungning, göra honom aggressiv och elak: "Det där tror jag var *otroligt* svårt för Ingmar. Det var nödvändigt för honom att ha absolut kontroll. Absolut! Han hade en jävla massa rädslor att hålla i schack, hela tiden. Ingmar hade sina metoder. Det fanns de som trivdes med dem och andra som sa 'Gud bevare mig!'"

Själv är han mycket mån om sin hälsa, men Gösta anser att vi människor har dunkla motiv för vårt sätt att leva och de vägar vi väljer: "Jag kan inte känna moralisk indignation för hur människor lever sina liv. Ledsen kan man bli, men jag känner inte till några regler. Jag vill ha den största yrkesdisciplin man kan tänka sig, men jag har svårt för regler och system. Det är inte alla förunnat att tukta demonerna. Ingmar och jag är väldigt olika på det området. Jag pratar inte mot förnuftet, men det finns människor som inte kan vara *bara* förnuftiga. Jag säger att man måste kunna leka och värna den sidan av jobbet: det barnsliga, lusten."

ÄVEN OM GÖSTAS närvaro under inspelningen av *Smultronstället* betingades av att han ställde sitt namn till förfogande, hade han själv stort utbyte av umgänget med sin farfars vän och välgörare: Gösta Ekman spelade son till Victor Sjöström i dennes allra första film, *Trädgårdsmästaren*, från 1912. För Gösta berättade Victor Sjöström om gamla tider, medan de promenerade arm i arm i Filmstaden. Också Ingmar Bergman skulle senare beskriva Victor Sjöström som en rolig och medryckande berättare: "Vi satt vid filmhistoriens källa, både den svenska och den amerikanska. Det är som djävulen att bandspelare inte var i bruk på den tiden." I vuxen ålder har Gösta träffat filmkunniga människor som häpnat över att han haft personlig kontakt med en av filmkonstens pionjärer. "Filmen är inte så gammal och Victor var ju på något sätt med när filmen började. När jag är utomlands ibland och pratar med folk och säger att jag har arbetat med Victor Sjöström, så tror de mig inte."

Mellan Gösta och Victor Sjöström utvecklades en vänskap, manifesterad i att den gamle regissören och skådespelaren skänkte sin unge adept August Strindbergs samlade verk i 56 halvfranska band, med en fin dedikation. Några år efter de gemensamma promenaderna i Filmstaden blev Victor Sjöström sjuk och togs in på Sophiahemmet i Stockholm. Gösta fick höra att han låg i koma och knappast var kontaktbar, men gjorde trots det ett sjukbesök, julaftonen 1959.

> När jag kom upp på rummet så låg Victor där, oerhört förändrad. Han hade väl gått ner 20-30 kg och han verkade också mycket borta och hans hushållerska satt borta vid fönstret och stickade och vi började prata om Victor nästan som han inte var där, bara som ett "paket", det kändes mycket underligt. Men så ställde jag mig vid Victors huvudgärd ett slag och såg på honom och plötsligt tittade han upp på mig och sa: "Nej men Gösta, så roligt. Det var länge sen, sätt dej!" och med ens var han fullständigt klar och frågade vad jag höll på med nu.

När Gösta berättade att han planerade att bli skådespelare började Victor Sjöström hosta, länge och ihållande. Gösta blev förfärad över vad hans besök hade ställt till med. Hushållerskan fröken Winqvist reste sig och kom fram till sängen. Båda betraktade oroligt den hostande Victor Sjöström: "Då tittar han plötsligt på mig och säger: 'Förlåt att jag *skrattar*, men jag har hört din farfar säga samma sak'." Tio dagar efter Göstas julbesök dör Victor Sjöström.

I BÖRJAN AV 1958 porträtterades Gösta i veckotidningen Bildjournalen, det är den första större intervjun med honom. Reportern mötte en ymnigt rökande ung man med ostyrig kalufs, invirad i en två och en halv meter lång halsduk och klädd i grå ulster utan knappar: "De har en viss benägenhet att ramla av."

Gösta hade då hunnit vara Ingmar Bergmans regiassistent även under inspelningen av filmen *Nära livet* och bodde sedan fyra månader i Malmö, staden han två och ett halvt år tidigare hade lämnat med lättnad. Han hade just flyttat till ett nytt inackorderingsrum tillsammans med de 56 Strindberg-banden. Han var anställd som assistent och avlönad direkt av Ingmar Bergman. Månadslönen var 300 kronor – i nivå med det underhåll pappa Hasse betalade – och höjdes efter en tid till 400.

Nog hade Gösta kunnat kosta på sig att vara lite stöddig, men framstår i Bildjournalens reportage snarast som ödmjuk: ”Jag tycker faktiskt att det är vanvettigt obehagligt det här med intervjuer innan man är nå't. Och egentligen var jag tveksam om jag skulle säga nå't överhuvudtaget.” På restaurangen dit reportern bjuder honom hälsar källarmästaren unge herr Ekman välkommen och Gösta tycks uppriktigt förvånad: ”Jag har aldrig i mitt liv varit här förr. Hur i hela friden kunde han veta vem jag är?” Gösta vill inte att fotografen tar bilder av honom vid stadsteatern, eftersom han är ”så ny och nästan yngst”. Den teater som han en gång i tiden vackert visslande slog lovar kring i hopp om att bli upptäckt var nu hans arbetsplats.

Teaterchefen Lars-Levi Læstadius hade värvat Ingmar Bergman till Malmö stadsteater 1952. I efterhand skulle Bergmans åtta år som regissör och konstnärlige rådgivare i Malmö framstå som en guldålder i modern svensk teaterhistoria. ”Jag hade fria händer, mitt privata liv hade praktiskt taget upphört att existera, jag levde innesluten i en kollektiv ansträngning, där allt var inriktat på att förse vårt monster med fungerande teaterföreställningar. Utan att tyngas av administrativa besvär kunde jag fritt ägna mig åt att utforska mitt yrke”, skrev Bergman om tiden i Malmö. Enligt Marianne Höök passade det honom precis att isolera sig från världen utanför teaterns väggar, ”att få dra Malmö stadsteater över sig som en kupa och helt få syssla med den enda verklighet han erkänner”. Under teaterkupan formades den krets som skulle bli känd som ”Bergman-skådespelare”, med bland andra Bibi Andersson, Harriet Andersson, Gunnel Lindblom, Toivo Pawlo, Max von Sydow, Åke Fridell och Ingrid Thulin. Vår och höst regisserade Ingmar Bergman dem på teatern, på somrarna var de med i hans filmer.

Ur denna krets hämtade Ingmar Bergman också aktörer när han gav sig in på ett för honom nytt fält: teater i teve. Han hade nyligen köpt en teveapparat, kunde bara få in sändningarna från Danmark och var som förhäxad av den flimrande rutan. Han ville komma hem tidigt från teatern för att se den danska testbilden. ”Det kan inte hjälpas, dumburken löste mitt fritidsproblem, det vill säga trötthetens timmar efter middag och sängdags”, skrev Ingmar Bergman inför sändningen av sin andra teveproduktion, den erotiska renässanskomedin *Venetianskan*, i februari 1958. Då gjorde Gösta sina första erfarenheter av det nya mediet, det var en pionjärtid, de reguljära svenska sändningarna hade nyligen inletts och bara femton procent av den vuxna befolkningen hade teve i sina hem. Repetitionerna inleddes i foajén på Malmö stadsteater, där också kamerainställningarna övades in, trots att det inte fanns några kameror. Sedan flögs hela teatertruppen till Stockholm för en dags repetition i scenografin, som byggts upp i den studio på Valhallavägen som tidigare varit Svea artilleriregementes gymnastiksal. Andra dagen i Stockholm hölls generalrepetition och på kvällen direktsändes pjäsen, fångad av tre kameror. Morgonen därpå återvände hela teatersällskapet till Malmö. ”Det är ju en fantastisk situation att stå med ett nytt medium i händerna, att egentligen bara veta tre saker: Icke film, icke radio, icke teater utan något alldeles eget och för sej utan motsvarighet i en tidigare erfarenhet”, skrev Ingmar Bergman.

TILL BILDJOURNALENS REPORTER uttryckte Gösta sin tacksamhet över att så nära få följa Bergmans arbete: ”Min enda önskan är att få stanna hos honom några år till. Det finns inte nå'n teater i Skandinavien, ja, kanske inte i hela Europa, där jag kan få lära mig så mycket som hos honom.” Gösta deltog i den teoretiska undervisningen vid Stadsteaterns elevskola, var med under Bergmans repetitioner och såg föreställningarna. När Ingmar Bergman frågade vad han tyckte om La Grange, en av teatermannen Molières skådespelare, blev Gösta lång i ansiktet och svarade: ”Inte en aning.” Bergman vinkade fram honom till fönstret, pekade och sa: ”Biblioteket ligger där borta, stick iväg och ta reda på vem La Grange var och kom tillbaka när du har en åsikt!” Att utforska Malmö stadsbibliotek var inte riskfritt. ”Det är bara det att varje

Gösta bakom scenen på Malmö stadsteater, vårvintern 1958. Lennart Olsson, hans föregångare som Ingmar Bergmans assistent, samtalar med Max von Sydow, maskerad som den snaskige poliskommissarien i lustspelet "Månfåglarna". "Jag är likadant klädd där som jag är i dag; manchesterbrallor och tweedkavaj."

gång jag går därifrån är jag en halv meter kortare än då jag kom dit. Jag hittar alltid en ny hylla där nio böcker av tio är såna som jag borde ha läst", sa Gösta. Nils Ferlin och Stig Dagerman var hans litterära husgudar: "Dagermans *Vårt behov av tröst* är en verklig bibel för mej. Man kan alltid hitta någonting i den boken, som rimmar med den sinnesstämning man just för ögonblicket är i."

På Malmö stadsteater lärde sig Gösta respekt för yrket och vikten av att passa tiden. Ingmar Bergman gick som en klocka, enligt egen beskrivning:

> Varje morgon kom jag punkt halv nio till teatern, åt i kantinen en frukost som bestod av sex kex och en kopp thé, repeterade från halv elva till ett, åt skinka och ägg och drack en kopp starkt kaffe, fortsatte till fyra, sammanträdde, undervisade på elevskolan, skrev manuskript, tog en lur i min anatomiska vilstol, åt middag i kantinen, alltid en blodig köttbit och en potatis, förberedde nästa dag, läste läxan eller kontrollerade min föreställning.

Till den besökande reportern sa Gösta: "Det enda jag är rädd för i det här jobbet är faktiskt att jag skall vakna för sent en morgon."

GÖSTA SER NUMERA tillbaka på tiden vid Malmö stadsteater med blandade känslor: "Jag grundlade en rädsla för något som jag hela livet har tyckt väldigt illa om: hierarkin på en teater. Först kommer ett gäng med huvudrollerna, sen ett gäng med något större roller, så finns det en väldigt stor bas med av naturliga skäl missbelåtna människor som aldrig får göra *riktigt* det de drömmer om och vill." Teaterhuset var som en myllrande myrstack, där rymdes drama och balett, opera och operett. Förutom skådespelare och några årskullar teaterelever fanns också konserthusföreningens musiker och balettens dansare under samma tak. Där fanns även Ingmar Bergmans tidigare assistent, Lennart Olsson. Bergmans teatersyn utmanades av regissören Yngve Nordwall och andra förespråkare för den nya, absurda teatern. I korsdraget mellan kotterierna stod en blåögd Gösta: "Jag var ju inte inne i Yngve Nordwall-gänget. Jag tillhörde inte scenskolekollektivet. Jag blev ett svart får. Jag hörde inte hemma någonstans."

Han hade siktat på en framtid som regissör, men kom under tiden på Malmö stadsteater till insikt. "Jag kommer att bli skådespelare!" slår han fast i ett brev till farmor Greta i Stockholm. "Dramatik som jag jobbar med har en underlig förmåga att bränna rätt igenom mig. Jag vet inte hur – men det känns ibland som jag själv hade skrivit det." Gösta hade just träffat två människor som han tyckte mycket om och litade på: skådespelaren Toivo Pawlo och hans fru, konstnären Kerstin Hedeby. Han hade i sin ungdom debuterat hos gamle Gösta Ekman och ingick nu i Stadsteaterns ensemble. Hon skapade hösten 1957 scenografin och kostymerna till Ingmar Bergmans uppsättning av *Misantropen*. I brevet till farmor skriver Gösta om paret Pawlo-Hedeby:

> Kul, fina, begåvade människor, som av en slump – men med verklig övertygelse, båda sa att det enda dom kan se mig som är skådespelare. Jag förstår plötsligt att det är det enda jag har velat – vill bli. Regissör kan man ändå inte bli förrän man har levt. Om tio femton år vill jag – och kan jag – regissera. Då!!! Detta är något som har krupit fram – under krångliga och smärtsamma former. Dessutom håller jag långsamt på att finna mig själv. *Det* gör ont!!

Att unge Gösta skulle bli skådespelare var fullkomligt självklart, säger Kerstin Hedeby, femtio år efter deras första möte i Malmö. Hon minns honom från den tiden som en vemodig grubblare. ”Han var helt underbar! Så vacker, så eterisk. Otur att han var Ingmar Bergmans assistent, det kan inte ha varit lyckligt för någon av dem. Ingmar var lynnig. Jag undrade ofta om Gösta skulle orka. Han var som Peter Pan, som kommen från ingenstans. Han var vacker på ett närmast genomskinligt sätt.” Om hon påverkat Gösta att ta steget till scenen gläder det henne, Kerstin Hedeby håller honom för att vara en av de främsta skådespelarna: ”Summan av Göstas verk har samma format som gamle Göstas. Det är ett stort format! Han är ingen vanlig underhållare. Bland humorister är Gösta den store konstnären.”

Efter föreställningarna samlades teaterfolket på Teaterrestaurangen och La Couronne på Södra Förstadsgatan: ”Det var pommes frites och en karaff rödvin – i lyckliga fall ställde de fram ketchup och senap – och alla skrek i munnen på varandra. Det var mina universitet i väldigt hög grad”, säger Gösta. Alldeles säkert betraktade många Hasse Ekmans son och Ingmar Bergmans handgångne man med största misstänksamhet, men Gösta vann också vänner för livet. Leif Forstenberg blev en nära förtrogen. Allan Edwall kom som en uppenbarelse, han gav skådespeleriet en löftesrik glans. Gösta tyckte inte att Bergmans uppsättning av Hjalmar Bergmans *Sagan* våren 1958 var särskilt rolig: ”Men Allan! När han kom in på scenen märkte jag att jävlar, man måste ju inte vara magnifik som Max von Sydow eller Åke Fridell – skådespelare som syntes och märktes. Allan bidrog till att jag tänkte att jag åtminstone måste berika min regiutbildning med att pröva att vara där uppe, att göra någonting på scenen.” Allan Edwalls allvar var stort, liksom hans humor. ”Allan och jag fick väldigt lätt och väldigt snabbt en kontakt. Jag kände ögonblickligen en stor sympati. Allan var en attraktiv person, på alla sätt. Vi började prata allvar. Jag vet inte varför. Kanske för att vi hade samma format, rent fysiskt.”

Formatet förenade, men till teatern hade de kommit på skilda vägar. Allan Edwall från Hissmofors hade vuxit upp i ett egnahem med vedspis och utedass. Pappan var bruksarbetare, kommunist och fackföreningskämpe, mamman hemmafru. Allan Edwall var femton år äldre än Gösta. ”Han hade också saker att lära mig, det var som sparkar i mellangärdet när jag började ana vad politik och politisk ideologi var för något. Som gammal clartéist kunde han uttrycka sig väldigt vettigt och klart, vilket han gjorde med jämna mellanrum.”

I Göstas barndomshem hade politik varit ett fult ord, något som var under ens värdighet att prata om. Visserligen hade föräldrarna under andra världskriget engagerat sig för danska judar, men dessförinnan hade pappa Hasse och gamle Gösta Ekman i sitt gemensamma idrottsintresse besökt Hitlers välregisserade olympiad i Berlin sommaren 1936 och blivit imponerade. I den grönmålade kantinen på Malmö stadsteater satt nu Allan Edwall och talade om klassamhället och socialismen, begrepp som aldrig förekommit i middagskonversationen under Göstas uppväxt. Redan när han staterade på Skansenteatern hade skådespelaren Bo Montelius givit honom en chock: ”Bosse Montelius var radikal. Han sa ’Jag är kommunist!’ och jag höll på att trilla av stolen i logen. Det hade jag aldrig i mitt liv hört. Jag trodde nästan att man skulle sitta i fängelse för att vara kommunist.”

Allan Edwall var en av dem som i det sena femtiotalet vidgade Göstas synfält och gjorde honom intresserad av såväl ryska berättare som historisk litteratur. ”De här personerna kom plötsligt med ett för mig nytt språk. Redan det att det var *nytt* gjorde att jag tänkte: ’Wow, jag måste ta reda på vad det här är!’”

GÖSTAS TID PÅ Malmö stadsteater fylldes av teater och politiska diskussioner, liksom av häftiga förälskelser. ”Ingmar betydde naturligtvis *jättemycket*, men på teatern fanns också fantastiskt intressanta och spännande kvinnor, den ena mer lockande än den andra.” Mest lockade en av scenskolans tredjeårselever. Bland Göstas dagboksanteckningar finns hans beskrivning av deras möte:

> Jag kände henne inte. Stog i kulissen och såg henne ta emot applåder efter en föreställning. Jag klappade hennes kind när hon passerade. Det var mörkt. Kanske såg hon mig inte, men hennes kind var mjuk och len – och jag ville klappa den. Hon tog min hand, snabbt – som i hemligt samförstånd. Och hon kysste insidan av min hand. Jag blev varm och kall och varm igen och aldrig skall jag glömma det ögonblicket.

Maud Hansson hade antagits vid Stadsteaterns elevskola som sjuttonåring, hösten 1955. Hon hade en roll i *Smultronstället* och spelade i *Det sjunde inseglet* häxan som påstås ha orsakat pesten och därför bränns på bål. Långt senare skulle hon göra sig känd för flera generationer som pigan Lina i filmerna om Emil i Lönneberga.

Den höst Gösta kom till Malmö skulle hon fylla 20 och hade som premiärelev roller i teaterns föreställningar. Hon visste förstås vem Gösta var, han hade sitt påbrå, var omtalad – och dessutom söt! Maud Hansson minns honom som Ingmar Bergmans duktige regiassistent, ambitiös och aktiv, en som gick in för sitt jobb och inte drog benen efter sig. ”Efter en föreställning av *Petters resa till månen* kom han till logen med en hel limpa John Silver. Jag blev helt paff! Själv hade jag aldrig några pengar och här kom han med tio paket cigaretter. Det var första gången han uppvaktade mig. Sen blev vi ihop.”

Gösta beskriver deras relation som ”världens hetaste, mest dramatiska historia”. Hans kärleksbrev till henne ångar av passion. ”Jag är så satans kär i henne”, anförtror han en vän. I ett brev till farmor Greta skriver Gösta att det efter en tids förvirring äntligen blivit bra mellan honom och Maud: ”Det har varit så *fruktansvärt* trassligt. Beroende på mig – och henne. Jag trodde inte att det kunde vara *så* svårt! Men som sagt – *nu* äntligen börjar det klarna.” Den sommar Gösta arbetade

I Malmö hade Gösta en kärleksrelation med stadsteaterns premiärelev Maud Hansson. Enligt Gösta var det "världens hetaste, mest dramatiska historia".

i Stockholm och Maud Hansson var kvar i Malmö skrev han till henne varje dag. De förenades sedan hon hade liftat upp från Malmö, men återseendets glädje grusades redan vid den första omfamningen: Gösta fick en kraftig allergisk reaktion av all pollen som samlats i Maud Hanssons hår under resan genom södra Sverige.

I Malmö flyttade hon in hos Gösta, i en stor våning som delades av flera anställda på teatern hade han ett rum. I ett hörn stod en liten säng, i övrigt fanns en bord, en pall och Göstas böcker i travar. "Han läste mycket och gav mig böcker. Han var väldigt mogen, själv hade jag väl mest läst kärleksromaner." Tillsammans skrev de en pjäs, som Maud Hansson använde i en teaterkurs hon höll för en grupp skolflickor. "Det fanns inga pjäser med så många kvinnoroller, så vi drack te och skrev varannan mening."

Att hon var lillasyster och Gösta storebror avspeglades i deras relation. Hon var drygt ett år äldre än han, men kände sig yngre. Maud

Hansson beskriver Gösta som beskyddande, omtänksam och uppvaktande, därtill med en mångsidig konstnärlig begåvning som hade kunnat leda till musiken, bildkonsten eller litteraturen: "Det förvånade mig att han blev skådespelare." Han var en allvarlig person, men humorn lyste igenom. Gösta hade den ansvarskänsla Ingmar Bergman krävde av sin assistent.

I Göstas brev till vänner och förtrogna framgår att förhållandet till Bergman var kluvet: "Han är inte alltid så dj-a rar." Att han hade en privilegierad position var Gösta medveten om, men de dagliga dusterna med arbetsgivaren frestade på. Han sökte en auktoritet, men hade svårt att underkasta sig. "Jag var tonåring och ansågs vara knypplig och sammansatt redan innan jag träffade Ingmar, som då höll på att bli världsberömd. Det var inga bananskal man halkade in på. Det är klart att det var komplicerat", säger Gösta i dag. I Malmö hade de regelbundna samtal, bland annat när Gösta satt som passagerare i Ingmar Bergmans gamla Volvo: "Han kunde fråga och jag försökte säga vad jag tyckte och tänkte, otroligt respektfullt."

Gösta lyssnade på jazzmusiker som Thelonius Monk, Bud Powell och Dizzy Gillespie och pratade gärna om sitt musikintresse, tills Ingmar Bergman en dag undrade hur han hade det med den klassiska repertoaren. När Gösta drog på svaret, bad Ingmar Bergman honom följa med. Tillsammans promenerade de till Stöltens, skivaffären vid Gustav Adolfs torg. Där köpte Ingmar Bergman Schuberts ofullbordade och Vivaldis *De fyra årstiderna*, med den italienska kammarorkestern I Musici, gav skivorna till Gösta och sa: "Gå nu hem och lyssna på det här!"

> Åtminstone en gång i veckan låg Ingmar i sin vilstol och så skulle jag berätta för honom om veckan som varit, vad som hade hänt. Han hade fördragna gardiner, det var som en seans. Han la sig i sin lutande stol. Där låg han och jag är inte övertygad om att han alltid var vaken. Jag fick sitta på en stol närmare dörren. Han började med att säga: "Hur är det?" Då satt jag där rak i ryggen och skulle berätta. Han ville veta hur jag hade det. Vad som sysselsatte mig. Vad jag tyckte var viktigt. Vad som hände i mitt liv. Han verkade uppriktigt nyfiken.

Gösta ville gärna berätta precis hur det var, också om sitt kärlekslivs pågående bergochdalbanefärd. Ingmar Bergman var inte blott en lyssnande pater, han ville själv dra i alla trådar. I boken om Bergman skriver Marianne Höök om hans glädje i att utöva makt: ”Han prövar och får på nytt bekräftat att han kan fånga in och göra till sin (sin vad? bundsförvant? beundrare? beroende?) snart sagt vem han vill.”

Gösta beskriver Ingmar Bergmans nyfikenhet som exceptionell och hans kontrollbehov som abnormt. I brev till en vän beklagar han våren 1958 det inflytande Bergman fått över honom:

> Djävlar, mitt goda humör försvinner. Ingmar och jag kommer nog aldrig riktigt överens. Fan också!! Jag vill egentligen, men jag är kär, och det gillar inte han. Han är djävligt underlig. Jag tycker inte om honom. Ja, inte därför att han är underlig utan därför att han försöker göra en illa om man inte gillar diktaturvälde. Jag kan inte förklara det, men han gör allt för att fördärva det mellan Maud och mig. Jag tycker inte det är fair play.

Maud Hansson säger att Bergman snokade och la sig i andras privatliv: ”Han var en riktig kärring!” Han ansåg sig äga ”sina” skådespelare, ville bestämma över deras val av partner och utövade påtryckningar när han ansåg att någon borde skilja sig. När ”hans” skådespelare gjorde filmer med andra regissörer blev han svartsjuk. Maud Hansson säger att Bergmans andliga närvaro orsakade gräl mellan henne och Gösta: ”Vi hade honom under sängen!” De manus han skrev – speciellt kvinnorollerna – var inträngande och genomtänkta, men privat var han inte klok, menar Maud Hansson: ”På den tiden trodde jag att stora konstnärer också var stora människor. Det var inte Ingmar Bergman.” Hon hade sina uppgörelser med honom och kunde säga ifrån, just för att hon var ung och orädd. Kring Bergmans lunchbord i teaterns kantin satt skrämda skådespelare, vaktade på varandra och valde sina ord. ”Hans skratt var genomträngande och snart började *alla* skratta som han, också kvinnorna”, säger Maud Hansson.

Vid ett tillfälle anmärkte Bergman på Göstas gnisslande skratt: ”Ingmar sa: ’Skrattar du på det där sättet?’ Jag hade aldrig tänkt på hur jag skrattade, men Ingmar sa allvarligt: 'Så där kan du inte skratta, det får du göra något åt!' Då blev jag medveten om det." Efter det la Gösta sordin på sitt skratt, men satt senare med på privata filmvisningar med gammal slapstick, då Ingmar Bergman tappade kontrollen och skrattade hämningslöst; "inte alls det imposanta skratt han kunde ha i en teatersalong, för att inför omgivningen markera vad Ingmar Bergman tyckte var kul."

Efter ett år i Ingmar Bergmans skugga hade Gösta fått nog och sa upp sig. "Jag kände att jag inte pallade. Det fanns något osunt, jag ville inte sjunka ner djupare i det." När Ingmar Bergman undrade varför han ville sluta svarade Gösta att han inte behövde säga det, eftersom Bergman ju ändå visste allt. "Då blev han så in i helvete arg att han kastade något mot mig." Bergman var just på väg till Stockholm, Gösta stannade kvar i Malmö. Under Bergmans bortovaro övertalades Gösta av en äldre skådespelare att fullfölja sin anställning, eftersom han skulle ha glädje av den hela livet. "Så kom Ingmar tillbaka och jag hade bestämt mig för att säga att mitt beslut var överilat. Vi möttes på teatern och medan han närmade sig sa han: 'Det är klart du ska sluta om du vill det!' och jag närmade mig Ingmar och sa: 'Det är klart jag inte vill sluta just nu!' Så kramades vi och fortsatte tiden ut, till våren 1959, när Ingmar lämnade stadsteatern." Så dags hade Gösta deltagit i arbetet med tre långfilmer, fyra teateruppsättningar, två föreställningar för teveteatern och tre för radioteatern. I ett rekommendationsbrev skrev Ingmar Bergman att Gösta under sin tid som hans assistent "visat utomordentlig fallenhet för yrket parad med organisatorisk begåvning" och rekommenderade honom därför "på det varmaste till en sysselsättning, där hans speciella yrkeskunnande kan komma till nytta".

Gösta hade fått en egen lägenhet i Stockholm; en etta med badrum och kokvrå på Ehrensvärdsgatan 4 vid Norr Mälarstrand. Dit flyttade han efter tiden i Malmö. Arbetet hos Ingmar Bergman var slut, den häftiga kärlekshistorien med Maud Hansson tonade ut, sviterna av båda relationerna skulle Gösta leva med i flera år. "Jag kände mig färdig! Roligare än så här blir det inte, men det kommer att bli jobbigare. Det kändes så."

En början till ett löfte

Söndagen den 22 mars 1959 steg Gösta upp tidigt. Halvåtta stod han på trottoaren med packade resväskor, i innerfickan låg ett brev från Maud Hansson. Det var en klar morgon, våren var på väg till Stockholm. En taxi tog honom till Frihamnen, där Salénrederiernas bananbåt "M/S Hispaniola" låg klar för avgång, stor, vit och vacker.

Gösta var nitton år, bakom sig hade han en period då kärleken, teatern och politiken upptagit hela hans tid. Han hade tampats med Goethe och Marx, haft Bergmans demoner på armlängds avstånd, levt nära skådespelare med premiärnerverna krypande utanpå scenkostymerna. Han hade arbetat med filmer som handlade om födelse och åldrande och som blivit prisbelönta på prestigefyllda festivaler. Framför honom låg inspelningen av *Himmel och pannkaka.*

På höga klackar trippade filmens kvinnliga stjärna Sickan Carlsson skrattade uppför den branta landgången. På "Hispaniolas" däck stod regiassistenten Gösta och gav henne en hjälpande hand. Bredvid honom stod Hasse Ekman, filmens manusförfattare, regissör och huvudrollsinnehavare, och önskade sina medarbetare välkomna ombord. Fotografer från press och från SF:s journalfilmer dokumenterade avfärden. "Jag trängde mig med på ett antal journalbilder och hoppades att Maud skulle se dom – ja, inte bara Maud, men mest Maud", skrev Gösta samma kväll i en dagboksanteckning. Båten skar genom nattgammal is, skärgården öppnade sig, måsarna anslöt.

← *Gösta i Gamla stan i Stockholm vid tiden för* Vår tids hjälte, *hösten 1959. Föreställningen var ingen framgång, men Göstas medverkan uppmärksammades och ledde till att han året därpå blev anställd vid Stockholms stadsteater.*

Filmtruppen var elva personer stark och anträdde en lång resa, till Guatemala i Centralamerika. De skulle göra en fristående fortsättning på 1956 års framgångsrika *Sjunde himlen*. I båda filmerna förekom samma huvudkaraktärer, spelade av Hasse Ekman, Sickan Carlsson och Gunnar Björnstrand. *Himmel och pannkaka* skulle bli en relationskomedi där ett krisande äkta par, kvinnans före detta fästman och mannens unga flirt hamnar i samma båt – på väg över Atlanten. I Guatemala sker kärleksförvecklingarna mot en fond av ruinstäder, indianritualer och bananplantager. Filmen skulle på det hela taget handla mycket om just bananer, skeppsredaren Sven Salén var styrelseordförande i Banan-Kompaniet, företaget som bjöd filmtruppen på resan.

Stämningen ombord på "Hispaniola" var god denna första kväll, noterar Gösta: "Vädret var det vackraste tänkbara och pappa på ett underbart humör. En angenäm resfeber hade spritt sig i sällskapet." Alla drack sprit – utom Gösta. Han läste filosofen Ingemar Hedenius nya bok *Tro och livsåskådning*. "Ingemar Hedenius är bra och jag tycker det är skönt att vara ensam", skriver Gösta. Tio år tidigare hade Hedenius genom att ifrågasätta den svenska statskyrkan och beskriva kristendomen som förnuftsvidrig vållat en häftig kulturdebatt. För Gösta var det en lättnad att läsa Hedenius, hans teser gav bekräftelse åt de egna funderingarna. När Gösta försökte tala om saken med sin far mötte han häftigt mothugg. Hedenius hade ingen bundsförvant i Hasse Ekman, hans tro stod över förnuftet. "Det hela var mycket kort – men tillräckligt för att få mig att känna det pinsamma i situationen. Ett litet barn som skriker krampaktigt när någon försöker frånta det dess tro på jultomten. Det är ju i alla fall ganska roligt – och rörande", skriver Gösta om pappans barnatro.

Sickan Carlsson hade arbetat med tre generationen Ekman och tyckte att Lill-Gösta påminde kolossalt mycket om sin farfar: "Ingen av dem flöt över problemen utan var väldigt djuptänkande." När de andra dragit sig tillbaka till sina hytter satt Gösta ensam i röksalongen och fyllde ark efter ark med existentiellt grubbel: "Min största rädsla är slappheten. Det är nog därför jag skriver. Vill göra något: läsa, skriva, tänka – sköta mig. Annars får jag ett helvete." Han tänkte fortfarande på Maud Hansson, men precis som övriga män ombord var han betagen av Lena Granhagens skönhet och charm, i filmen spelar hon den bortskämda snärta som skapar kris i huvudpersonernas äktenskap. *Himmel och pannkaka* var en av fyra filmer Lena Granhagen var söt i det här året. I ett bildsvep från båtresan i tidningen Se beskrevs hon som ett välsvarvat blont bombnedslag.

Gösta ältade sin längtan till teatern. Var hans beslut att bli skådespelare bara ett sätt att placera det egna jaget i centrum, tillfredsställa sitt ego, rikta allt ljus mot sig själv? Han ville inte tro att det var så banalt:

> Vad är det vi älskar? Lukten av smink. Springet i trappan. Perukerna. Lamporna. Scengolvet. Sorlet från publiken på andra sidan ridån. Dom väntar på att få se Mig! Läsandet av recensioner, dom skriver om Mig!
>
> Men jag älskar att se bra teaterföreställningar. Jag är alldeles omtumlad och lycklig när jag kommer ut från en bra föreställning. [...]
>
> Riktiga teaterrepetitioner är det underbaraste som finns. Det kan inte bara vara att jag älskar mig själv. Skådespelare kan vara stora konstutövare. Att överväldigas av konsten är det största jag kan vara med om. En fin teaterföreställning är för mig den klaraste predikan. Jag vill sanningen i teatern. Jag tror jag har samma känsla som en prästlärling inför sitt kall. Teater är nog min religion. Nej, inte religion – mitt kall.

En kväll ombord – då han övergått från mineralvatten till whisky – hamnade Gösta i diskussion med några medpassagerare, däribland pappa Hasse. De pratade om Ingmar Bergman, också det ett laddat ämne, inte minst för Hasse Ekman som ju övergivit den allvarligt syftande filmen för lustspelen. I diskussionen blev Bergmans konstnärliga kompromisslöshet ifrågasatt, Gösta ensam försvarade sin tidigare arbetsgivare. Han somnade ledsen och vaknade förvirrad: ”Har jag illusioner vad det gäller Ingmar, som inte håller? Det är ju inte så svårt att sitta och säga att man ’bara underhåller folk’. Det låter så gott. Människovänligt och varmt. Man kan nog vinna mångens öra med så’na ord – tillochmed sitt eget.” Var pappa Hasses tal till underhållningens försvar i själva verket bara självbedrägeri? Var Ingmar Bergman en uppblåst bluff? Gösta vacklade mellan sina förebilder, fadern och fadersfiguren. Hade han idealiserat båda? Var finns hans *egna* ideal?

> Har jag känt fel i fallet Ingmar? Då faller ju alltihop! Vad återstår då? Min ensamhet. Sällskap blott mina illusioner! Men jag vill göra något av det. Om inte Ingmar är det jag tror han är = ärlig mot konsten, ärlig mot sej själv i så hög grad det går, vill jag i alla fall vara det. Har det varit Ingmars oavsiktliga lära, skall jag lära i alla fall. Kan man inte lita på något eller någon vill jag i alla fall försöka lita på mig själv.

Fartyget bunkrade på Haiti, som då hette Fransk-dominikanska republiken. Det var en mörk kväll med fuktig värme när Gösta steg i land i Port-au-Prince, blek och blond lyste han som en lucia i staden där befolkningen till nittiofyra procent bestod av svarta. I den låga bebyggelsen stack några flervåningshus upp och från ett sådant hördes glada röster; en svart familj hade siktat Göstas vita gestalt och från ett fönster väckte den hans uppmärksamhet med vinkningar och rop. Han stegade upp till husets andra våning, hälsades välkommen och bjöds på te. "De undrade vad jag gjorde och jag förklarade att vi kom från Sverige och skulle göra film." Värden sken upp och berättade på knackig engelska med kraftig fransk brytning att familjen samma dag varit på bio och sett *The seventh seal.* "Du förstår, de hade sett *Det sjunde inseglet* – denna samma dag som Ingmar Bergmans gamla regiassistent kliver i land i Port-au-Prince. Där sitter jag och säger: 'Jag kom just från Ingmar.' Det var ett sällsamt sammanträffande."

Väl på plats i Guatemala gjordes inspelningar i städerna Chichicastenango och Tical. En dag anlände telegram från Svensk Filmindustri: "Skicka hem Hasselbladaren, Ingmar behöver den." Också när han befann sig på andra sidan jordklotet fick Hasse Ekman ta emot ett tjuvnyp från konkurrenten Ingmar Bergman. Den fina kameran skickades omgående till Sverige, där Bergman spelade in *Jungfrukällan.*

För Gösta tycktes resan till Guatemala meningslös, eftersom han inte kunnat arbeta. Bara en vecka efter avfärden från Stockholm blev han bränd av solen och fick feber, yrsel och värk. När han återhämtat sig blev han i stället magsjuk och låg nerbäddad under hela inspelningen i Guatemala. Om nätterna hade han feberdrömmar och vaknade genomblöt av svett.

Efter drygt en månad var filmtruppen på väg mot Sverige, nu med

"Sveriges längsta reklamfilm" kom Himmel och pannkaka *att kallas. Gösta var regiassistent, men låg sjuk under större delen av inspelningstiden.*

"San Blas". Det var trångt ombord och Gösta hystes in i lotsens hytt, där fick han åtminstone vara ensam. Och han kände sig ensam! Den tropiska natten var stjärnklar och ljum, efter middagen satt passagerarna på däck och rökte. Gösta vantrivdes i sällskapet, "något jag numera lider av kroniskt".

Hemma i Sverige avslutade Hasse Ekman och filmtruppen under försommaren arbetet med *Himmel och pannkaka* i Filmstaden i Råsunda. Vid premiären samma höst fick den nedgörande kritik. "Ett manus gjort med vänster hand mellan några av de andra jobben", skrev Expressen. I Aftonbladet beskrevs filmen som en idémässig totalbankrutt. Stockholms-Tidningens kritiker mördade med ett ironiskt leende: "Det är en utmärkt reklamfilm för bananbolag och bananätning, och som all utmärkt reklam är den underhållande." Banan-Kompaniets direktör var mycket riktigt nöjd med filmen och förmodade att den skulle gynna bananförsäljningen, det var knappast av godhet hans företag hade satsat 40 000 kronor på att transportera filmtruppen till Centralamerika. Sveriges reklamfilmsproducenter var däremot inte alls roade. De skrev ett ilsket brev till Biografägareförbundet och påminde om sin ensamrätt att göra reklamfilm. Hasse Ekman tyckte inte det var något att bråka om: "Sveriges handelsförbindelser med den lilla republiken Guatemala inskränker sig faktiskt huvudsakligen till bananer, så vad skulle man egentligen låta filmen handla om, om inte just bananer."

I FÖRTEXTERNA ANGES Gösta som regiassistent, fast han knappast haft möjlighet att göra sitt jobb. Medan filmarbetet avslutades låg han på sjukhus, nu var det en allvarlig halsinfektion med hög feber som tvingade honom att lämna jobbet under ett par veckor. "S:t Eriks sjukhus är byggt i fyrkant, i mitten är en gård. Stora träd, krattade gångar. Bänkar. En kyrkogård, med vandrande lik. Eller ett fängelse. Alla hör ihop – ändå kan ingen bli ensammare än här. Jag vet att man blir deprimerad av penicillin", skriver han i brev till en vän. Han plågades av värmen – ett högtryck hade parkerat sig över Sverige denna sommar – kände sig splittrad, som om huvudet slagits i bitar, läste Stig Dagermans *Nattens lekar* och hade erotiska fantasier om ett av sjukbiträdena. Han grämde sig inför sensommarens viktiga prov till Dramatens elevskola, hans formella inträde på skådespelarbanan. "Jag har svårt att somna vissa kvällar. Då tänker jag på Dramatenprovet. Jag har fortfarande inte börjat. Men det är legalt, när jag skyller på sjukdom. Jag skall ta med mig Shakespeare ut till farmors landställe och börja på allvar", skriver Gösta i brevet från sjukhuset.

Kungliga Dramatiska teatern var en välkänd miljö, knappt tre år tidigare hade Gösta varit där som regiassistent och lärt känna dem som jobbade i huset. Nu satt han på en bänk i en teaterlokal högt upp i byggnaden, jämte en rad andra sökande. En efter en blev de uppropade för att stiga ut på scenen och inför en jury med meriterade aktörer och regissörer bevisa att teatern var deras kall. Till detta första prov hade Gösta förberett en monolog ur Stefan Zweigs skådespel *Komedianterna*. I efterhand har han kallat valet absurt, men just då uttryckte inledningsorden säkert något djupt känt hos Gösta: "Nu har jag förstått vad det betyder, det att vara konstnär. Att fatta världen vid dess axel och svinga den i fart av egen kraft."

Det blev hans tur. Scenchefen Arne Leijström gav honom en lyckospark i baken – så kraftfull att Gösta tumlade ut på scenen: "Så jag stod på alla fyra när ridån gick upp. Stod på alla fyra och såg ut i ljuset på alla de här människorna som jag beundrade mest i världen. Där satt de och glodde på mig. Jag fick resa mig upp, ljuset gick ner i salongen och så skulle jag börja."

Han stod visserligen upp, men benen darrade så häftigt, att om han tagit stöd med båda fötterna i scengolvet hade vibrationerna utan svårighet kunnat driva kroppen framåt och tippa honom över rampen.

”*Nu* har jag förstått vad det betyder, *det* att vara konstnär ...”, började Gösta. Sen var det stopp. ”Stackars Torsten Wahlund stod i kulissen och sufflerade mig och det gjorde han jättelänge. Men jag kom inte längre. Jag greps av en sorts paralysering.” Scenljuset var riktat mot Gösta, salongen låg i mörker. ”Jag tittade ganska länge på det där enorma svarta hålet, med sitt enorma kunnande och allt vad det stod för – jag skulle vilja vara där någon gång! Jag bockade och sa: ’Förlåt mig, jag tror att jag har kommit fel.’”

Elevskolans föreståndare Stig Torsslow sprang ifatt honom i en korridor och frågade om herr Ekman inte kunde läxan, eller om det var nerverna som spökade. ”Läxan kunde jag verkligen, så jag sa att det var nog nerverna.” Gösta erbjöds komma tillbaka för ett nytt försök morgonen därpå. Då gick det bättre, han avancerade till andra provet och spelade sonen Biff i Arthur Millers *En handelsresandes död.* På Max von Sydows förslag framförde Gösta i det avslutande tredje provet en monolog ur Shakespeares *Richard II.* Den hade han nött in på den sörmländska landsbygden, där farmor Greta hyrde ett sommarställe. ”Jag övade mest i ett nyplöjt potatisland, där klumpade jag runt och tänkte att jag skulle klara det här själv. Då hade jag kommit fram till att när kungen kommer tillbaka till sin fosterjord så står han bara rakt upp och ned och *känner* väldigt starkt, utan att göra någonting. Så de hade inte mycket att se i salongen: ’Ska han inte lyfta en arm?’. Nej, jag bara *stod* och *kände* väldigt starkt.”

Gösta nåddes av ryktet att det trots den darriga komedianten och den stele Richard II hade gått bra för honom. Pappa Hasse hade mött en som han antog välinformerad Dramatenskådis som sagt: ”Nu håller vi tummarna, men – peppar, peppar – jag tror det går vägen.” Det gjorde det inte. Fredagen den 28 augusti kom beskedet. Etthundratjugotre förhoppningsfulla hade sökt till elevskolan, åtta blev antagna. Gösta var inte en av dem.

Hans besvikelse var stor, Gösta hade knutit stora förhoppningar till provet. Kanske var han inte tillräckligt bra. Kanske tyckte juryn att han skulle stå på tillväxt. I den kull som antogs – med bland andra Etienne Glaser, Sven-Bertil Taube, Solveig Ternström och Jan Blomberg – var samtliga äldre än Gösta. Stig Torsslow sa: ”Herr Ekman är ju så ung, det går bra att pröva igen." Gösta tänkte inte ge sig. "Det här året ska jag lära allt jag förmår. Försöka komma underfund med agerandets svåra konst. Sen söker jag nog till Dramaten igen ..." sa han i en tidningsintervju efter provet. Det blev inget nytt försök. "Med risk för att detta skulle kunna upprepas tänkte jag att det räcker med en gång!" Gösta blev ingen Dramatenaktör, men väl en komediant, de gamla romarnas namn på en kringresande skådespelare. Hade han kommit in skulle hans rastlöshet förr eller senare ändå ha tvingat ut honom från institutionen. I det ögonblick han stod på alla fyra mitt på scenen undrade Gösta vad han egentligen hade på Dramaten att göra: "Jag är inte säker på att jag förstår det i dag heller."

Precis femtio år efter den snöpliga sortin kom Gösta in på Dramaten, som regissör av Molières *Den girige*, hösten 2009.

EFTER SKILSMÄSSAN FRÅN Finn Wicksell hade Göstas mamma och bröderna lämnat Limhamn och återvänt till Djursholm. Agneta Wrangel arbetade som värdinna på restaurangen och nattklubben Hamburger Börs på Jakobsgatan 6 i Stockholm. Hon hade de talanger som krävdes för att få såväl fattiga artister som representationsstinna affärsmän och utländska besökare att trivas: intresse för kultur, gott humör, belevat sätt och goda språkkunskaper.

På Hamburger Börs hade danska Lulu Ziegler några år tidigare introducerat den litterära kabarén i Sverige. Den nye restauratören Ragnar von Arnold förvaltade hennes ambitiösa tradition, låt vara att kabaréerna inte längre var fullt så litterära. Efter sitt misslyckade Dramatenprov regisserade och medverkade Gösta i några av de månatliga kabaréprogrammen. Gaget omsatte han vid det nattliga umgänget bland speglar och insuttna röda sammetssoffor i den stuckaturpyntade oscariska matsalen. Där avlade Gösta det han kallar sina universitetsårs slutexamen: "Där var vi alla under några år." Ragnar von Arnold månade om Stockholms artister och på Hamburger Börs flockades musiker och revyaktörer och skådespelare från såväl Dramaten som privatteatrarna efter sina föreställningar för att tillsammans med konstnärer och journalister äta och dricka till nedsatt pris. Dit kom operasångaren Jussi Björling när han ville bryta arm. Där satt författaren och tidsvittnet Pär Rådström, poeten Lars Forssell och visdiktaren Olle Adolphson. I det sällskapet framstod Gösta som en blek yngling som verkade hemlös och inte visste vad han skulle göra, åtminstone var det så han senare beskrevs av Beppe Wolgers, också han en ofta sedd gäst på Hamburger Börs.

Denna höst hade Beppe Wolgers tröttnat på att vänta på besked om en manusidé han presenterat för televisionens producenter. Han tänkte sig ett program med minsta möjliga dialog, med en huvudperson som inte var alldeles olik honom själv; en blyg och tafatt drömmare och idealist som tror på en rättvis värld. Nu hade Beppe Wolgers bestämt sig för att göra teater av sitt manus och sätta upp föreställningen på egen bekostnad. Den skulle heta *Vår tids hjälte*, spelas på Munkbroteatern vid Mälartorget i Gamla stan, regisseras av Claes von Rettig och ha Håkan Serner i huvudrollen. När övriga roller skulle besättas kom Beppe Wolgers att tänka på Gösta. I föreställningens dialog mellan de båda kultursnobbarna som bräcker varandra med författarnamn skulle han passa bra, tänkte Beppe Wolgers:

> Han drev på den tiden omkring i stan, på Börsen, på underliga partyn, i sandal och duffelcoat-stajl, sa "Ingmar" om Ingmar Bergman, för att han hade jobbat som Ingmars regiassistent, han syntes och försvann, kom och gick ensam, en typisk figur i en Pär Rådström-roman. [...] Ensam gick han och avundades och beundrade och avskydde alla som gjorde nåt, gängen, kotterierna, grabbarna på krogen, grabbarna som tog taxi och hämtade honorar på en tidning. Så vi ringde honom. Och han kom ner en vintereftermiddag. Rädd, storögd, glad och frusen.

Enligt Claes von Rettig hade Gösta stora problem och fick praktiskt taget sparkas in på scenen. Det var inte första gången han stod på en teaterscen, men för första gången hade Gösta riktiga roller. Förutom högdragen kultursnobb spelade han självupptagen poet och en man i doktorshatt.

I brev till en vän kommenterade han repetitionerna: "När jag läste pjäsen första gången tyckte jag att 'dramatikern' gjort det djävligt lätt för sig, genom att skriva utan repliker". Gösta var bara nöjd med en av de scener han medverkade i, de övriga ändrade han efter eget huvud. Han tyckte om både Beppe Wolgers och Claes von Rettig, men var inte tillfreds: "Jag vill ha respekt för någon. Jag vill hysa respekt och finna relativt auktoritativa människor – åtminstone *en*!" Repetitionsarbetet gnisslade, det framgår av Göstas brev: "Jag har förresten en motspelare som är dum, finns det något mer deprimerande själsdödande, något mer fruktansvärt. Jag lider helvetets alla kval. Oftast är jag beredd att sluta med teater – mest beroende på honom."

Budgeten var snål. Scenrummet kläddes i säckväv. Skådespelarna agerade till inspelade ljudkollage och journalfilmsbilder. Beppe Wolgers gick runt till Stockholmstidningarna och bokade annonser som han betalade ur egen ficka. Vid premiären lördagskvällen den 14 november 1959 satt Hasse Ekman i publiken. Dagen därpå var tidningarnas teaterrecensenter förbryllade. En skrev om "ambitiös tafatthet", en annan om en "konstart mellan teater och kabaré". Gösta fick uppskattning för sin smidighet "både i repliker och rörelser". Han tillskrevs allvar, vilja och humor: "Så vem vet, om inte även hans namn en gång kommer att lysa med eldskrift ovan teateringångarna."

I Dagens Nyheter klagade recensenten Ebbe Linde över att kvällen kändes lång också för det svenska tålamodet, men ägnade Gösta några försiktigt berömmande rader: "[...] under det inte obekanta namnet Gösta Ekman skymtar en fin profil och en känslighet i spelet som fängslar. Vi ska inte ropa hej innan bäcken nätt och jämnt beträtts, men *kanske* dock en möjlighet till något stort, en början till ett löfte!" Omdömet var späckat med förbehåll, men Gösta gladde det mycket. Ebbe Linde var trots allt en av landets mest respekterade teaterkritiker. Farmor Greta sa om recensionen: "Den ska du lägga på smörgåsen och äta upp!"

Vår tids hjälte spelades 21 gånger. Munkbroteaterns salong hade 102 platser, efter den utsålda premiären kom som mest 54 betalande och som minst fyra. Föreställningen blev en förlustaffär för producenten Beppe Wolgers, men skulle visa sig bli viktig för Gösta: "Ja, det syntes det jag gjorde, mycket mer än jag förstod själv." Många reagerade med förvåning: "Jaha, ville du bli skådis?"

Han intervjuades i tevemagasinet *Söndagsbilagan*. Under rubriken "Vår tids Ekman" skrev Aftonbladet om Gösta, ännu en gång fick han svara på frågan om sin ärftliga teaterbelastning: ”Man är naturligtvis medveten om den. Och man känner att folk uppmärksammar ens försök – positivt eller negativt, man går i alla fall inte spårlöst förbi.” I salongen på Munkbroteatern satt journalisten Barbro Alving och blev känslosam vid Göstas första entré, i högsta grad medveten om hans påbrå. När hon strax därpå porträtterade honom i Veckojournalen blev de verkliga huvudpersonerna gamle Gösta Ekman och Barbro Alving själv, medan unge Gösta tilldelades en biroll. Sittande i skribentens soffa en novemberdag 1959 fick han utstå hennes stränga besiktning; han skulle vägas och mätas med farfars mått. Barbro Alving fann överläppens krökning omisskännlig. Och skallens tunna skal. Och molnet över pannan. ”Man sitter här och minns tyst och stilla och är ganska odräglig”, skriver hon klarsynt, men gav sig inte: ”Grabben här har det inte lätt. Och vi är likadana allihop, vi för vilka Gösta Ekman var Teatern.” När Gösta mot slutet av artikeln fick säga några ord handlade de om – farfar: ”Jag har en känsla att farfar liksom är den enda som står utanför, som kan förstå och se det hela från ovan. För det första är han död. För det andra är han självklar.” Barbro Alving godtog svaret, eftersom ”det kommer från denne unge man med Gösta Ekmans överläpp”. Om pjäsen han medverkade i: knappt ett ord. Om hans personlighet och egenart: ingenting. Överläppen skymde Barbro Alvings synfält.

I tidningarna hade Gösta läst att Stockholms stadsteater skulle invigas hösten därpå, med Lars-Levi Læstadius som chef, samma jobb som han haft i Malmö. Gösta hade sökt upp Læstadius och anmält sitt intresse av att bli regiassistent på den nya teatern. ”Sen kom han, mig ovetande, till Munkbroteatern och tittade när jag spelade i *Vår tids hjälte*. Efteråt kom han in och sa: ’Du får komma till Stadsteatern som skådespelare, vill du vara regiassistent får du prata med regissörerna, för jag har ingen sådan budget.’”

Efter årsskiftet stannade Gösta på Munkbroteatern, i en mindre roll som budbäraren i Jean Anouilhs *Antigone*, en modern omdiktning av Sofokles grekiska drama. ”Med närmast tom scen och kavajmässig vardaglighet har man betonat konfliktens tidlöshet”, skrev en tidning om uppsättningen, sanningen var att teatern saknade pengar till scenografi och scenkläder. I pjäsen dör Antigone, hennes syster, liksom kung Kreons hustru och son. "Det smärtsamma dödsbudet vid tragedins fullbordan framfördes lågmält verkningsfullt av Gösta Ekman", skrev Stockholms-Tidningens recensent efter premiären i januari 1960. Jurgen Schildt raljerade i Aftonbladet över att Gösta läste sin läxa utantill, men garderade sig: "Vad som komma skall därutöver återstår att se."

Om kvällarna levererade Gösta dödsbud, om dagarna spelade han torsk. Tillsammans med Håkan Serner var han engagerad av Stockholms skolbarnsteater för att spela *Muntra musikanter*, ett turnéprogram med Thorbjørn Egners visor, arrangerade av Olle Adolphson. Gösta gjorde entré i en otymplig fiskkostym, byggd av hönsnät och papier maché, med ett titthåll täckt av gasbinda. "Jag skulle sjunga 'En äkta Nordsjö-torsk jag är och född nånstans vid Måseskär ...'. Detta gjorde vi rätt tidigt på morgnarna ibland. Åkte ut i skolan och skrämde barn redan vid nio-tiotiden. Sen spelade jag på Munkbroteatern på kvällarna. Då hade vi inte någon publik, men på morgnarna hade man i alla fall otacksamma skolbarn, som ville göra något annat."

Också Gösta längtade bort. Beppe Wolgers bild av honom som hemlös och håglös hade fog för sig. I brev från den här tiden säger sig Gösta pendla mellan depression och storhetsvansinne. Under teaterrepetitionerna ställer han övermäktiga krav på sig själv: "Ingen är hårdare än jag i mitt omdöme. Jag fordrar alltid att jag skall bli bättre än jag har möjlighet att bli." Han hade lämnat den auktoritäre Ingmar Bergman med lättnad, nu saknade Gösta hans engagemang och arbetsdisciplin: "Jag håller på att glida lite. Ingmar är i alla fall dj-gt bra – om man tar honom på rätt sätt. Jag blir så dj-la ledsen ensam – lider av skräck *att inte kunna göra någonting*! Resultat = gör ingenting. Resultat = dåligt samvete, kronisk depression. Fan åxå! Där va Ingmar bra å ha!"

Under hösten 1959 har Gösta några gånger allvarligt övervägt att ta sitt liv; lockats av tanken att kliva över Katarinahissens räcke, vägt förskäraren i handen. Döden kommer nära då han onykter och utan körkort styr av vägen i en lånad bil med en av sina bröder som passagerare, men efter en volt kan båda stiga ut oskadda på andra sidan diket. I brev till en nära vän beskriver han sin livsleda: "Åt helvete med ungdomen – den är så arbetsam. Hur mycket skall man orka med?

Tanken på självmord är en nödvändig säkerhetsventil. Inte något ungdomligt patetiskt!"

Det är mycket som har lagrats: olycklig kärlek, komplicerade relationer till beundrade förebilder, det misslyckade provet till scenskolan ... Gösta är 20 år och ser ingen framtid för sig. Kommande höst väntar anställningen vid Stadsteatern, då ska han upp till bevis! "När jag äntligen fick erbjudande om en fast anställning och någon tryggt, så hjälpte inte det. Det är egendomligt att jag inte längtade efter det! Det var snarare tvärt om. Jag såg livet framför mig som ett jävla jobb", säger Gösta.

Farmor Greta var den människa han kunde ty sig till, ändå var det hemma hos henne Gösta i början av 1960 bestämmer sig för att avsluta sitt liv. Han samlade ihop alla tablettburkar från farmors medicinskåp. "Jag hällde alltihop i ett glas och blandade med vatten. Det såg nästan ut som mjölk. Sen tog jag ett äpple och petade i mig alltihop. När det började verka vågade jag skära mig och satte mig i en säng, men vågade inte titta, utan *slog* ner rakbladet i armen. Sen försökte jag också skriva något. Jag tänkte väl idiotiskt nog att jag skulle lugna min farmor."

Att det var hon som fann honom har plågat Göstas samvete sedan dess. Han var medvetslös och blodig, men vid liv. Det han trott vara sömntabletter visade sig delvis vara sjösjukepiller. "Det var ingen bra blandning, det gav väldigt obehagliga hallucinationer." Gösta fördes till S:t Eriks sjukhus. I den vårdinrättning han ett halvår tidigare liknat vid en kyrkogård med vandrande lik återvände han till livet. "Som jag minns det var jag där ett par dygn innan det gick bra att kommunicera." Hans vänner kom på besök. De hade med sig böcker, men det blev inte mycket sagt, för vad säger man till den som önskat ta sitt liv? Gratulerar till misslyckandet? Beklagar att man träffas igen? "Det är problemet för en självmodskandidat. Man dras med misslyckandet fortsättningsvis. Det kan vara lite farligt", säger Gösta.

Hans avsikt var inte att få medlidande. Han såg döden som en rimlig utväg. Ärren på handleden bär han fortfarande. "När jag petade i mig alla tabletter var det precis som när jag skolkade. Jag hade hittat en nödutgång som jag själv kunde öppna. Så kändes det! Jag kände ingen sorg eller patetik, bara: *svårare än så här är det inte.*"

Gösta dessine
15.3-60
de Christina Å.

En vår i Paris

Vad gör en omtänksam familj med en livstrött ung människa, som just lämnat sjukhuset efter ett självmordsförsök? ”Det absurda är att min släkt, med farmor i spetsen, kom på att jag skulle skickas till Vålådalen”, säger Gösta, ännu förvånad. Den jämtländska fjällstationen var ett populärt träningsläger för skidlandslag och andra elitidrottare från flera länder. När Gösta anlände i månadsskiftet januari-februari 1960 var det glest mellan gästerna. ”Jag skulle ut på skidor, med jättebandage. Jag kunde ju inte åka skidor, men det skulle jag göra. Jag var där i fjorton dar.”

En läkare hade sagt att grabben behövde luftombyte, alltså sändes han strax därpå till Paris. Tanken var att Gösta skulle utveckla sin konstnärliga ådra och samtidigt lära sig franska. Han kom till denna främmande stad i februari, kände ingen och talade inte språket. ”Först skickades jag till en gammal dam vid vad som då hette Place Voltaire och nu Place Léon Blum. I dag tycker jag det är fina kvarter, det tyckte jag inte då. Jag hade en larvig bild av Paris.” Latinkvarteren kring Hotel Notre Dame på Quai Saint-Michel 1 motsvarade däremot hans förväntningar. Rummet var billigt och anspråkslöst, utsikten från det stora fönstret anslående: Seine och Île de la Cité med Notre Dames pampiga torn. Sitt tevatten värmde Gösta på ett spritkök. Toalett fanns i korridoren.

”Jag har pluggat franska, idag som alla andra dagar. Jag pluggar mellan 3-4 timmar om dan. Det är svårt till desperation”, berättar

Gösta sitter och tecknar i sitt rum på Hotel Notre Dame i Paris i mars 1960, fångad av Christina Årfelt (nu Ringsberg).

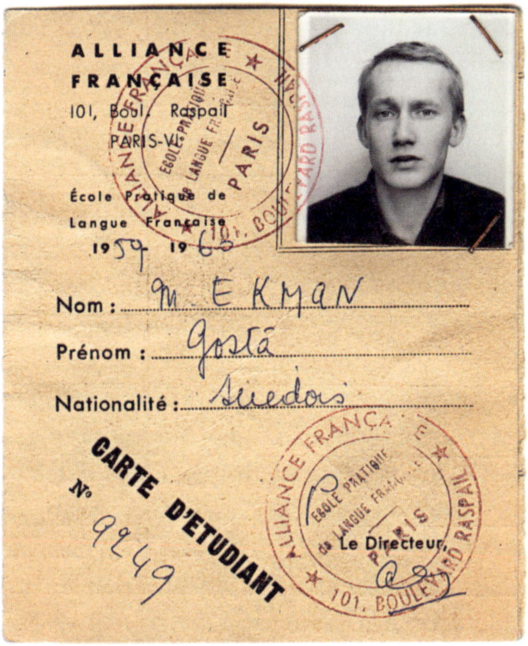

Gösta Ekmans legitimation från Alliance Française, där han tog lektioner i franska. ”Det är väl det enda bevis jag har på någon bildning. Att amerikanerna i klassen krävde lärarnas hela uppmärksamhet bidrog till att jag så småningom slutade och i stället läste på egen hand.”

Gösta i ett brev hem till Sverige, skrivet på ett café vid Boulevard Saint Germain. Han var inskriven som elev vid Alliance Française och ägnade förmiddagarna åt att läsa sina läxor. Han lärde känna den nya staden genom att vandra gatorna upp och ned. Han lärde sig gå i Paris. Det har han fortsatt med sedan dess.

Ingmar Bergman hade försett honom med ett rekommendationsbrev riktat till Paristeatrarna, skrivet på Göstas begäran; ”då jag förmodar att jag inte kan få bättre nyckel till den dörren.” De båda hade träffats just före Göstas avresa, då raljerade Bergman över självmordsförsöket genom att säga: ”Pröva Katarinahissen nästa gång!” Sexton år senare möttes de i Stockholm, vid inspelningen av teveserien *Ansikte mot ansikte*. Det var första och enda gången Gösta regisserades av Bergman. Hans rollfigur var en skådespelare som inte vågar somna, av rädsla för att aldrig mer vakna, och som ständigt känner dödens lukt. Vid inspelningen berättade Ingmar Bergman att han själv mist livsgnistan och funderat på att göra slut på sitt liv, men i stället skrivit det manus som nu spelades in. ”Till mig sa du ju att jag skulle hoppa från Katarinahissen, när jag hade försökt ta livet av mig", svarade Gösta. "Då sa han: 'Å fy fan! Sa jag så?' Då blev han faktiskt lite ställd."

I BAGAGET TILL Paris hade Gösta skivan med musiken från *Orfeu negro*, filmen som introducerade brasiliansk bossanova och som bara någon månad tidigare haft Stockholmspremiär. Två nyutkomna romaner hade Gösta tagit med på resan. Den ena var Colin Wilsons *Outsidern*. Den andra hade pappa Hasse rekommenderat: Aksel Sandemoses *Varulven*, en berättelse om kärlekens komplikationer och konstnärskapets plåga. För Gösta var *Varulven* omvälvande läsning, boken beskrev förhållandet mellan män och kvinnor på ett för honom helt nytt sätt. I en summering av tiden i Paris skrev han: "Jag tror ingen har hjälpt mig så mycket som Aksel Sandemose. (Denna min enda klippa i livet.)" Gösta har frågat sig varför han blev så drabbad: "Det var som ett hugg, jag tyckte han såg så långt in i människor av alla tänkbara kön. Han var också en drömgestalt för mig, i sitt sätt att vara: Ensam och stark." *Varulven* ingick i den outsiderlitteratur Gösta vid den här tiden omhuldade. Där fanns också Hermann Hesses *Stäppvargen* och Jack Kerouacs *På drift*.

Han var genom sitt blotta namn svenskt kulturlivs störste insider, därtill utrustad med referenser från den internationellt kände Ingmar Bergman, men Gösta odlade sitt utanförskap. "Jag var ung och deprimerad, rädd och hade svårt att sysselsätta mig. Tyckte illa om mig själv och hade följaktligen svårt för andra. Pratade inte franska och var i detta 'underbara' Paris, som alla har och har haft så fantastiskt roligt i. Jag tecknade och spelade gitarr och hoppades att tiden skulle läka alla sår", skrev Gösta om den första ensamma tiden.

Motvilligt lät han sig övertalas när en ytligt bekant från Stockholm ville ta med honom för att träffa några svenska flickor: "Vi köpte en flaska sherry och lite kex och gav oss i väg." En av flickorna var Christina Årfelt, numera Ringsberg. Hon gjorde uppehåll i studierna vid textillinjen på Konstfackskolan i Stockholm för att tillsammans med två

Tuschteckning av Gösta från tiden i Paris. "Så där kände jag mig, mina teckningar speglade hur jag mådde. Betraktaren får dra sina egna slutsatser." ➳

Paris -60.

andra svenskor bo och arbeta i en lånad konstnärsateljé. När Gösta gjorde entré satt hon vid sitt ritbord bland papper och pennor. "Jag hade inte mer än rest mig upp, så satte han sig där och började teckna – med en gång! Han hälsade, men var inte särskilt artig. Han hade varit assistent åt Ingmar Bergman och han ritade Bergman, lite karikerat, om och om igen. Man såg att han var en duktig tecknare." Christina Ringsberg och Gösta fick genast god kontakt och när det övriga sällskapet skulle ut och dansa på klubben Chez Regine var de båda helt ointresserade. "Jag ville inte och inte Gösta heller. Han ville sitta kvar och inte alls lämna det där bordet! De *tvingade* oss, vi *fick* inte stanna kvar. Då tog Gösta pennor och block med sig, satte sig vid ett bord på klubben och fortsatte att rita." När Christina ville gå hem gjorde Gösta henne sällskap på promenaden tillbaka till ateljén. "Det var sent och jag gick och la mig, men Gösta satt och tecknade hela natten!"

När Christina Ringsberg blev tvungen att lämna ateljén flyttade hon in på Göstas hotell, i ett rum på samma våning som hans. Där satt hon och ritade tygmönster och lyckades sälja ett till det stora varuhuset Lafayette: "Det levde jag länge på!"

På Hotel Notre Dame hade hon och Gösta veckorna före påsken 1960 ett trevligt vardagsumgänge. Christina vaknade tidigt, gick ut och köpte smör och bröd, mjölk och yoghurt, knackade på Göstas dörr och bjöd in honom till frukost. "Hon hade en massa prylar ikring sig och jag trivdes genast i det varmgröna rummet", skriver Gösta. "Det hände till och med att jag var först uppe på morgonen och handlade frukost, gick in till Christina med mina inköp och mina senaste arbeten." De lagade mat tillsammans, tecknade och pratade mycket. De tyckte om varandras sällskap, men hade ingen kärleksrelation. Det var första gången Gösta odlade en varm vänskap med en kvinna i sin egen ålder. "Kanske är det därför jag aldrig glömmer historien och vill nedteckna den", skriver han i en längre summering av tiden i Paris. Gösta lekte med tanken att skildra den i en film.

"Jag tyckte Christina tyckte om livet, och hon tyckte om mig, och jag fick henne lätt att skratta, lika lätt som jag fick henne liten och hjälplös när jag var deprimerad. Hon hade lätt för att rodna. Och hon rodnade med hela huvudet", skriver Gösta. "Det är klart jag gillade honom!

Han var så himla trevlig – och rolig! Vi hade hemskt mycket kul", säger Christina Ringsberg. "Han såg ju alltid det roliga i olika situationer. Han samlade på dem!"

Hon förstod att Gösta hade kommit till Paris olycklig och i dåligt skick, han berättade för henne om sitt självmordsförsök och att farmor bekostade hans Parisvistelse. I Christinas sällskap blev Gösta alltmer utåtriktad och aktiv. Han skriver: "Nu började jag göra saker. Jag följde med Christina till croquis-skolan La grande chaumière – Strindbergs gamla kvarter. Retade ihjäl mig på att jag inte hann med i deras drivna sätt att jobba. Vi tog långa promenader och jag fick tillfälle att se Christinas Paris. Jag skaffade papper på att jag var konststuderande och fick fritt tillträde till alla franska museer."

Gösta tinade upp i takt med att dagarna blev varmare: "Nu började våren på allvar komma till Paris, och det underverket är fullkomligt otänkbart att försöka beskriva. Vi gick ofta ned och satte oss på Seinekajen. Hon med sina tecknartillbehör och jag med min gitarr. Ibland hade vi med en flaska vin och lite ost och nu hade vi det bättre än någon annan någonsin har haft i Paris."

Christina Ringsberg minns besöket på loppmarknaden, där de skulle köpa var sin linnejacka. Medan damen som sålde kläderna visade sitt sortiment började Gösta skoja med henne och spelade upp en hel scen framför hennes stånd. Allt fler roade marknadsbesökare samlades kring honom. "Det slutade med att damen skrattade så att hon ramlade omkull och kissade på sig!"

Från sitt hotellrum kunde Gösta blicka ner på Shakespeare and Company, den egenartade bokhandeln på Rue de la Bûcherie som skrivit in sig i litteraturhistorien. "Jag var där många gånger, jag har alltid älskat antikvariatsmiljön. Det var lätt att vara där."

Precis bakom hotellet låg Rue de la Huchette, där barernas källarlokaler fylldes av jazz. Sena kvällar när musikerna slutat spela kunde Gösta sätta sig vid pianot och improvisera. "Han var duktig, spelade jättefint", säger Christina Ringsberg, men Gösta är självkritisk: "Jag var ju lättsinnig och satt och klinkade lite när det blev ledigt och folk började droppa av. Nu skäms jag vid blotta tanken." En kväll när han smög nedför trapporna till det han trodde var en öde källarklubb för att klinka i ensamhet, blev han i stället en glatt förvånad åhörare till ett flera timmar långt jam med trombonisten Åke Persson och en grupp amerikanska jazzmusiker, bland dem trumpetaren Clark Terry och basisten Oscar Pettiford. "Det underbaraste musikminne jag har", skulle Gösta i efterhand kalla det.

Det var i jazzkvarteren en musiker erbjöd hasch. "Det är som att gå på moln", försäkrade han. Christina tackade nej: "Jag var inte ett dugg intresserad, jag hade ingen som helst nyfikenhet på det, så jag gjorde inte det." Gösta rökte däremot en cigarett, men effekten uteblev. På väg därifrån märkte han att bara kroppens övre del tycktes vara hans egen, resten tillhörde någon annan. "Jag kunde inte styra benen, utan följde med dit de gick", säger Gösta. Morgonen därpå kom han in i Christinas rum, darrande och gröngrå i ansiktet. "Han sa att det var den värsta natt han någonsin upplevt."

Tillsammans besökte de poeten Paul Andersson som bodde vid Place de la Contrescarpe, på ett hotell lika nedgånget som han själv. Bara några år tidigare hade han hälsats som en strålande begåvning, den svenska lyrikens unga hopp. Knappt trettio år gammal höll han hov från en solkig hotellsäng i Paris, märkt av sitt missbruk, men ännu vid gott mod.

Inför påskhelgen var Christina Ringsberg tvungen att lämna rummet på Hotel Notre Dame och ge plats för andra gäster, men lyckades trots bostadsbrist få en central studentlägenhet. Där flyttade hon in tillsammans med Veronica Nygren, en kurskamrat från Konstfack. För att Gösta inte skulle känna sig så övergiven på hotellet fick han en liten sjungande burfågel. "Det dröjde några dagar, sedan kom en fruktansvärt olycklig Gösta med fågelburen till Veronica och mig: 'Ta hand om den, jag står inte ut med en ensam fågel i en bur!'"

På försommaren fick Gösta besök av Håkan Serner, skådespelarkollegan från Munkbroteatern. "Han var heller ingen lycklig person, men jag tror de trivdes ihop", säger Christina Ringsberg. Hon och Veronica Nygren bevittnade hur Gösta och Håkan Serner på ett café inför häpna parisare reste sig och sjöng "Jag är kapten Svarte Bill från femtonhundratio, hej fadderi fadderullanlej!", ett av numren från deras gemensamma visturné i Stockholms skolor.

I Håkan Serners sällskap åkte Gösta till Marseille, där han gjorde sitt livs enda försök att gå med en prostituerad. ”Jag satt på en bar och blev ganska onykter. Hon stod på andra sidan gatan, väldigt söt. Till slut tog jag mod till mig och gick ut. Hon såg hur det stod till och drog upp mig till sitt rum, fyra trappor utan hiss i ett gammalt hus. Över sängen låg ett stort gult överkast. Jag ville inte lägga mig där, eftersom jag hade romerska sandaler och väldigt skitiga fötter. När jag började tvätta fötterna i hennes bidé försökte flickan förklara att hon inte hade sin tid till det priset, tog tag i mina genitalier, drog mig till kranen och sköljde av mig i iskallt vattnet. Sen var det kört! Det slutade med att jag satt och grät på muggen. Jag betalade tjugo franc, som jag skulle få ha till godo.”

”Erotik var inte till att tänka på. Det var som kapat och bortblåst”, säger Gösta annars om månaderna i Paris. En anteckning antyder ändå att livsandarna vaknade och att celibatet var i gungning. En bekant skulle köpa tågbiljett hem till Sverige och Gösta följde honom på promenaden till Gare du Nord: ”Vi talade flickor, kvinnor och flickor. Och kvinnor igen. Tittade på Paris, men mest på kvinnor!”

UNDER DEN FÖRSTA – ensamma – tiden i Paris inledde Gösta flera gånger brev till Ingmar Bergman. Det stannade vid utkast. ”Jag blir darrhänt av att försöka skriva till dig. Något förstår jag väl själv varför – men inte allt. Ett logiskt resonemang kan man väl lära sig, men det är fan vad slitningarna mellan förstånd, förnuft och känslor (ungdoms-) är påfrestande”, står det i ett aldrig avsänt brev. Gösta räds varken Kierkegaard eller Nietzsche, men blotta tanken att skriva till Bergman gör honom pirrig: ”Jag blir upphetsad på samma sätt som när man skall slåss eller kyssa en flicka för första gången.” Gösta har valt Ingmar Bergman till sin auktoritet. Nu är han rädd att förlora något, osäkert vad:

> Jag lider av att inte finna mig själv mellan dig och min farfar. Ja, mellan mycket. Min far bland andra människor. [...] Har ofta drömt barocka drömmar om att vara benlös, för att koncentrera mig på mitt pianospel. Har också drömt om att vara föräldralös, 25 år, sinnessjukförklarad eller död. Reflektioner och eventuella slutsatser ger sig själva. En gång

drömde jag mycket om att jag slogs med dig. Det slutade alltid med att jag fick krama dig och säga att jag tyckte om dig.

Sedan Gösta fått ett personligt brev från Ingmar Bergman skrev han ett svar, den 1 april 1960. Han var lättad och glad, inte minst för att Bergman hört av sig i all vänskaplighet, utan att egentligen ha något på hjärtat. "Därför blev det du skrev så fint för mig – och jag tyckte häftigt mycket om dig", skriver Gösta i sitt svarsbrev och reflekterar över deras förhållande:

> Jag kommer väl aldrig att få reda på varför du valde just mig – just den gången – till regiassistent, eller lärling, kanske vet inte du det riktigt heller. Men nu är det så, och jag hoppas att jag med tidens hjälp skall bli lugnare och säkrare, och kanske därmed kunna tacka dig för vad du givit mig! För kanske är du inte medveten om allt du givit mig. Någonting skall väl också jag få komma på, vi är ju alla människor, fast inte *riktigt* likadana.

Några veckor senare skrev Ingmar Bergman på nytt, och tackade Gösta för brevet, "som gladde mig mera än jag kan säga". Han beklagade att han måste fatta sig kort, "men jag är just nu invecklad i mitt manuskriptskrivande". Denna vår skrev Ingmar Bergman manus till filmen *Såsom i en spegel*, ett kammarspel för fyra skådespelare: en man, hans son, hans dotter och svärson. Rollen som sonen Fredrik, kallad Minus, skrevs med tanke på Gösta. Minus är sjutton år, lika gammal som Gösta var när han anställdes som Bergmans assistent. Rollfigurens mor är död, hans frånvarande far är en självmordsbenägen författare och den psykiskt sjuka systern erfar en värld bakom tapeten.

Inspelningen skulle inledas i juli 1960 och sträcka sig en bit in i september. Göstas medverkan krävde en tids tjänstledighet från den nya anställningen på Stockholms stadsteater. Ingmar Bergman hade blivit ovän med teaterchefen Lars-Levi Læstadius och beskrev honom senare som "beläst, erfaren, våghalsig och maniskt högfärdig, ingen föraktlig kombination för en teaterdirektör". När Bergman bad att få använda Gösta i *Såsom i en spegel* svarade Lars-Levi Læstadius nej. Gösta skulle vara på Stadsteatern och fick inte ledigt för att filma. Rollen som Minus gick i stället till Lars Passgård. Det skulle Ingmar Bergman ångra: ”Passgård och jag gjorde så gott vi kunde med varandra. Han var helt utan skuld till vårt misslyckande.” *Såsom i en spegel* fick ett entusiastiskt mottagande och belönades 1962 med Oscar som bästa utländska film.

EFTER KNAPPT ETT halvår i Paris åkte Gösta hem. I slutet av juli fyllde han 21 år och blev myndig. Den 15 augusti inledde han sin anställning vid Stockholms stadsteater, lönen var 720 kronor i månaden, han och de nya arbetskamraterna hälsades välkomna av teaterchefen och två borgarråd. På bara fem år skulle Gösta etablera sig som skådespelare inom teater, film och teve, slå igenom som revyaktör, gifta sig och få barn.

OBS!
HUNDEN ÄR EJ SÅ FAR
LIG SOM DEN SER UT!

Prinsessan från Kråkslottet

Ridån gick upp fredagen den 21 oktober 1960. Efter fanfar och tacktal fick publiken vid festpremiären se *Fårakällan*, en 1600-talskomedi av spanjoren Lope de Vega. Göstas uppenbarelse som Calatravaordens stormästare Don Rodrigo Tellez Giron var magnifik.

Stockholm hade fått sin stadsteater och därmed var trettio års diskussion och planering till ända. Något eget hus fick teatern däremot inte. Att den hystes in i Folkets hus vid Norra Bantorget var en händelse som såg ut som en tanke: Denna kommunala teater skulle bli ett folkligt alternativ till Kungliga Dramatiska teatern. Lokalerna var planerade för gästspel, inte för en fast teaters behov; skådespelarna fick huka i fönsterlösa loger i källaren, verkstäderna hade inte den takhöjd scenerierna krävde. Det var ett provisorium som skulle bestå i tjugofem år. Innan Lars-Levi Læstadius blev chef hade flera tillfrågade tackat nej till jobbet.

Den nya stadsteatern var en spirande institution, befolkad av erfaret teaterfolk samt en och annan nykomling. Av de trettioen nyanställda skådespelarna var Gösta yngst, hela fyrtiosju år skilde honom från ensemblens äldsta, Linnea Hillberg, född 1892. Att några i ensemblen såg den nya teatern som en trygg reträttplats gav upphov till ett skämt skådespelare emellan när de talade om någon kollega: ”Nej, han har slutat spela teater, han jobbar på Stockholms stadsteater.” Gösta minns hur det liksom kluckade och klirrade i skrymslen och vrår.

Fatima och Gösta utanför Kråkslottet, Karl Gerhards villa i Saltsjöbaden. På skylten står det: ”Obs! Hunden är ej så farlig som den ser ut!”, men någon hund fanns inte på tomten.

Han hade visserligen nosat på skådespeleriet under fem års tid, men nu blev det hans yrke: ”Plötsligt skulle jag vara *skådespelare* på Stadsteatern. Jag hade studerat skådespelare, men jag hade ju bara varit på Munkbroteatern och gjort filmer när jag var sexton år, så det var inte mycket att prata om. Då började jag. Det dröjde ett tag innan jag tog *det* som något allvarligt.” Göstas gamla dröm om att bli regiassistent på teatern blev verklig redan i premiärpjäsen och *den* uppgiften tog han på största allvar. ”Det började med att Bengt Ekerot kom fram till mig och frågade om jag ville bli hans assistent och jag blev oerhört upphetsad av det. Jag blev ju inkastad i jobbet!” Ekerot var teaterns konstnärlige ledare, han kom närmast från Dramaten och var inskriven i filmhistorien som Döden i Ingmar Bergmans *Det sjunde inseglet*. Gösta blev hans regiassistent i *Fårakällan* och *Körsbärsträdgården*. Från och till föll det på Gösta att hålla i repetitionerna: ”Jag fick erfara hur Bengt brottades med sin alkoholism. Det innebar lite extra jobb och ansvar ibland. Lika söt och intressant som Bengt var när han var nykter, lika tråkigt var det när han var onykter och kunde försvinna helt och fullt.”

Gösta hamnade – eller försatte sig – i den storebrorsroll han kände så väl, ännu i 1962 års telefonkatalog hade han titeln regiassistent, inte skådespelare. Som regiassistent befann han sig mellan regissören och ensemblen, precis som han i barndomen balanserat med dubbla lojaliteter mellan mamma och de yngre bröderna. Nu var det han som gick avsides med regissören, medan skådespelarna undrade vad de pratade om. ”Som regiassistent har jag allierat mig med tuppen i hönsgården. Frågan är: var befinner jag mig? Det är kluvet. Jag har alltid varit Gösta Ekmans sonson, Hasse Ekmans son, mammas äldste son, den äldste i syskonskaran. Jag har alltid haft en särställning”, säger Gösta.

Ändå har han alltid talat engagerat om kollektivets betydelse och om hur viktig en gemensam strävan är för att nå ett gott resultat. Han har sagt sig vara mer intresserad av pjäser än av roller. De roller han iklätt sig har formats i en process med många inblandade. Han valde bort de individuella uttrycken som målare, skribent och musiker för teatern, där han inordnat sig i kollektivet och underställt sig både författarens text och regissörens krav. I en tidningsintervju från 1966 talade Gösta om varför han älskar skådespelaryrkets inneboende tvång:

Genom att börja spela ville jag just komma åt något hos mig som var snett, som var fel. Att jag t ex satte en författare "högre" än en skådespelare. Man borde kunna komma åt något med skådespeleri som är lika intressant och självständigt som skrivandet är för författaren. Och om jag t ex spelar en roll som ligger långt från mig själv, ja, då innebär det inte att jag är mindre ärlig mot mig själv. Det är vad jag gör av rollen som räknas, det är hela tiden fråga om *prestationen*.

Stadsteatern var en repertoarteater och Gösta fick små och stora uppgifter. Inledningshösten gjorde han ett inhopp i Sean O'Caseys *Tuppen* och började repetera sin första huvudroll, den unge Akilles i Artur Marya Swinarskis erotiska skröna *Akilles och jungfrurna*, en modern pjäs med motiv från antik mytologi. I första akten agerade Gösta i kvinnokläder, eftersom Akilles moder i ett försök att rädda sonen från en förutspådd hjältedöd låter honom, förklädd till flicka, uppfostras bland kung Lykomedes fem oskuldsfulla döttrar. Snart nog har han gjort dem alla på smällen.

Pjäsen spelades som kretsteater, på små scener i Stockholms närförorter. I mitten av januari 1961 var det premiär i Årsta centrum, därefter turnerade föreställningen till bland annat Gröndal och Hägerstensåsen. Stockholmstidningarnas recensenter var måttligt imponerade av Göstas insats. Expressens teaterkritiker tyckte att han var utomordentligt skön, och att han åtminstone visade ansatser till personlig gestaltning. Aftonbladets Allan Fagerström gjorde mos av hela anrättningen, han fann föreställningen så svag att det bar honom emot att ens recensera den. "Akilles och jungfrurna är alltså strunt och övertygar inte om någonting annat än att Stockholms stadsteater fortsätter att mura sitt rykte som den här stans B-teater", skrev han och avfärdade Gösta på några rader: "Han är ett teaterbarn med barnets hela hjälplöshet på scenen."

Akilles och jungfrurna behagade inte recensenterna, men publiken kom. Efter den inledande förortsturnén togs föreställningen först upp på Stadsteaterns stora scen och därefter en februarivecka på Intima teatern vid Odenplan. Året därpå var den framgångsrikt sommarprogram på Fredriksdals friluftsteater i Helsingborg, med två dagars gästspel i Köpenhamn. Likt kungadöttrarna inför Akilles var kvinnorna på

På Stockholms stadsteater fick Gösta sin första huvudroll i Akilles och jungfrurna, *1961. I den första akten spelade han flicka, i den andra visade Akilles sitt rätta jag som gudalik manlig hjälte. Gunnel Sporr spelade Deidamea och Lena Söderblom spelade Maja, ett par av kungadöttrarna som trånade efter honom. "Den där klädseln tyckte jag inte om, då var det bättre med den lilla klänningen."*

Fredriksdalsteaterns parkett nära att dåna vid åsynen av unge Gösta, enligt en skånsk recensent.

Också Lena Söderblom minns honom som "en riktig sötnos". I Stockholm spelade hon en av systrarna, de som enligt recensenten Allan Fagerström "fjantar runt och trutar med munnen". Pjäsen kommer hon däremot inte ihåg – "den var kanske inte så mycket att fästa sig vid" – men Gösta gjorde intryck. Att de genast fick god kontakt hade möjligen att göra med att båda är teaterbarn; Lena Söderbloms pappa Åke var flitig film- och revyskådespelare i samma generation – och ofta i samma filmer – som Hasse Ekman.

MEDAN GÖSTA VÄNSLADES med kung Lykomedes döttrar på arbetstid mötte han en ledig kväll revykungens dotter, prinsessan från Kråkslottet. Det var på krogen Cecil, innestället på Biblioteksgatan som Göstas föräldrar under sina första gemensamma år betraktat som sitt andra hem. Det var tjugo år sedan, nu hade en ny generation intagit Cecil. I baren, helt nära bordet där Hasse Ekman enligt sägnen brukade skriva sina filmmanus, såg Gösta plötsligt en ovanligt vacker ung kvinna. Han placerade sig lite nonchalant vid bardisken. ”Vi fick syn på varandra och sen kunde vi inte släppa varandra med blicken. Det hände mycket där!” säger Fatima Svendsen, 48 år efter det första mötet med Gösta. ”Jag blev vansinnigt generad, och hon också”, minns Gösta. Det var danskväll, hon var där i sällskap med en annan ung man och Göstas enda möjlighet att komma nära henne var att bjuda upp. ”Det var en konstig kontakt. Vi försökte prata med varandra och allt blev fel. Jag hade inte kläm på vem han var, men trodde att jag sett honom på teatern”, säger Fatima. Hon påstod att det var på Dramaten, en usel öppningsreplik till den som smärtsamt missat intagningen till scenskolan. Gösta drog till med: ”Vi är ju nästan släkt”, ett lika illa valt samtalsämne. ”Hon förstod absolut ingenting! Hon var 17 bast och oerhört blyg och tystlåten. Hon tittade på mig, oändligt förvånad. ’Karl Gerhard och min farfar hade väl ihop det’, sa jag. Hon förstod inte mycket mer efter det.”

År 1949 hade Fatima adopterats av revyartisten och kuplettförfattaren Karl Gerhard. De båda hade mötts redan när hon två och ett halvt år gammal medverkade i en revy på Tivoli i Köpenhamn, där han gästspelade. Producenten hade annonserat efter tre mörkhyade barn som skulle förekomma i ett av revyns nummer. Fatima blev antagen, sedan hennes danska mamma Anna Svendsen svarat på annonsen. Pappan var en musiker från Karibien, försvunnen redan innan flickan föddes.

Mellan Fatima och den svenska revystjärnan uppstod en kärleksfull vänskap, som inte tog slut med hans danska gästspel. Karl Gerhard besökte hennes hem i Christianshavns arbetarkvarter, där Anna

Svendsen som ensamstående tvåbarnsmor kämpade för att få ekonomin att gå ihop. Fatima hälsade på hos Karl Gerhard i Saltsjöbaden utanför Stockholm. Hon var ett allvarligt och mycket envist barn och bestämde sig för att bo hos Karl Gerhard! Så blev det också, tre år efter deras första möte var adoptionen klar och hon flyttade in i hans stora villa, allmänt känd som Kråkslottet. ”Det var både komiskt och smått rörande att se Gerhard krypa omkring på golvet på alla fyra för att leka med henne”, skriver Per Gerhard, revykungens då vuxne son, i sin biografi över fadern. Karl Gerhard var vid Fatimas ankomst 58 år gammal. Att hon kommit in i hans liv tillskrev han en god försyn: ”Hon har nog något att tacka mig för, men min anledning till tacksamhet mot ödet som förde henne i min väg är oändlig. Hon har givit mitt liv innehåll, mening.”

Vårvintern 1961 hade Fatima just fyllt 17 år och var gymnasist i Franska skolan. Den unge man hon försökte konversera på Cecils dansgolv var sonson till Karl Gerhards barndomsvän Gösta Ekman, de båda hade lärt känna varandra redan som teatertokiga skolelever när nittonhundratalet var ungt. Om Fatima inte riktigt kunde placera sin kavaljer och hans familj var han desto mer förtrogen med hennes: ”Jag hade träffat Karl Gerhard tidigare. Farsan hade varit regissör för flera Gerhard-revyer. Farmor räknade honom till familjen”, säger Gösta.

Vad var det som hände när han föll för adoptivdottern till farfars gamle vän och kollega? Vem drog i trådarna? ”Vad är det som gör att man fastnar? Det är nog många ingredienser. Hon var väldigt vacker och en charmerande person. Fatima blev nog gränslöst förälskad i mig också – sånt hjälper till!” Fatima vet inte riktigt varför hon fastnade för Gösta, han var en rolig prick, men knappast någon charmör: ”Han var ju jävligt söt och blond, sånt som jag tycker är gulligt. Det var ingen verbal kontakt, men väldigt magnetiskt. Vi kunde inte släppa varandra.”

När dansen var slut hade han hennes telefonnummer i fickan. Fatima ville träffa honom igen, men Gösta var avvaktande. ”Han berättade att han var en svår person som hade haft det jobbigt och att jag skulle akta mig för honom. Men det avskräckte ju inte mig”, säger Fatima. Han tyckte att hon var alltför ung, drygt fyra år yngre än han: ”Jag

På Konstfacks maskerad i mars 1961 blev Fatima och Gösta ett par.

sa att det var för tidigt, men att vi skulle ses framöver. Hon skulle snart ta studenten. Jag hade mycket att göra och ville inte involvera mig i något allvarligt." Göstas professionella karriär hade satt fart. Snart skulle *Akilles och jungfrurna* ha premiär på Intiman, under våren skulle han vara pappa Hasses regiassistent när gangsterfilmen *Stöten* spelades in och han var igång med *Körsbärsträdgården* på Stadsteatern. Gösta passade, men Fatima hade bestämt sig: "Det skulle vara vi, det kände jag på mig! När han sen konstrade och inte tyckte att det var bra, tänkte jag: 'Han blir nog varse ...'"

De möttes snart igen, av en slump. Gösta skulle ta Saltsjöbanan hem till Bengt Ekerot, i väntsalen satt Fatima. Uppmuntrad av det nya mötet bjöd hon honom till vårmaskeraden på Konstfack, där hon gått Aftonskolan i frihandsteckning. "Aldrig i livet! Om det är maskerad kommer jag inte", sa Gösta, men fick låna en lösnäsa och gav med sig. Den 11 mars 1961 gick han på maskeraden tillsammans med Fatima. "I och med det blev vi ett par. Det var förbryllande."

KRÅKSLOTTET VAR EN före detta grosshandlarvilla i det burgna Saltsjöbaden, med utvändig fjällpanel och snickarglädje och med ekboasering, stilmöbler och äkta mattor invändigt. I husets välfyllda bibliotek hängde den tidigare grannen Isaac Grünewalds pampiga porträtt av husets herre, Karl Gerhard. Här bodde Fatima med sin snart sjuttioårige "gu'far", hans sekreterare och partner Göthe Ericsson och kokerskan Hildur Jansson. "Jag lärde mig tycka väldigt mycket om Karl Gerhard – och Göthe, naturligtvis. Det var trevligt att komma till Kråkslottet, väldigt förföriskt, en härlig miljö", säger Gösta. När Fatima presenterade sin nya kärlek med orden "det här är Gösta Ekman" slöts en cirkel för Karl Gerhard. Nykomlingen kallade han "den där jävla reproduk-

Gösta och Fatima på besök hemma hos Fatimas mamma i Köpenhamn.

tionen" och gav honom ett hjärtligt mottagande. "Han var nog väldigt glad, för plötsligt kom det någon till huset som var nyfiken på *honom*. Det var han och jag som hamnade i köket och satt där med nattmaten. De andra hade redan hört allt, medan jag tyckte det var jättelajbans. Vi hade ett väldigt trevligt umgänge. Jag kallade honom Kalle Kalas. Han *var* kalas, generös och kvick", säger Gösta.

"Nu blev paret ett av hemmets vackra inslag. De utstrålade harmoni och lycka och det smittade av sig", skriver Per Gerhard om Fatima och hennes nye pojkvän. Karl Gerhard var en institution i svenskt kulturliv, till hans luncher och middagar i Kråkslottet kom prominenta gäster från kulturlivet och politiken. Han hade många åtaganden och arbetade disciplinerat. Karl Gerhard satt i sin säng och skrev, när en ny kuplett var klar ville han genast testa den inför publik, ropade till sig dem som fanns i huset och sjöng. Fick han inte ett entusiastisk gensvar avfärdade han åhörarna som obildade.

Från och till bodde Gösta i Kråkslottet. Han minns Hildur Jansson i köket som ett riktigt original, en liten dam som för löständernas skull höll handen för munnen när hon log. Gösta gnabbades med henne och hon var inte van vid den sortens umgänge. "Gösta skulle bli polis", sa fröken Jansson. "Gösta får folk att säga vad de inte vill säga."

Valborgsmässoafton 1962 tog Fatima studenten och fördes med musik från Franska skolan genom centrala Stockholm i en vagn med förspända hästar. Gösta, hans bröder och pappa Hasse fanns bland de uppvaktande. I maj förlovade sig Gösta och Fatima. De trivdes i varandras sällskap: "Gösta var väldigt rolig att umgås med – precis som han fortfarande är. Han har en rolig, skapande förmåga att se det komiska i vardagen." Ung och vacker, känd och begåvad – det hade inte varit konstigt om Gösta blivit odräglig. "Hans humor har ibland kunnat gå ut över andra. Han var okänsligare tidigare, men har lärt sig dämpa det. Bröderna var vana att busa och skoja med varandra och då var det inte alltid så finkänsligt", säger Fatima.

Med sin pappa delade Gösta ibland arbetsdagar. Med sin mamma hade han sporadisk kontakt, hon flyttade tillbaka till Skåne och bosatte sig så småningom på Mallorca. Att farmor Greta fortfarande var ett nav i hans liv märkte Fatima: "De blev arga på varandra och brydde sig verkligen om varandra. Gösta kunde bli tokig på farmor, för att hon var så dum eller fel eller annorlunda. Och hon skällde ut Gösta. Det var rörande att se hur bra de bråkade ihop!"

GÖSTA SPELADE PRINS Johan i August Strindbergs *Gustav Vasa*. Rollen som Karin Månsdotter spelades av Maud Hansson; förälskelsen från tiden i Malmö hade blivit hans arbetskamrat på Stockholms stadsteater. De som i likhet med Gösta hade mindre roller fick vänta oändligt länge, medan regissören Lars-Levi Læstadius och huvudrollsinnehavarna Kolbjörn Knudsen och Keve Hjelm drog sig undan för att vända och vrida på Strindberg. "Vi andra spelade pingpong och kort,

"Blir han den flickorna drömmer om?", spekulerade Bildjournalen våren 1963 på ett uppslag med idolbild. "Du förstår! Det var då jag började göra film och man tänkte att jag skulle bli en ny Tage Severin."

jag lärde mig spela bridge. De slutade aldrig prata, de var bra pratare alla tre", säger Gösta, och berättar hur djävulen for i honom en gång när han stod i kulissen, utom synhåll för den konfererande trion. Med hög och myndig stämma ropade Gösta: "Det ska vara absolut tyst här!" Strindbergs uttolkare blev verkligen mållösa och såg sig villrådigt omkring innan de viskande återupptog sitt samtal. "Det var det roligaste som hände mig under repetitionerna", säger Gösta.

Nu kom också erbjudanden om filmroller. Gösta var med i två av 1962 års filmer, de kunde inte vara mer olika varandra. *Nils Holgerssons underbara resa* var en blågul orgie i Cinemascope, den stolta svenskheten slogs an redan i förtextens underdåniga tack till Hans Majestät Konungen för hans välvilliga medverkan. *Chans* spottade på allt vad överhet hette, filmen var en svart-vit skildring från konungarikets dunkla vrår. Mot Nils Holgerssons böljande sädesfält och vida fjällvyer ställde den sprit och bilstölder, amfetamin och sexuella övergrepp.

Det var nationalromantik mot diskbänksrealism, sextiotalets svenska brytningstid hade inte kunnat illustreras tydligare än med dessa båda filmer. Deras enda gemensamma nämnare var den välartat borgerlige studenten, i Göstas gestalt. I *Nils Holgerssons underbara resa* pluggar han i sitt studentrum i Uppsala när lille Nils landar utanför fönstret. I *Chans* pluggar han i Stockholmslägenheten som mamma har ordnat åt honom. Bland filmens tuffa raggare, trasiga knarkare och samvetslösa langare är han en hygglig grabb i v-ringad lammullströja, buttondown och slips. ”Jag fick vara prydlig, välklippt. Jag tyckte det var tråkigt. Jag drömde om att få göra av storstaden slitna typer med sammansatt inre. Inte de rara. Nej, det är tråkigt att göra såna där roller!” Tråkigt eller ej, Gösta gladdes i alla fall åt erfarenheten: ”Det var till exempel skönt att upptäcka att man verkligen kunde använda sin egen röst. Min röst är ju ganska liten så det kan vara besvärligt på scenen ibland”, sa han i en tidningsintervju efter premiären.

Stadsteaterns stora scen var skådespelarnas skräck; akustiken var svårbemästrad. Gösta fick hjälp att utnyttja sina röstresurser hos en talpedagog. Våren 1962 spelade han Felix Meng i Hjalmar Bergmans *Patrasket*, regisserad av författarens änka Stina. Paret Bergman var goda vänner till gamle Gösta Ekman och pjäsen hade en gång skrivits direkt för honom. ”När Lasse Læstadius hade kommit på att vi skulle spela Hjalmar Bergmans *Patrasket* sa han plötsligt: ’Du! Stina Bergman kommer på lördag, vi vill pröva dig då.’ Jag var ensam på Stadsteaterns stora scen och fick ställa mig på en ölback och läsa en bit ur pjäsen. Jag kände mig liten redan innan!”, säger Gösta.

Parallellt med anställningen på Stadsteatern hade han regisserat Lulu Zieglers jubileumskabaré på Hamburger Börs, fem år efter hennes intåg där. Snart fick Gösta en mycket lockande invit från en annan privat scen. Erik Zetterström, kåsören och revyförfattaren som sedan 1920-talet framträtt under pseudonymen Kar de Mumma, ansvarade sedan mitten av femtiotalet för de årliga revyerna på Folkan vid Östermalmstorg i Stockholm. Lars Ekborg skulle lämna ensemblen och Kar de Mumma sökte en ny revyaktör. Han ville ha Gösta. ”Min tanke är inte alls att Du skall vara nån slags ’ersättare’ för Lars Ekborg. Du har en alltför egen profil för det”, skrev Kar de Mumma i ett brev. Folkans hela verksamhet skulle förnyas och repertoaren breddas. Mellan revyerna ville Kar de Mumma fylla scenen med musikaler, komedier och absurda pjäser. ”Det är *den* baktanken jag har när jag vill ha Gösta Ekman med i båten, som man säger. En ung, begåvad, framåtsträvande teaterman som kan leta rätt på pjäser, resa ut och se teater, regissera, spela med o.s.v. (Och sluta som teaterchef vid Östermalmstorg.)”, skrev Kar de Mumma löftesrikt i brevet.

Gösta hade ännu inte fyllt 25 år. Möjligheten att få spela revy, regissera, sätta sin prägel på en teaters hela repertoar och kanske få basa över en anrik Stockholmsscen var onekligen frestande. ”Jag var jättesmickrad! Erik hade nog följt mig, eftersom han kände min far. Han tyckte jag var en naturlig kontakt till en yngre generation. Han var väldigt entusiastisk och väldigt rar då han envetet med jämna mellanrum skrev och tyckte att det var dags”, säger Gösta.

Bakom sig hade han en intensiv säsong på Stadsteatern, där han varit med i *Tartuffe*, *Den kaukasiska kritcirkeln*, *Bara en barberare* och August Strindbergs *Påsk*, där han spelat gymnasisten Benjamin och varit assistent till regissören Birgit Cullberg. I den föreställningen blev Gösta uppmärksammad, inte främst för sitt namn och utseende, utan för att han tog plats på scenen och var oväntat komisk. ”Benjamin brukar inte vara en skrattretande figur”, säger Gösta. Aftonbladets Allan Fagerström, som nyss avfärdat honom som ett hjälplöst teaterbarn, menade nu att Gösta aldrig varit bättre. En recensent tyckte sig se hur teaterlöftet Gösta Ekman infriades:

> Denne har nu hunnit så långt att han kan bära upp en föreställning som centralfigur och göra det med små medel och stor auktoritet. Hans förläste gymnasist är dominerande och diskret på samma gång och är ofta den som helt tar in scenen. Det kanske rent av i framtiden kommer att sägas, att det var som Benjamin på Stadsteatern Gösta Ekman definitivt visade sin begåvning.

Gösta skulle inom kort få nya tillfällen att visa både begåvningen och lusten till hyss och skoj, men då skedde det utanför Stadsteatern. Därifrån var han redan på drift. Genast efter *Påsk* tog han tjänstledigt och skulle inte återkomma till teatern på drygt fyra år och då bara som gästspelande aktör. Kar de Mummas erbjudande innebar ett så stort åtagande att Gösta drog öronen åt sig: ”Redan i början på min stadsteatertid ifrågasatte jag om jag skulle vara fast anställd. Det var en ingrediens i förhållande till Folkan, en annan var nog att jag kom in i teve och film. Erik ville att jag skulle göra så *mycket*. Om jag skulle vara på Folkan och göra allt det Erik drömde om, hade det inte blivit så mycket annat. Skulle jag vara skrattretande på allvar lutade jag mera åt en annan generation.” Kar de Mumma var trots allt en knarrig Östermalmsherre och hans teater lockade främst en publik som delade hans konservativa värderingar.

Gösta hade gjort ett par nya bekantskaper som han hellre ville fördjupa.

DOG

Blek och skön och vansinnigt rolig

Våren 1962 hade Gösta och Fatima sett *Gröna Hund*, revyn som spelades på Gröna Lunds teater. Den var skriven och producerad av Hans Alfredson och Tage Danielsson, två nykomlingar i revyfacket som lämnat sina anställningar på Sveriges Radio och bildat nöjesbolaget Svenska Ord. Nu stod de på den gistna teaterns scen tillsammans med en minimal ensemble och skrev ett nytt kapitel i den svenska underhållningens historia. Fatima minns revyn med ett leende: "Man hade aldrig sett något liknande. Det var väldigt frigörande och annorlunda. Det var en sådan härlig, frisk kombination. Det var revolutionerande roligt!" För Gösta, som hängt i revykulisserna hos Karl Gerhard och Povel Ramel, framstod *Gröna Hund* som en uppenbarelse: "Det var sättet dom blandade medvetenhet och vanvett på. Det fanns också något väldigt enkelt och opretentiöst i deras sätt att på denna lilla teater med så små medel visa upp så mycket av kunskap och medvetenhet."

När han efter föreställningen gick bakom scenen och hälsade på upphovsmännen var det första gången de träffades. Svenska Ords båda direktörer skulle komma att påverka Göstas liv på ett avgörande sätt, men det dröjde ännu en tid. Det kan ha varit framåt hösten som Tage Danielsson ringde och frågade om han ville vara med i nästa års Svens-

Just när Gösta börjat bli filmidol dök han upp som skrattretande revyaktör hos Svenska Ord, först i Konstgjorda Pompe *sommaren 1963 och året därpå i* Gula Hund. *Där blev den olycksalige vishetsläraren Mahatama Ekman ett stort genombrott. Bilden är från inspelningen av den engelskspråkiga teveversionen* Yellow Dog.

ka Ord-revy på Gröna Lund. Det erbjudandet tillmäter Gösta samma dignitet som att Ingmar Bergman värvade honom som sin assistent. Varför han blev utvald av Bergman har han aldrig fått riktig klarhet i, inte heller varför Tage Danielsson ringde till just honom. Gösta var ännu inte allmänt känd som muntergök. Några år tidigare hade han visserligen lockat till skratt i *Vår tids hjälte* på Munkbroteatern och Gösta misstänker att det var den gemensamme vännen Beppe Wolgers som hade skvallrat för Hasse och Tage: "Jag tror att Gösta är rolig. Pröva Gösta."

När Svenska Ord våren 1963 åter spelade revy, den här gången *Hålligång* på Berns, bjöds Gösta in för att tala om det framtida samarbetet. "Jag satt i salongen, tyckte det var fantastiskt och efteråt skulle jag träffa Hasse och Tage." Full av beundran tågade Gösta till logen. Det blev ett avvaktande samtal, då de mest satt och kände på varandra: "Nåå, har du några idéer? frågade de. Nää, sa jag. Tystnad. Nähä, är det något speciellt du vill göra? Nää. Oändlig tystnad. Är det något speciellt du *kan* göra? Steppa eller trolla eller något sådant där. Nää. Nähä. Jaa, vi gör väl så då att när vi börjat skriva så kontaktar vi dig."

Hans Alfredson och Tage Danielsson valde arbetskamrater med omsorg. De sökte inte bara begåvade yrkesmänniskor utan också ett trevligt umgänge. Vad som kvalificerade Gösta är en subtil fråga, säger Hans Alfredson, 45 år efter det trevande samtalet på Berns: "Han ingav känslan av att kunna ingå i gänget. Man tände på hans sätt att snacka och vara." Göstas förening av verbal och plastisk talang skulle visa sig bli en enastående tillgång i Svenska Ords revyer och filmer. Hans Alfredson beskriver Gösta som en pajas, en framstående komiker som också kan spela tragedi: "Många skådespelare gör ju inte så mycket med kroppen, men han är en kroppslig aktör, samtidigt kan han snacka och hitta på repliker. Det är inte så många som kan. Han har integritet och känsla för *vad* han säger."

I debuten hos Svenska Ord fick Gösta snacka mer och göra mindre med kroppen. Det var i *Konstgjorda Pompe*, 1963 års sommarrevy på Gröna Lund. När den hade premiär var Hasse och Tage ännu fullt upptagna av att framträda på Berns, där *Hålligång* blivit en oväntat långlivad framgång, därtill skulle de skriva manus till sin första långfilm. På

Gröna Lunds teater förekom upphovsmännen därför bara i konstgjord form, i revyns filmade inslag. I efterhand framstår *Konstgjorda Pompe* som ett mellanspel i Svenska Ords produktion, en revy utan riktigt minnesvärda nummer. Tillsammans med Monica Nielsen demonstrerade Gösta "sociologiska beteendemönster hos dagens ungdom" på ett nästan profetiskt sätt: här var den unga generationen snusförnuftig och karriärinriktad, medan de oansvariga föräldrarna helst söp och lyssnade på pop. Som nitisk tjänsteman från Institutet för folkhälsan varnade Gösta för att man blir sjuk av allt som är roligt. Också här var Svenska Ord långt före sin tid: nära trettio år senare bildades verkligen den statliga myndigheten Folkhälsoinstitutet.

Konstgjorda Pompe var en hygglig framgång, 50 000 åskådare kom till Gröna Lunds teater under nära fyra månader. Där skrattade publiken åt Gösta, som tidigare mest gestaltat fördrömda unga män på scenen. En radiointervjuare undrade om han verkligen *var* sådär rolig. Gösta drog på svaret: "Jaa, jag har kanske inte varit så allvarlig privat. Jag tycker om den levnadsformen; att skratta så mycket som möjligt."

Lördagen den 31 augusti spelades revyn för sista gången. Den dagen tänkte Gösta och Fatima gifta sig för att morgonen därpå sticka iväg på bröllopsresa. För att förhindra uppmärksamhet och publicitet höll de sina planer hemliga. Eftersom de inte var med i Svenska kyrkan ville de ha en borgerlig ceremoni i Stockholms rådhus. Redan där såg planen ut att spricka; under sommaren höll Rådhusets vigselrum lördagsstängt. Situationen räddades av ett telefonsamtal från en man vars namn i detta sammanhang framstod som en riktig lyckträff: "Goddag, mitt namn är Glück. Jag är rådman och har hört att ni vill gifta er den sista augusti. Det kan jag fixa. Jag tycker mycket om Karl Gerhard, så det vore väldigt roligt."

Det var en vacker sensommardag, solen lyste in i Göstas och Fatimas tvårumslägenhet, fyra trappor upp på Västmannagatan 39 i Vasastan. Parets goda vänner Allan Edwall och Monica Nielsen var på plats som vittnen, alla var finklädda. Farmor Gretas kokerska fru Karlsson hade förberett lunchen. Champagnen låg på kylning.

Vid utsatt tid gjorde David Glück entré, hälsade och såg sig villrådigt omkring, han undrade var själva ceremonin skulle äga rum. Det hade ingen tänkt på, men i vardagsrummet fanns det i alla fall golvplats för hela bröllopssällskapet, framför teveapparaten. Där placerade sig brudparet inför vigselförrättaren, med vittnena bakom sig. "Så tittade han på oss och förklarade oss vigda. Så var det klart! Det gick på en halv minut, men jag hann börja gråta i alla fall. Jag blev så rörd!", säger Fatima. Innan han gick bad rådman Glück om tre kronor för stämpeln på vigselbeviset, men varken Gösta eller Fatima hade några kontanter till hands. Allan Edwall fick lägga ut och i åratal skulle han varje gång de sågs med plirig min påminna Gösta om skulden; "Hörru, du är faktiskt skyldig mig de där tre kronorna du vet ..." "Det var en hedersskuld som vi aldrig skulle betala tillbaka", säger Fatima. "Så åt vi en god lunch och var nygifta", säger Gösta.

I förtroende hade han varskott Hasse och Tage att för den händelse det skulle bli avslutningsfest efter *Konstgjorda Pompe* så måste Fatima få komma med, Gösta ville inte gärna lämna henne ensam hemma just den här kvällen. På sin kant hade Hasse och Tage i lönndom planerat kvällens aktiviteter, det fick Gösta snart klart för sig: "När sista föreställningen var slut kom Tage till mig och sa: 'Nu ska du på bröllopsresa, häng med här!' Så fick jag hoppa in i en taxi." I bilen satt redan Fatima, pappa Hasse och Märta-Stina Danielsson, Tages fru. Det blev en lång resa, kors och tvärs genom Stockholm, med destination Lidingöbro värdshus. Där väntade hela ensemblen från *Konstgjorda Pompe,* klädd i aftonklänning och frack sjöng den Mendhelsons bröllopsmarsch och kastade risgryn på de nygifta. Hasse och Tage hade givit alla var sin roll att spela under kvällens fest. Hasse var prästen som hälsade välkommen och lovordade att Göstas och Fatimas snuskiga förbindelse äntligen hade legaliserats. Tage var Fatimas pappa och Lill Lindfors hennes syster. Sminkösen var Göstas syster som envist drog honom i ärmen och sa att han inte skulle dricka mer, "du vet att mamma och pappa blir irriterade". Andra gäster spelade lärare och klasskamrater. "Alla skulle hålla sina tal till oss med de förutsättningarna. Det var väldigt fyndigt och en riktig överraskning. Det var jätteroligt! Så där gjorde de ofta, Hasse och Tage. De var väldigt måna om att hitta på kul", säger Fatima.

Nu var Gösta definitivt medlem av Svenska Ord-familjen. "De här två människorna representerar en bra bit av mitt liv, för att inte säga den bästa", har Gösta sagt om Hasse och Tage. Med dem skulle han samarbeta i åtta scenföreställningar och tio filmer under tjugofem års tid. "Det var vågat att hoppa upp i det gänget och försöka vara ... det var meningen att jag skulle vara rolig. Så småningom blev jag väl lite kul. Ska jag säga något gott om mig själv, skulle det då kunna vara att jag *vågade* göra det. Det var en vall jag skulle igenom."

Hos Svenska Ord hade Gösta inga problem med kotterier och hierarkier: "Herregud, det var bara tre fast anställda! De hade inget bök med var på stegen de befann sig." Inte heller behövde han ta på sig den vanliga rollen som storebror, där fanns redan två: "Hasse och Tage var tillsammans en fullständigt genial storebror, mer kan man inte få! Tage var en jävla bra stötdämpare, det blev väldigt bra."

Göstas nya storebröder var ungefär tio år äldre än han, hade akademiska betyg och meriter som studentspexare. Hans Alfredson och Tage Danielsson hade träffats på radions underhållningsavdelning och gjort sina första rön inom revykonsten hos Knäppupp innan de kastade loss och öppnade eget. Gösta kom till Svenska Ord med kompletterande erfarenheter, efter åtta år inom film och teater. Sin vana trogen lade han sig i det mesta, tills någon vänligt men bestämt sa: "Tack! Det räcker!" Svenska Ords ständiga sekreterare Mona Haskel tycker att Gösta förvaltade de manus han fick av Hasse och Tage väl: "Det är en sak att ha en idé som är kul, men någon måste *göra* reptricket också. Om de skrev en sak till honom, så gjorde han den på sitt eget, alldeles speciella sätt." Hon beskriver Gösta som ett bollplank, där studsarna med tiden blev allt fler.

Svenska Ords revyer spelades under långa perioder, då Gösta hade dagligt umgänge med Hasse och Tage: "När vi arbetade tillsammans, under repetitionstiden och pågående föreställningar som kunde spänna över ett år, då födde det naturligt en massa idéer. Jag tror att det här pågående jobbet, de här tjugo åren, denna intima kontakt under så lång tid, var exceptionell för oss alla tre."

"Han har mycket idéer och bidrar med dem. Som kompis *ska* man lägga sig i", säger Hans Alfredson, som tids nog fick skäl att rikta några rimmade rader till Gösta:

Av de sanna vännerna jag har
tillhör du de bästa, Gösta!
Man kan fråga och få svar
på det allra mesta, Gösta ...
Du är stark, men dock en vek man, Ekman;
men din moral hör till de fasta, Gösta!

Bröllopsresan gick till Roquebrune på Franska Rivieran, där de nygifta fått låna såväl Karl Gerhards villa Fatima Morgana, uppkallad efter adoptivdottern, som hans franska hushållerska. "Solen skiner. 20° i det vackra vattnet. Mme Aline lagar underbar mat. Vill vi, kan vi dricka champagne hela tiden – men det vill vi inte. Vi stiger upp tidigt på morgonen, äter frukost på altanen i solskenet. Tar badkläderna och åker till någon plage", skrev Gösta på ett vykort till farmor i Stockholm.

I Monte Carlo mötte han och Fatima skådespelaren och regissören Gunnar Hellström, som tog med dem till rouletten. "Att döma av vad Fatima och jag såg mellan klockan 2 och 3 den natten på det casinot, skall man ge fan i att 'pröva lyckan'. Om lyckan är en seg gammal croupier har man inte en chans", skrev Gösta till farmor. I Juan-les-Pins pratade Gösta om komedier med den brittiske regissören Carol Reed, mest känd för filmen *Tredje mannen*. Klubben Vieux Colombier lockade med amatörstriptease och Gösta och Fatima vann en flaska champagne, för att de var första paret som vågade sig upp på dansgolvet.

I Menton besökte de Karl Gerhards goda vänner, paret Gerd och Herbert Tingsten. Tingsten var en av tidens tongivande opinionsbildare, som Dagens Nyheters chefredaktör hade han pläderat mot statskyrkan och kungahuset och för svenskt atomvapen, nu var han i färd med att skriva sina memoarer. Hans gälla stämma hördes ständigt i debatten, men privat var han nedtonad. "Framför allt pratade Gerd väldigt mycket och gärna, om helt andra saker än Herbert", säger Gösta. Gerd Tingsten var en människa av det slag som snabbt och tjänstvilligt fyllde i sin samtalspartners oavslutade ord och meningar. Gösta och Fatima planerade efter hemkomsten till Stockholm att flytta till en ny lägenhet och Gerd Tingsten undrade hur de tänkte ha det i vardagsrummet. Gösta hann bara säga: "På väggarna ska vi ha ta-", när hon bröt in med ett: "-peter?" Gösta skakade på huvudet och svarade: "Nej, -vlor!"

Fatima ler vid minnet av den tiden: "Jag har haft det så underbart roligt med Gösta! Och alla människor vi har träffat. Gösta har varit så öppen och tyckt att det har varit roligt att lyssna och diskutera. Tillsammans med Gösta lockas man att se mycket av det komiska i tillvaron."

Hemkommen från bröllopsresan spelade och regisserade Gösta på Intima teatern vid Odenplan i Stockholm. Under den samlande titeln *Se men inte höra* framfördes de komiska enaktarna *Öron till att höra* och *Ögon till att se*. Gösta regisserade den senare och spelade i den förra, i pappa Hasses regi. "Då träffades vi och då skrattade farsan väldigt mycket åt mig. Då tyckte han att jag var rolig – och gudskelov tyckte publiken det så småningom också", säger Gösta. Han spelade den försagde och svärmiske operaälskaren Bob som bjuder en flicka på middag i ungkarlslyan och försöker vinna hennes hjärta med klassisk musik, men blir brädad av sin pladdrande bäste vän. Birgitta Andersson spelade flickan, som ensemblens enda kvinna hade hon roller i både pjäserna och kände kraven när Gösta utnämnde henne till förställningens primadonna. Stockholmsrecensenternas omdömen om Göstas komedispel spände från "habilt" över "komiskt betagande" till att "det var en glädje att bevittna hur han infriade tidigare löften". Samma dag jublade tidningarna över Allan Edwalls roll som *Svejk i andra världskriget* på Dramaten och kallade honom Sveriges främste komiker.

Se men inte höra *var det samlande namnet på två enaktare på Intima teatern i Stockholm hösten 1963. Gösta och Hasse Ekman delade regiansvaret. Gösta gjorde programmets omslag: "Det var två triangeldramer, det var väldigt enkelt."*

I Öron till att höra *spelade Gösta en blyg ung man, som med uppbackning från sin bäste vän vågar bjuda hem en flicka på middag – och blir brädad av vännen. Birgitta Andersson spelade flickan och Roffe Bengtsson vännen. Även vid sidan av scenen var Gösta och Roffe Bengtsson bästa vänner.*

ETT DRYGT HALVÅR efter premiären på Intiman skulle komikern Gösta på allvar låta tala om sig, när han för andra gången var med i en Svenska Ord-revy. Hans Alfredson och Tage Danielsson hade varit i London, där de sett och tagit stort intryck av den politiskt och konstnärligt radikala gruppen Theatre Workshops satiriska kommentar till första världskriget: *Oh, what a lovely war!* Med sin blandning av sketcher och musiknummer hade den blivit en oväntat stor publikframgång och flyttats från gruppens ruffiga hemmascen till en stor teater i West End. Hasse och Tage skulle några år senare ta föreställningen som utgångspunkt för en egen pjäs om Sverige under andra världskriget, men inspirationen märktes redan i 1964 års sommarrevy, *Gula Hund* på Chinateatern i Stockholm. Dekoren var enkel, hela ensemblen var likartat klädd och befann sig hela tiden på scenen, allt utspelades inför öppen ridå och numren hakade i varandra, i vad som föreföll vara en lång improvisation. Det var ett scenspråk som skulle gå igen hos de fria teatergrupper som så småningom uppstod i Sverige. Gösta beskriver gärna Svenska Ord som en fri grupp: den verkade utanför institutionerna och kommenterade samtiden från vänster, låt vara att den skilde ut sig genom att vara ekonomiskt framgångsrik.

Om det varit tunt med livskraftiga nummer i *Konstgjorda Pompe* var *Gula Hund* mellan den inledande partitan av Bach och finalnumret *Slutbit* späckad med framtida klassiker. ”Revyn som den minnesgode sent kommer att glömma”, hette det i reklamen och *Gula Hund* har blivit ihågkommen. Den hälsades som nyskapande och okonventionell, recensenterna beskrev den som fräsig, fräck och modern. ”Visst hoppas man på att det man gör ska vara lagom oppositionellt mot traditionen, så att publiken gillar att se det. Det är en balansgång”, säger Gösta.

”Herr Danielsson och herr Alfredson är inte enbart ute för att roa, inbilla er ingenting. De har ett ärende också”, skrev Marianne Höök i Svenska Dagbladet. *Gula Hund* gisslade svensk självtillräcklighet. Miljöförstöring, försvarspolitik, könsroller, åldringsvård och invandring visades upp i skrattspegeln. ”Jobbet handlade hela tiden om: Varför vill vi vara underhållande i just det här ämnet? Kan man para idioti med förnuft? Pendla mellan en vansinnig leklust och komma med små pekfingrar?” säger Gösta.

I det som skulle bli känt som ”pitt-numret” var han en tidigare välartad bankdirektör som tagits till en läkare av sin bekymrade hustru, eftersom han plötsligt upptäckt nöjet i att säga ”pitt”. Efter inledande förebråelser inser både läkaren och hustrun att han har alldeles rätt och besöket avslutas med ett unisont ”pitt!”. I konstnärligt syftande film och litteratur användes redan det som brukade kallas ”fula ord”. Gick det också an i en revy som traditionellt förväntades vara oförarglig? Ingen av Stockholmstidningarnas recensenter nämnde numret i sina recensioner. Publikens reaktioner skiftade från generad dödstystnad till hysteriska skratt. När *Gula Hund* ett och ett halvt år efter premiären visades i teve blev reaktionerna däremot upprörda och ”pitt-numret” gav upphov till en riksdagsdebatt med krav på förhandsgranskning av programmen.

Det var varken fula ord eller samtidskommentarer som skrev in Gösta i svensk revyhistoria, det var ett tidlöst clownnummer, fast utan röd näsa och glad mun, en uppvisning i konsten att säga ett och göra ett annat. I programmet hette numret *Spiritistisk seans*, det blev snart känt som *Mahatma Ekman*. Klädd i jätteturban och fotsid dräkt uppenbarade han sig på Chinateaterns scen för att hålla föredrag om vikten av att vara vän med tingen, alltmedan dessa ting konsekvent vände sig mot honom. Allt han tog i föll ur hans händer, snören brast, reservoarpennan läckte.

Mahatma Ekman var resultatet av att Gösta la sig i: ”Det var inte Hasse och Tage som hittade på att jag skulle snubbla. Tvärtom har de av naturliga orsaker alltid frågat dem de jobbat med vad de ville göra. Jag har ju alltid hållit på att leka och göra dumma fysiska saker. Det ledde till att vi tillsammans pratade om den här idén. Det var inte så att de kom till mig och sa: 'Här har vi hittat på att du ska trilla omkull.'”

Numret kallades ”kvällens skrattsuccé”. Att Gösta nu beskrevs som ”blek och skön och vansinnigt rolig” innebar onekligen en förändring jämfört med den tid då han omtalades som enbart blek och skön. ”Personligen håller jag hans indiske vishetslärare, vilken går fram som en stubbrytare genom de besjälade tingens värld, som det bästa numret, därför att den verbala inspirationen för en gångs skull parats med ett hämningslöst stycke slap-stick. Det är nytt”, skrev recensenten Dieter Strand i Stockholms-Tidningen.

Det *var* nytt, att ramla och fumla på en scen har inte alltid varit naturligt för komiker, påpekar Gösta: ”Det var helt onaturligt när jag gjorde det. Det fanns ingen sådan scentradition. De som nu trillar omkull och tappar saker och biter sönder reservoarpennor har jag banat väg för.” Och som han banade! I runda slängar snubblade Gösta tio gånger per föreställning. Under ett halvårs spelperiod med dubbla kvällsföreställningar i Stockholm och Göteborg ger det några tusen snubblingar. Inte undra på att Gösta i dag säger sig leva med sviterna av slapstickskador. Redan under repetitionerna föll han ”på riktigt” och skadade en fotsena. Läkaren förbjöd honom att fortsätta, men till premiären slängde han kryckorna. ”Folk skrattar åt mig. Och om man är revyartist och folk skrattar, ja då har man ju lyckats, eller hur?” konstaterade Gösta: ”Det är verkligen skojigt att detta har gått så bra. Jag har alltid gillat att 'jönsa' privat. Jag tycker om att uttrycka mig med kroppen.” Hans dristiga scenstil lovsjöngs av Tage Danielsson, i ett tal till ensemblen i *Gula Hund*:

> På farfars tid teaterkonsten svek man
> när endast *ordets* makt i helgd man höll
> – och farfar skulle känna sig som lekman
> om han fick se moderna tiders Ekman som tappade kalsongerna och slant och föll.

”Jag har ju trillat några gånger sedan dess och varit allmänt tafatt, inte bara i jobbet. Det är nog för att jag *är* sån. Det faller sig naturligt, så att säga”, berättade Gösta långt senare, i radioprogrammet *Sommar*, där han också bjöd lyssnarna på ett snubbelnummer. Att ramla omkull och göra fel och välta ut saker är ju egentligen inte alls roligt. Men när vi får en ställföreträdare, någon som gör bort sig för vår skull och som vi *får* skratta åt, då blir det roligt. Vi känner igen vår egen ofullkomlighet, mahatman bär vårt kors.

MEDAN MAHATMA EKMAN drog publik till Chinateatern fyllde Gösta 25 år. Vid sidan av scenen var han en piprökande man i hornbågade glasögon, till synes fjärran ungdomsårens existentiella kriser. ”Det förefaller mig som om de sista händelserika åren löst mina svåraste knutar …”, sa han själv. Sin tidigare önskan att bli regissör tolkade han nu som en flykt undan arvsbördan: ”Nu vet jag att jag vill förbli skådespelare.” Bättre än hos Svenska Ord tyckte han sig inte ha haft det tidigare: ”Jag har aldrig trivts så bra som nu. Det är ett underbart gäng att samarbeta med. Ingen är stjärna, alla garvar vi åt samma saker.”

I *Gula Hund* snubblade Gösta i ett sammanhang som kallades modernt och nyskapande. När samme Gösta senare samma år snubblade i Hasse Ekmans film *Äktenskapsbrottaren* beskrevs regissörens grepp som utslitna, förbrukade och helt otidsenliga. Filmen bygger på en bearbetning av Georges Feydeaus förväxlingsfars *Spökhotellet*. Den är välgjord och välspelad, men intrigen och moralen var helt omöjliga i

INTIMA teatern
SE men inte HÖRA
ANDERSSON
HASSE EKMAN filmen
ÄKTEN
SKAPS
BROTT
AREN
GULA HUND PÅ CHINA
stadstea
Akilles
jungfru

rekordårens gränslösa sextiotal – det hjälpte inte att filmens inbrottstjuv talade om jämlikhet när han stal överklassens silver. Hasse Ekman jämfördes inte längre med grubblaren Ingmar Bergman, utan med de nya humoristerna Hasse och Tage. Måttstocken var ny, men utfallet detsamma: Hasse Ekman räckte inte till. "Under pistolhot går det an att kalla *Äktenskapsbrottaren* för oförarglig underhållning. Frågan är bara hur oförarglig underhållning får vara", skrev Jurgen Schildt i Aftonbladet.

Gösta tycker att *Äktenskapsbrottaren* är ovanligt bra: "Det är kul att se vilket järngäng det är, den har en fantastisk rollbesättning." Filmen var den fyrtioförsta Hasse Ekman regisserade och den blev hans avsked. Gösta säger att SF vände honom ryggen: "Han var bra så länge de tjänade pengar på honom. Jag kan tänka mig att farsan kände att han inte skulle vara där. Han var också en stolt människa och – tror jag – kände att han inte behövde slita som en jävel längre. Han hade betalt sitt underhåll. Han kunde bo i solen halva året och komma hem under somrarna för att träffa folk som gillade honom. Så han valde det livet i stället."

Redan före premiären lämnade Hasse Ekman Sverige för att bosätta sig på en gård nära Torremolinos i södra Spanien. I oktober 1964 auktionerades hans stora konstsamling ut på Svensk-franska konstgalleriet på Drottninggatan i Stockholm. Inför auktionen ringlade sig kön runt kvarteret, alla intresserade fick inte plats i salen. Från ett separat rum följde Hasse och Gösta budgivningen. På två timmar inbringade fyrtio tavlor 705 700 kronor, motsvarande drygt sex miljoner kronor i dagens penningvärde, en summa som vida överträffade säljarens förväntningar. Bland köparna fanns bokförläggaren Albert Bonnier och varuhusdirektören Gösta Åhlén. Restauratören Tore Wretman ropade in Bror Hjorths *Kafferep vid Långsjön*, för att hänga den på Operakäl-

Affischerna bakom Gösta speglar den bredd han hade redan under genombrottsåren i mitten av sextiotalet: teater, film, revy och komedi – därtill sågs han ofta i TV-teatern. Speciellt stolt är Gösta över att han i filmen Äktenskapsbrottaren *fick spela med Gunnar Björnstrand, Birgitta Andersson, Siv Ericks, Carl-Gustaf Lindstedt, Anna Sundqvist, Stig Grybe och Sven Lindberg. "Den affischen är jag mallig över att vara med på, det är ett bra gäng."*

laren. Dyrast blev Nils Dardels *Änkedrottning Sofias begravning*, men konstnärens porträtt av fadern Gösta valde Hasse Ekman att behålla: ”Det är en tavla som jag ärvt och vill ha kvar som minne. Annars anser jag att varje generation ska skaffa sina konstverk. Gösta och Fatima får exempelvis samla sina tavlor själva i stället för att ärva mina.”

Tidigare samma år hade Karl Gerhard dött, 73 år gammal. ”Men han fick se att jag var med barn”, säger Fatima. Den 8 augusti födde hon sonen Måns, lämpligt nog under en av Göstas spellediga dagar. Han kunde alltså följa med till BB utan att svika förpliktelserna mot arbetsgivarna.

Som pappa fick Gösta en helt ny roll: ”Jag tyckte att det var Fatima som fick barn, även om jag var med på förlossningen. När jag ser på det i dag, 45 år senare, förstår jag att jag var så oerhört präglad av att det var *mamman* som kunde och visste allt. Jag tyckte nästan att jag hade gjort mitt, redan när Fatima blev gravid.”

Till sin egen papparoll hade Gösta inga förebilder: ”Jag hade egentligen ingen farsa när jag växte upp, jag visste inte riktigt vad det var, jag saknade erfarenhet. Min styvfar Finn var ju *aldrig* hemma. Jag har egentligen aldrig sett en man hemma, det är något förkrympt eller hämmat i mitt liv.” I barndomshemmen hade han och bröderna en egen avdelning, övervakad av barnsköterskor, så att föräldrarna skulle kunna vara för sig själva och inte bli störda. ”När jag fick barn tyckte jag att det var centrum. Sedan kom Fatima som något slags livmoder. Min uppgift var att skydda dem. I dag kan jag se det på ett annat sätt och förstår att det är bra att veta mer om vad en pappa kan vara.”

Vid tiden för sonen Måns födelse fördes en intensiv debatt om jäm-

Den 9 augusti 1964 födde Fatima sonen Måns, som gav Gösta en helt ny roll; som pappa.

ställdhet. Det som hade kallats "kvinnofrågan" vidgades till en diskussion om könsroller. Gösta tillhör en generation som så småningom kom att förändra papparollen, han var en av dem som steg upp på morgnarna och gjorde välling. "Jag ville göra *allt*: laga mat, hämta och lämna Måns på dagis. Sånt har aldrig min farsa gjort, så det måste jag göra!" Gösta jobbade mycket, precis som hans egen far hade gjort, men hade ambitionen att inte svika familjen. "Han är väldigt ansvarstagande, det har han alltid varit", säger Fatima om Gösta. "Laga mat var det han som gjorde. I början var det bara han, då var man ju lite skraj att försöka. Sen blev jag också intresserad, så nu lagar jag också mat. Jag tycker det är roligt, men det var Gösta som lärde mig."

Måns hade kolik och skrek det första halvåret. "Jag var trött, men på Gösta märktes det inte. Han fanns där och orkade vara uppe på nätterna", säger Fatima. Han fick aldrig sova mer än en timma och tjugo minuter i stöten, sex kvällar i veckan snubblade han med stor precision som Mahatma Ekman på Chinateaterns scen. "Vi spelade hela hösten och sen åkte vi till Göteborg. Det minns jag, för jag vaknade precis som hemma av att Måns skrek – fast han inte var med! Fatimas mamma var hemma och tog hand om honom, men jag vaknade i alla fall och hörde hur han skrek."

Samma höst blev Gösta knuten till TV-teaterns fasta ensemble. Det gav honom möjlighet att parallellt med kvällarnas revy- och komedispel göra dramatiska roller på dagtid. TV-teatern var på sextiotalet Sveriges verkliga nationalscen, den har kallats ett folkbildande fönster mot världsdramatiken. TV-teatern erbjöd Gösta en stor publik som lärde känna honom som mångsidig skådespelare, inte som komiker. Under treårsperioden 1965–67 medverkade han i fjorton av TV-teaterns uppsättningar och fick tillfälle att spela unga män av olika slag, en mogen kvinnas älskare såväl som modermördare, i pjäser av Shakespeare och Molière, Vilhelm Moberg och Bengt Bratt.

STÖD PANTRARNAS
BEFRIA
BOBBY
OLUTIONÄRA KAMP
FREE HUEY
THE SPIRIT OF THE PE
IS GREATER THA
THE MAN S TECHNO

STÖD PANTRARNAS
REVOLUTIONÄRA KAMP
SEALE
ALL POWER
TO
THE PEOPLE

Jag är väldigt vänster

”Språket blir rekordfränt – det fränaste som snackats hittills i svensk TV-teater”, förvarnade Aftonbladet sina läsare i januari 1965, inför sändningen av den debuterande tevedramatikern Bengt Bratts *Nattcafé*, en pjäs där rollfigurerna uttrycker sig som folk. Dagen efter beskrevs den av tidningens recensent som ”en skiva koncentrerad verklighet, skuren direkt ur samtiden och så färsk att man ser blodet sippra”. Pjäsen väckte starka känslor hos tittarna, främst bland landets servitriser. ”Jag blev så upprörd när jag såg pjäsen att jag knappt kunde sitta kvar vid apparaten. Mina kolleger började genast ringa. Alla anser sig djupt kränkta och kräver en förklaring”, sa de restauranganställdas fackliga ombud apropå föreställningens urringade servitris.

Gösta spelade en av kafégästerna, en överlägsen sprätt som retar sina bordsgrannar till vansinne och som efter ett bråk blir utslängd av ordningsvakten. Det var hans första roll i TV-teaterns fasta ensemble. Det var också första samarbetet med regissören Johan Bergenstråhle. De hade träffats som hastigast när Gösta var på väg att lämna Malmö stadsteater och Johan Bergenstråhle kom dit som inspicient och regiassistent, sedan dess hade han regisserat vid stadsteatern i Uppsala. *Nattcafé* var hans första uppsättning vid TV-teatern. De fast anställda

Gösta och Marie-Louise De Geer – som nitton år senare skulle bli hans fru – i en demonstration i Stockholm till stöd för de amerikanska Svarta Pantrarna och partiets fängslade ledare Huey P Newton, på USA:s nationaldag den 4 juli 1970. Samma kväll hölls ett solidaritetsmöte för Black Panther Party på Moderna Museet.

I Bengt Bratts vardagsrealistiska tevepjäs Nattcafé *från 1965 spelade Gösta en ung man som med sina spydigheter retar upp bordsgrannarna, bland dem Kent Andersson. I bakgrunden Jan-Eric Lindquist och Erik Hell.*

regissörerna hade tackat nej till pjäsen, eftersom den inte hade någon ”handling”. Johan Bergenstråhle såg dramat i vardagstristessen.

På kort tid regisserade han Gösta i ytterligare fyra teveföreställningar av vitt skilda slag: lustspel och komedi, samtidsskildring och svart drama. År 1965 samarbetade de båda också i radioteaterserien *De tre musketörerna*, där Gösta spelade Aramis en kvart om dagen i fyrtio avsnitt. ”Jag har haft tur”, sa Gösta vid den tiden om mötet med Johan Bergenstråhle: ”Vi talar samma språk, som det heter. Det har betytt oerhört mycket för mig.”

Johan Bergenstråhle blev snabbt en av hans ”storebröder”, professionellt och privat. ”Han var fyra år äldre, vi hade börjat vid ungefär samma tid. Jag blev väldigt fäst vid honom. Vi samarbetade under en tioårsperiod och kompletterade varandra väldigt bra. Jag var spattigare än Johan, han var en mindre spontan typ, men kreativ och klok. När vi jobbade med ett projekt kunde vi lätt väcka idéer om kommande samarbeten.” I efterhand är det just det där fortlöpande samtalet med

Johan Bergenstråhle som stannat i Göstas minne, snarare än de enskilda föreställningar de arbetade med.

TIO ÅR EFTER sin blygsamma entré på Skansenteatern förekom Gösta plötsligt *överallt*. Då och då hade det talats om hans genombrott, nu var det definitivt. "Knappt en viktig TV-pjäs kommer i rutan utan att Gösta Ekman gör en minnesvärd rolltolkning, på bio angör han en brygga för fulla hus varje kväll, ute i Filmstaden hårdfilmar han nu Yngsjömörderskans son från sju på morgonen till fem på eftermiddagen. För att hinna spela in en TV-pjäs av P C Jersild nästa vecka", summerade Dagens Nyheter och kallade honom redan i februari 1966 för "årets skådespelare". Då hade Gösta nyligen snubblat som den turbanklädde mahatman och ropat "pitt" till hela svenska folket i teveversionen av *Gula Hund*, *De tre musketörerna* fäktade i radio, Expressens kultursida publicerade en stor intervju, tidskrifterna Röster i Radio-TV, Vi, Idun-Veckojournalen, Svensk Damtidning och Vecko-Revyn porträtterade honom över flera sidor och Aftonbladets Allan Fagerström hade kapitulerat efter att ha sett honom i TV-teaterns *Hotet*:

> Det är en glädje att uppleva en så nyanserad tolkning, en så till synes självfallen behärskning av uttrycksmedlen. Efter denna TV-uppvisning är det klart för hela landet att Gösta Ekman är något av det mest spännande som inträffat i svensk teaterkonst på rätt länge.

Hotet var i Johan Bergenstråhles regi en lugn och laddad föreställning, formmässigt djärv i sin blandning av teatralt kammarspel och realistisk dokumentärfilm. Redan förtexterna hade en demonstrativ enkelhet: kluddigt nedtecknade med kolpenna i ett skissblock, fångade med ostadig handkamera.

I TV-teaterns ensemble ingick också Karin Kavli, född 1906. Gösta och hon hade roller i två föreställningar som spelades in i tät följd. Efter tidens sed höll Karin Kavli med ålderns rätt en viss distans till sin unga kollega. I Stig Dagermans *Skuggan av Mart* spelade hon den förtryckande mamman och Gösta hennes förkvävde son. "Karin tyckte så mycket om mig när jag gjorde den bortkomne sonen, så hon lade bort titlarna med mig", säger Gösta. I *Hotet* var rollerna snarast ombytta; Karin Kavli var en bitter kvinna på väg att bli blind, Gösta hennes lynnigt manipulative granne. Då ville hon inte längre säga "du", Gösta blev "herr Ekman" igen. "Det var lite gammalmodigt", säger han nu, men på den tiden visste han knappast själv vem han var, Gösta eller herr Ekman. "Jag vill försöka göra så många olikartade saker som möjligt. Jag har ofta kallats splittrad och jag har lidit av att känna mig splittrad. Jag skulle vilja göra allt – det är en fråga om att våga och det är ett ständigt sökande för att hitta en identitet", sa Gösta i Expressens intervju. "Nästan alltid visar han upp två drag samtidigt: nervositet och klarhet, vilsenhet och omdöme, avund och oberoende", skrev Beppe Wolgers om honom i ett vänporträtt: "Han är på jakt efter en personlighet, fastän han redan är en. Men han tror inte på det. Iskallt och oroligt observerar han sig själv och världen. Drömmande och klart, romantiskt och olustigt, ängsligt och beslutsamt driver han ännu omkring och söker den han ska bli om några år."

När Gösta i början av 1968 besvarade Aftonbladets tidstypiska enkätfråga "Vad fick dig att bli engagerad i världshändelserna?" nämnde han inspelningen av *Hotet* som avgörande. Författaren Arnold Wesker brukade vid den tiden beskrivas som socialt engagerad, han prövade och omprövade i sin dramatik begrepp som solidaritet och egoism, kollektiva lösningar och personligt ansvar, allt mot bakgrund av sin egen uppväxt i en judisk, socialistisk arbetarfamilj i trettiotalets London. I *Hotet* spelade Gösta den unge Peter, en av fyra grannar i ett slitet bostadshus. De har var sin liten lägenhet och gemensam toalett. Ibland träffas de hos varandra och spelar canasta. För sin besökande flickvän beskriver Peter hyresgästerna: "En halvgammal arbetare. En halvblind kassörska. En halvtokig kärring som lever på pension. Och jag." Vem han själv är förblir oklart. Han lever för kulturen, men har inget riktigt jobb, han slits mellan grannarnas inskränkta arbetarklassvärderingar och flickvännens självklara medelklasstillhörighet. På hans vägg sitter en Lenin-affisch och bland tillhörigheterna ligger vimpeln han burit vid en demonstration mot atomvapen. "Vad tjänar det till att gå omkring med en massa plakat?" frågar flickvännen misstroget. Det fick Gösta att börja fundera över vad det var för kille han spelade, i enkätsvaret säger han:

På så sätt blev det naturligt för mig att ta ställning. Tidigare hade jag försökt hålla mig utanför allt som hade med politik att göra. Jag tyckte att jag inte förstod nåt av det. Nu insåg jag att man inte kan gå förbi politiken, eftersom vi alla är offer för den. Det enda offentliga uttalande jag gjort i nån politisk fråga har gällt Vietnamkriget, där jag är helt emot USA:s inblandning. Men jag är rädd att få en etikett på mig. Det är så lätt att stämpla nån som kommunist, bara för att han inte accepterar allt USA gör.

Hotet spelades in i juni 1965. Femtiotalets kamp mot atomvapen var inte längre brännande. I svenska medier pågick istället en intensiv debatt om USA:s allt mer omfattande krigföring i Vietnam. Författarna Artur Lundkvist och Lars Forssell hade blåst under debatten med var sitt inlägg. "Hur mycket jag än är fäst vid Amerika som land, så kan jag inte längre tro på det, än mindre lita på det", skrev Forssell i Dagens Nyheter. Han kallade USA:s handlingar brottsliga; "ett hänsynslöst åsidosättande av enskilda staters frihet." Den debatt som följde påverkade opinionen, trots att bilden av USA som en rovgirig imperialistmakt var svårsmält för alla dem som efter andra världskriget sett landet som ett demokratiskt och kulturellt idealsamhälle. Stödet för den sydvietnamesiska motståndsrörelsen FNL blev med tiden en svensk folkrörelse.

"Man började bli, det som nu kallas, lite politiskt medveten Man började läsa saker som man inte hade läst förut, både tidningar och böcker. Vietnamkriget började bli en realitet för första gången", sa Gösta om tiden efter *Hotet.* Likt sin rollfigur började han gå i demonstrationståg, fast när andra skanderade "All makt åt folket" ropade Gösta "Halmhatt åt Folke". "Jag gick med, lät ungefär som de andra, men höll ändå en distans till det där." Han deltog i ett musik- och teaterprogram på ett konstgalleri i Gamla stan för att samla pengar till den krigsförbrytelsetribunal som granskade USA:s krigföring i Vietnam. "Jag är väldigt vänster. Inte kommunist, för jag tror inte kommunismen har något att uträtta i Sverige. Men, jag menar, sedan jag läst Göran Palms *En orättvis betraktelse* har jag känt behovet att läsa mer och mer." Gösta plöjde tidens uppfordrande litteratur, vid sidan av Göran Palms bok var Jan Myrdals *Samtida bekännelser av en europeisk intellektuell* betydelsefull. När han träffade en veckotidningsreporter över sjötungan i Berns Rôtisseri ville han helst prata om Myrdal och Palm och dryfta ett par andra nyligen lästa debattböcker om välfärdens ofullkomlighet och jämställdhetens brister. Å andra sidan värjde han sig för att bli en vänsterns galjonsfigur bara för att han tog ställning och skickade pengar till FNL.

Sina nya kunskaper och erfarenheter delade Gösta med andra – under några omvälvande år vreds opinionen åt vänster. Johan Bergenstråhle var en diskussionspartner, en annan var Lena Granhagen. Henne hade Gösta mött redan 1959, under båtresan till Guatemala för inspelningen av *Himmel och pannkaka*. Det var i en annan tid, nu spelade hon hans flickvän i *Hotet* och steg fram som en intensiv och hängiven aktör. "Man började fundera över vissa saker och diskutera med Johan och Lena, som sen har lett till väldigt mycket för min del", sa Gösta.

Det var just för att få arbeta med dessa båda han hösten 1967 återvände till Stockholms stadsteater, efter drygt fyra år. "Det enda jag verkligen tycker om, det är att jobba med människor jag gillar. Jag vill ju inte diktera några villkor, men jag vill uppsöka en miljö där jag tror att jag kan jobba bra."

Det första Gösta gjorde på scenen tillsammans med Johan Bergenstråhle och Lena Granhagen var en omtalad uppsättning av den polske dramatikern Slawomir Mrożeks *Tango*, en fars med tragisk botten. Pjäsen är en allegori; den skildrar en familj men handlar om ett samhälle. Gösta spelade sonen Artur som återvänder från sina studier och finner hemmet lika ruttet som någonsin Hamlets Danmark, fadern är en normlös bohem, modern kucklar med tjänaren. Artur vill rensa upp, bringa ordning i oredan och är beredd att mörda för sina ideal. Han vill väl, men gör fel. Det bor en diktator i denne tunne, sammanbitne och lättretade formalist i stålskalmade glasögon, svart kostym och hårt åtdragen slips. "En pjäs och en roll som betyder jävligt mycket för mej", sa Gösta själv och talade om sin tro på att också skådespelare kan vidga människors medvetenhet.

Recensenterna tvekade om själva pjäsens kvaliteter, men för Göstas rasande energiska spel hurrade de i kör. Hans insats beskrevs som ett kraftprov, 160 sidor text hade han slagit i sig, rollen tärde på stämbanden. P O Enquist recenserade föreställningen i Expressen och kallade prestationen lysande:

> Någon borde någon gång försöka beskriva den här tolkningen, exakt vad den innebär, hur den utförs, varför den verkar så starkt; och jag tror att en del av hemligheten är att han trots sin tekniska briljans utstrålar en stark *vanlighet*. Inga hemliga förbehåll, ingen gigantisk demoni, inga tricks. En alldeles vanlig människa, han står mycket nära oss, han rör sig över ett stort register, men han överger oss aldrig.

Nästa samarbete med Johan Bergenstråhle och Lena Granhagen var av en helt annan art. I slutet av april 1968 hade Shakespeares *Så tuktas en argbigga* premiär på Stadsteatern stora scen. Pjäsens tema, att en självständig kvinna ska göras foglig och underordna sig sin make, skar effektfullt mot den aktuella könsrollsdebatten i en tid då många svenska hemmafruar just hängt in förklädena och stigit ut på arbetsmarknaden.

Johan Bergenstråhle flyttade in gruppteaterns ideal på institutionen; en rund scen barskrapad på dekor, alla skådespelare synliga i scenrummet, en flödande föreställning där aktörerna gick ut och in i roller och

kvinnor blev män. Keve Hjelm spelade adelsmannen Petruchio i yvig popfrisyr, slokmustasch och runda Lennon-brillor, Gösta var hans betjänt Grumio och Lena Granhagen den självsvåldiga Katarina, kvinnan som ska tuktas. "Det var roligt! Fullkomligt vansinnigt. Hela ensemblen satt inne under hela föreställningen och sjöng Beatleslåtar till levande musik", minns Lena Söderblom som spelade den beskedliga systern.

Föreställningen kallades "en orgie i stilbrytning", men underhållande var den uppenbarligen. "Tonen är obeskrivlig, balanserar på randen till fnitter och ger en egendomlig, medryckande puls", skrev Expressens recensent, och hans kollega i Aftonbladet fann en smittande spelglädje; "en jam session som när man gör en bra grej kompas av leenden, sympati och handklappningar av dem som spelar med."

I slutet av en akt beordrades betjänten Grumio att springa i förväg och värma upp sin herre Petruchios hus. Där hade föreställningen paus, men Gösta bara fortsatte att springa – varv efter varv längs kanten av scenens upphöjda skiva, kånkande på husbondens bylten. Han utnyttjade pausen till en improviserad pantomim och gjorde vad som föll honom in – tog krumsprång, tappade saker, blev kissnödig … Teaterbesökarna lämnade hastigt kaffeserveringen ute i foajén och återvände till salongen när de märkte att det fortfarande hände saker inne på scenen, ensemblen stod i kulisserna för att inte gå miste om Gösta i kvällens slapstick. "Vi som satt kvar i salongen i mellanakten fick se honom snubbla fram i trägen pliktuppfyllelse. Förskräckta händer lyftes när han vinglade förbi sina åskådare på Guds försyn. Det framstod som en ren tillfällighet att han inte störtade ner över de första bänkraderna. Det var ett halsbrytande cirkusnummer och samtidigt en bild av de tjänandes slaveri", skrev recensenten Urban Stenström i Svenska Dagbladet.

Shakespeare fick hippiedräkt och Beatleslåten All you need is love *var föreställningens musikaliska tema när Johan Bergenstråhle satte upp "Så tuktas en argbigga" på Stockholms stadsteater, våren 1968. Lars Gustafsson skrev i sin recension i Expressen att skådespelarna "liknar ett slags* varelser *mellan hipsters och renässansmänniskor". Keve Hjelm spelade en prålig Petruchio och Gösta hans tjänare Grumio. "Vi hade roligt när vi gjorde den. Tröjan lät jag sticka, jag har ofta ritat mina egna kläder."*

En knapp månad efter premiären ockuperade studenter vid Stockholms universitet sitt eget kårhus i protest mot en ny studieordning. Med inspiration från den pågående revolten i Paris, där studenter och strejkande arbetare gemensamt skapade politisk kris, förvandlades Stockholmsstudenternas ockupation snart till en antikapitalistisk manifestation. På lördagskvällen den 25 maj organiserades ett demonstrationståg, med avsikten att utvidga ockupationen med en offentlig byggnad. Eftersom Parisstudenterna hade intagit Odéonteatern hade demonstranterna siktet inställt på Stockholms kulturinstitutioner. Konserthuset passerades, där hade polisen bildat mur. Försöket att erövra Operan stannade vid ett krossat fönster. Stadsteatern i Folkets hus på Barnhusgatan var nästa alternativ.

På stora scenen pågick *Så tuktas en argbigga*, men den stora dramatiken utspelades på gatorna utanför. Bakom scenen stod radion på för att hålla ensemblen informerad om vad som hände. I salongen satt civilklädda poliser. Inspicientens bås hade utrustats med polisradio. Gösta minns att Keve Hjelm hade stoppat ner Maos lilla röda i bakfickan, kanske kunde det blidka vänsterstudenterna om de skulle inta teatern.

Längs Drottninggatan hade demonstrationståget vuxit till ett par tusen deltagare. Det styrde mot Stadsteatern och var på god väg att ta sig in i Folkets hus. ”Polismän sprang i panik mot portarna. Men de fick förstärkning snabbt och hindrade demonstranterna. I våldsamma batongdrabbningar drevs dessa mot Norra Bantorget och in på Norra Latins skolgård”, rapporterade Aftonbladet. Efter en kortare sittdemonstration återvände studenterna till kårhuset. Ett par dygn senare tågade de sista ockupanterna ut därifrån, sjungande *Internationalen.*

SITT EGET OCH Johan Bergenstråhles privata uppror skulle Gösta senare kommentera: ”Borgarsönerna – för att inte säga aristokratsönerna – blandade väl inte så lite personlig revolt i den stora revolutionen.” Göstas politiska övertygelse distanserade honom av flera skäl från föräldrarna, han ville till exempel inte besöka den Francostyrda diktaturen Spanien där de bodde: ”Min mamma bor på Mallorca och tycker att kommunism är ett fult ord. Min pappa bor i Spanien, jag säger att Franco torterar fångar, han slår det ifrån sej.”

Han hade vuxit upp i välbärgade hem och haft det förspänt, men så mycket pengar hade Gösta inte haft att röra sig med. Nu tjänade han bra och Fatima hade fått ett rejält arv efter Karl Gerhard. För Gösta var det komplicerat att förena politisk radikalism med höga inkomster och ställa sin egen standard i relation till världens nöd: ”Jag är bortskämd, jag tjänar pengar, jag har jobb och jag har det väldigt bra. Men om min välfärd är beroende av andras svält, vad gör jag då? Jag vet inte vad jag ska säga, jag vet inte vad jag ska göra.”

Oscar Hedlund, Göstas musikmentor från det nu så avlägsna femtiotalet, hade blivit uppburen skribent i Dagens Nyheter. Han tecknade våren 1967 ett osentimentalt porträtt av paret Ekman:

> De vinnlägger sig om att utveckla en småborgerlighet till storborgerlighet. Gösta som trodde på tältsäng, duffel och askes. Nu är det storhus, slantar som putar i fickorna, ställande av villkor. Några strategiska succéer har stöttat upp egenvärdet. Men inga hemma-hos-reportage. De säger sig inte ha något privatliv att förevisa, det blir så förvridet att offentligt snyta ungen och klappa katten och laga piffiga smårätter. Eller rakt på sak: de är rädda för att spela rollen Gösta och Fatima.

Vännerna Hasse och Tage och Beppe och deras fruar hade köpt hus på Lidingö, där de bodde med barn och husdjur. Både Gösta och Fatima var uppvuxna i villa med trädgård och ansåg att det vore en bättre miljö för sonen Måns än Stockholms innerstad. Att de fastnade för ett hus i Djursholm var inte ett utslag av nostalgi, Gösta hade ingen längtan just till barndomens villakvarter: ”Vi tittade på flera hus på olika ställen och det här var ett av alternativen som inte var alltför dyrt.” Det låg på Valevägen 23, ett rödmålat äldre trähus med fem rum och öppen spis, nyligen renoverat. Där bodde Gösta, Fatima, Måns och katten Sotis sedan slutet av 1964. I källaren stod cykeln Gösta fått i 25-årspresent av Svenska Ord, i garaget en grön, fyrdörrars BMC 1800, den första nya bil han köpt. Huset var omgivet av fruktträd, där hade tidigare varit trädgårdshandel, så jordmånen var god. ”Det var en idyll, men det låg på fel ställe! Vi var inte väl sedda av grannarna”, säger Fatima. ”Läbbigt överklassigt”, kallade Gösta omgivningen, men tyckte om att promenera i den. Den talande häcken har varken han eller Fatima glömt. "Om ni inte gör något åt ert ogräs kommer vi att anmäla er till stadsdelsarkitekten!" hördes det ur häcken, där en granne stod och luftade sina synpunkter på familjen Ekmans trädgårdsskötsel. Områdets villaägare skulle snart få annat än ogräs att prata om.

Våren 1967 anlände de första amerikanska Vietnamkrigsvägrarna till Sverige, de följande åren kom allt fler. De beviljades inte politisk asyl och levde under osäkra villkor, med tillfälliga uppehållstillstånd som måste förnyas var tredje månad. Gösta och Fatima läste i tidningen om desertörerna som saknade bostad. "Vi tänkte: 'De kan ju bo hos oss, vi har så stort!' Så vi tog dit dem och där fick de bo", säger Fatima. Hon och Gösta kände ansvar för sina inneboende, krävde ingen hyra och hjälpte dem med allehanda praktiska bestyr. Gösta ville inte gärna kalla dem desertörer: "USA har väl inte officiellt förklarat krig mot Vietnam. Och hur kan man då kalla soldater som avviker för desertörer. Det är ju en ren krigsterm." Det var inget smussel, tidningarna skrev om de unga amerikanernas nya bostad, men det hade gått värdparet förbi att de måste rapportera verksamheten till polisen. "Vi blev bötesbelagda, innan vi fick klart för oss hur det skulle gå till. Grannarna i Djursholm tyckte det var förskräckligt pinsamt", minns Fatima.

Reportrar från de amerikanska nyhetsmagasinen Newsweek, Time och Life kom till villan för att göra reportage, liksom tevebolaget NBC. De fyra första desertörerna följdes av fler, sedan ryktet spritt sig om fristaden hos familjen Ekman. "De kom överallt ifrån och det låg en rätt kraftig doft av hasch nere i källaren ibland. De var tonåringar som inte hade någon aning om vad Vietnamkriget var", säger Gösta. Hans försök att undervisa dem om det orättfärdiga krig de vägrade delta i uppskattades inte alls. "En tid gick det bra, men i längden hade vi inte intresse av att bo så där, i storfamilj med några man egentligen inte valt, människor man inte känner. Men det var intressant att höra deras berättelser om uppväxten i USA och krigföringen och allt de varit med om. En och annan var ju väldigt störd av sina upplevelser", säger Fatima. Någon talade om verkliga eller inbillade kontakter med USA:s underrättelsetjänst CIA, någon annan förde med sig en alldeles för ung pojkvän till villan, situationen blev ohållbar. "Vi upplöste det här, sålde huset och flyttade in till stan", säger Fatima.

De ville återvända till sina gamla kvarter i Vasastan och hittade en lägenhet två trappor upp på Kungstensgatan 62. Inflyttningen höll på att gå om intet. Den privata värden och hans familj ville inte ha skådespelare i huset, de fruktade sena fester och störande oväsen. "Gösta lyckades efter en dryg timmes snack, med charm och lite skoj, övertala denna tvärsäkra familj att vi tvärtom var de mest perfekta hyresgäster de kunde få – vi gick ju till jobbet om kvällarna", säger Fatima. Därefter kunde de flytta in i lägenheten och där bodde sedan Fatima i sammanlagt arton år, granne med värden.

Hon studerade först på Balettakademin och därefter på Koreografiska institutet – sedermera Statens dansskola. "Jag var ju till att börja med hemma på kvällarna, men dansyrket krävde egentligen att jag skulle kunna turnera och resa utomlands. Det var knepigt. Gösta ställde upp så mycket han någonsin kunde", säger Fatima. Äktenskapet hade fått honom att tänka mer på könsroller och upptäcka oanade brister hos sig själv: "Jag har alltid inbillat mig att jag är väldigt tolerant, men så fort jag gör ett tankeexperiment märker jag att jag sitter fast i gamla konventioner. Jag har lätt att acceptera likställighet i stort, men inte i smått, vet förnuftsmässigt att man aldrig kan äga en annan människa, men reagerar med ilska och svartsjuka ..." När han själv inte arbetade var han hemma eller följde med Fatima när hon jobbade, "och sitter och tittar lite dumt på henne", berättade Gösta i en tidningsintervju. De kvällar båda arbetade hade Måns barnvakt. Att han hade plats på daghem var alls ingen nödlösning, förklarade Gösta:

> Det ansågs ju inte fint för en generation sedan att ha barnen på daghem. Men jag kan inte tänka mig något finare, varken socialt eller ideellt eller någonting, än att ha barn på daghem där de får umgås med jämnåriga från olika familjer och där de får träffa en massa trevliga flickor, damer, kvinnor, tanter och andra som tar hand om dem. Det är underligt förresten. Det är ju fel att här inte är några killar och grabbar anställda. Det är typiskt att det bara är kvinnor som håller på med det där. Det vore ju bättre om det var bägge könen, så ungarna begrep att det här är inte ett göromål för kvinnor utan ett göromål för människor.

Aftonbladet eller Expressen?

Det hände att Gösta och Fatima fick möjlighet att arbeta tillsammans. När sånggruppen Gals and Pals hade ett kabaréprogram på Hamburger Börs i december 1965 stod han för regin och hon för scenkläderna. ”Det betyder att hon springer runt på stan och hämtar tygprover som Gösta sedan tycker är väldigt vackra”, förklarade en tidning.

När de sommaren därpå semestrade på Sardinien tillsammans med familjerna Alfredson och Danielsson föddes tankarna på en scenföreställning med Hasse och Tage och Gösta och Fatima – trots att hon skydde teaterscenerna: ”Mina ambitioner låg åt dans, att bli skådespelare har jag aldrig haft en tanke på eller dragning till. De försökte trixa till det så att jag skulle få något dansnummer, sen kunde jag väl säga några repliker. Jag var ung och lät mig övertalas. Det är hemskt att säga, men jag gjorde det för att vara bussig.” Hon fick göra ett rivigt dansnummer och delade i övrigt på scenuppgifterna med de andra, självkritiskt säger hon sig inte vara stolt över sin insats. Annars har Fatima ljusa minnen av det som blev revyföreställningen *Lådan*: ”Det var en bra konstellation, det var roligt att vara med de här tre killarna.”

Kvartetten repeterade efter återkomsten till Sverige hemma hos familjen Ekman, där Gösta återhämtade sig efter den hjärnhinneinflam-

Tage Danielsson var en oändligt tålmodig tidningsförsäljare och Gösta hans kroniskt villrådige kund i revyn Lådan, *som turnerade i Sverige våren 1967. ”Aftonbladet eller Expressen?” är sedan dess alla tvehågsna svenska konsumenters mantra. ”Det är ett drag hos mig: 'det här är bra – men det kan också vara dåligt'. Man tror sig kunna uppskjuta valet i all oändlighet.”*

mation han drabbats av på Sardinien. *Gula Hund* hade spelats med stor ensemble i den pampiga Chinateatern, den nya föreställningen fick betydligt nättare proportioner. *Lådan* var en krogshow med bara fyra aktörer. Scenkläder, rekvisita, instrument och förinspelad musik rymdes behändigt nog i en låda, inför första entrén trängde hela ensemblen också in sig i den. "Gösta och Fatima var lagom stora att få plats i lådan, jag var lite för stor", erinrar sig Hans Alfredson, Tage Danielssons storlek ska vi bara inte tala om.

Hasse och Tage hade vant sin revypublik vid musikalitet av högsta klass. Deras kompetente husmusiker Gunnar Svensson ansvarade visserligen för de bandade orkesterbakgrunderna i *Lådan*, i övrigt skulle de fyra på scenen stå för både sången och musiken, fast det knappast var deras starkaste sidor. Gösta lärde sig hantera banjo och tubon, ett bärbart och numera bortglömt klaviaturinstrument som då var en nymodighet. Fatima tog sånglektioner och övade trumspel, i föreställningen använde hon främst tamburin och cymbal. Tillsammans besjöng de i väna stämmor konsten att sälja uppslagsverket Encyclopædia Britannica.

Det var inte första gången Gösta sjöng offentligt. Han hade framfört Egner-visor för morgontrötta skolelever, ersatt Sven-Bertil Taube i vaudevillen *Pajas för en dag*, varit kabarésångare på Hamburger Börs och spelat Pop-Martin i Svenne Hedlund-frisyr i pappa Hasses underhållningsserie *Nicklassons* i teve: "Jag skulle sjunga parodiskt, men det fanns de som trodde det var på allvar." I *Picassos äventyr* skulle Gösta några år senare till och med sjunga en duett ur Puccinis opera *La Bohème* – på italienska! – med hovsångerskan Elisabeth Söderström. I den färdiga filmen är hans röst visserligen utbytt mot operatenoren Gösta Winberghs, men vid inspelningen sa regissören Tage Danielsson till Gösta att inte bara röra på munnen, det måste *synas* att han sjöng för full hals. "Så jag var tvungen att ta i utav helvete och sjunga, med Elisabeth Söderström. Hon var söt och rar och uppmuntrande", säger Gösta. I filmen *Dunderklumpen* gav han röst åt leksakskaninen En dum en och sjöng sjömanssånger med sådan gäll frenesi att det gjort intryck på barn i flera generationer. Gösta har vaga minnen av inspelningen och har inte ens sett filmen i sin helhet, men blir påmind om den när han träffar människor vars barn blivit förtjusta i hans sjömanssånger.

Han betraktar sig själv som en värdelös sångare och önskar att det lät om honom som det låter om Tommy Körberg: ”Då blir man tårögd. Han *träffar* något i en, det är för jävligt.” Gösta kan höras sjungande på skivor, men hans diskografi är inte lång. Förslag om att göra egna skivinspelningar har han bemött kallsinnigt: ”Jag har alltid tackat nej, jag har ingen lust. Om så tio skivproducenter skulle berömma resultatet skulle jag be dem söka ett annat jobb.”

Som ung stod Gösta vid jazzens estrader, med näsan tryckt mot pianot. Då var musik lika viktigt som att äta och dricka. Fick han leva om sitt liv skulle han gärna se ut som den unge Marlon Brando, men *inuti* skulle han vara pianisten Keith Jarrett. Musiken är fortfarande en passion, men den är något *för sig*, och ska helst inte förenas med andra konstnärliga uttryck. ”Det finns de som sätter på radion medan de tecknar eller skriver eller gör något annat. Jag har aldrig kunnat göra det. Jag måste ta en sak i taget.” Gösta har blivit erbjuden att arbeta med opera, men tackat nej: ”Jag vill ha musiken för sig, såvida det inte är kabaré och varieté. Jag har inte själv drömt om att kombinera skådespeleri och musik.”

Att spela fars och komedi bygger på musikalitet, känslan för rytm och tajmning är avgörande, men Gösta klär ogärna sin komiska talang i musikaliska termer:

> Jag tänker aldrig: ”Nu gäller det att göra det här rytmiskt.” Eller: ”Här ska det trillas som i foxtrot.” Jag är summan av allt det jag är. Det är svårt att spalta upp de enskilda beståndsdelarna. Jag tänker inte själv att det finns en koppling mellan att vara rytmisk och att vara fysisk. Jag är en textmänniska, jag har älskat texter i hela mitt liv. Men jag gillar också att knäppa takten till svängig musik. Och så tycker jag om att använda kroppen, att tappa och snava eller vad det kan vara. Om de hänger ihop eller om jag har nytta av den ena färdigheten tillsammans med den andra: Inte en aning! Det går av bara farten.

Lådan hade premiär på showrestaurangen Kronprinsen i Göstas gamla hemstad Malmö. Han uppskattade återseendet. ”Den här gången känns Malmö fint. Här var man ju. Nu går jag omkring med Fatima och visar alla ställen där jag har slutat skolor och gjort revolter under nosig hänvisning till att jag ju var en Ekman", berättade Gösta. När han ville visa Fatima sitt pojkrum på vinden i villan i Sibbarp blev de inte insläppta av husets nya ägare.

Hasse och Tage hade strax innan skrivit en politiskt färgad föreställning till Dramaten om den svenska beredskapen under andra världskriget och hade nog tänkt anslå en oförarglig ton i *Lådan*. Det gick sådär. "Vad i helvete har dom för sig i banken efter tre" var för all del inte det övergrepp på det kapitalistiska systemet sången presenterades som. Mer drabbande för representationsätarna i publiken var möjligen Tage Danielssons socialdemokratiske streber som klättrade snett uppåt höger i klassamhället och frågade sig: "Har vi råd att i dagens läge ha kvar våra vänner i socialgrupp 3?" Svaret blev nej. "Ju högre man kommer upp i inkomstklasserna, desto bättre förstår man ju hur fint kapitalismen egentligen fungerar", förklarade han för sin proletära före detta kamrat, i Göstas tigande gestalt. Revyns mest utmanande nummer hade Fatima. Som lättklädd och behagfull Playboykanin med uppgift att göra som herrar vill riktade hon hult leende en taskspark mot mansgrisarna: "Var finns demokratin? Vad är jag för dessa svin? Jo, bara en bondkanin som gör det som herrar – med komplex och själsliga spärrar – inte kan, men vill!"

Lådan gästspelade i Jönköping, Linköping, Karlstad, Göteborg och på Berns i Stockholm. Dit kom Greta Ekman för att fira sin 80-årsdag den 20 januari 1967. Spelperioden avslutades med ett nytt uppehåll i Malmö. Efter sig lämnade *Lådan* glad publik, uppskattande recensioner och några klassiska revynummer. I valet mellan Aftonbladet och Expressen gav Gösta åsnan mellan hötapparna ett mänskligt ansikte. Vankelmodiga konsumenter refererar ännu drygt fyrtio år senare till den figuren. "Det är jag", har Gösta sagt om den obeslutsamme tidningsköparen. "Men det är något typiskt för det här samhället också. Det är svårt att skapa sig en egen moral när man inte ser någon moral i det som styr våra intressen."

NÄSTA GÅNG HASSE och Tage ville ha med både Gösta och Fatima i en föreställning sa hon nej; någon måste vara hemma hos Måns om

Amnestygrupp 50 vid 1970-talets mitt. Övre raden: Lennart Aspegren, Per och Birgitta Gedin, Tage Danielsson och Gunilla Alfredson. Nedre raden: Berit Aspegren, Gösta, Märta-Stina Danielsson och Hans Alfredson.

kvällarna. Då tänkte Tage Danielsson en stund, sedan sa han: "Om du först nattar Måns, så kan du komma och vara med i andra akten." Så kom det sig att Fatima medverkade även i *Spader, Madame!* på Oscars vårvintern 1969, det brukade bli så som Tage hade planerat. "Han var väldigt skicklig – och omtänksam. Man ville gärna göra som han sa", säger Fatima. Hon var hemma tills Måns hade gått och lagt sig, när hon gick till teatern tog barnvakten över.

Ett år senare stod hon för koreografin när Gösta regisserade Hasse och Tage i *88-öresrevyn* på en pyttig scen under taket på krogen Skeppet i Värtahamnen i Stockholm. "Det var en utmaning, att göra det bästa möjliga av deras rörelseschema uppe på den där spången. På ett ställe i *Blå Stetsonhatt* fick de faktiskt appläder och garv, delvis på grund av koreografin. Det njuter jag så av att se och höra! Det satt som en smäck. Tage var väldigt dansant och rörelsemedveten. Hasse trampar mest på sina egna tår."

Tillsammans med Hans och Gunilla Alfredson, Tage och Märta-Stina Danielsson och några andra vänner engagerade sig Gösta och Fatima i Amnestys arbete för mänskliga rättigheter. De möttes en gång i månaden, åt och drack gott, förde animerade diskussioner och utövade påtryckningar mot regimer som av politiska skäl fängslade sina meningsmotståndare. Frågan om Gösta varit en drivande eller lyssnande medlem av Amnestys grupp 50 ler Hans Alfredson åt: ”Lyssnande? Han pratar alltid! Han har kommit på idéer om vad man ska göra och skicka och fixa. Vi har haft över femtio fångar som kommit ut, ibland har det berott på saker som vi har gjort. Han har varit en bra medlem där.”

Gruppen finns ännu, fast är inte lika aktiv som förr. ”Det har gått mycket historia genom den där gruppen, med både barn och vuxna som har dött och gift sig och skilt sig och allt möjligt. Gruppen har ändrats något, men karaktären är sig lik”, säger Gösta. Amnestygruppens diskussioner fick betydelse också för hans professionella umgänge med Hasse och Tage. De bollade ständigt frågor som: ”Hur utnyttjar vi det här i jobbet?”, ”Vad kan man säga från en scen?”, ”Vad är roligt, vad är inte roligt?”

Att de var populära och ekonomiskt framgångsrika var en smula suspekt inom vänstern. Amnesty var ju inte precis någon samhällsomstörtande rörelse, organisationen bekämpade långsiktigt och enträget maktövergrepp varhelst de förekom. ”Vi passade inte in i revolten, vi togs med en nypa salt”, säger Gösta. Svenska Ords revyer var alltför mesiga för revolutionärerna och på tok för radikala för de konservativa. ”Vi blev bespottade från både höger och vänster, bokstavligt talat. Jag har blivit bespottad på gatan ett antal gånger av folk som inte gillat mina politiska åsikter”, säger Gösta. Blev debatten stormig var Tage Danielsson med sin robusta förankring i arbetarrörelsen en fyr att navigera efter:

> Han var uppfostrad med en kommunistisk storebror och hade en naturlig och ”upphöjd” attityd i förhållande till dessa röda, fradgande vågor som började välla in från alla håll. Han kunde hålla huvudet svalare. Både Hasse och jag hade lättare att flamma upp och plötsligt tycka att

det var jävligt viktigt att göra det ena och åstadkomma det andra. Men vi var inte partianslutna, någon av oss.

Riksdagsvalet hösten 1968 kallades på förhand ett socialdemokratiskt ödesval. Den borgerliga oppositionen var osedvanligt samlad och utgången oviss. Många författare, musiker och skådespelare tog ställning. På den socialdemokratiske statsministern Tage Erlanders valmöten framträdde Monica Nielsen och Monica Zetterlund. Att den ena sjöng sånger av syndikalisten Joe Hill och den andra framförde en hyllning till den revolutionäre marxisten Che Guevara säger något om tidsandan; hela vänstern kollektivanslöts till Erlanders breda famn. Tage Danielsson stödde socialdemokraterna med pamfletten *En soffliggares dagbok*, Hans Alfredson porträtterades och citerades i partiets valannonser; han trodde på socialismen, men misstrodde väckelsevänstern. Också Gösta citerades i en annons till stöd för Socialdemokraterna: "Inför blotta skuggan av hotet om en borgerlig valseger med en borgerlig kulturpolitik som följd, reser sig nackhåren på mig av skräck." Såvitt han minns var det journalisten Marianne Höök som värvade honom till valrörelsen, hon var aktiv i Kulturarbetarnas socialdemokratiska förening i Stockholm. Där blev även Gösta medlem, fast han tycks inte ha gillat föreningens namn. "Jag är inte rädd för att använda ordet 'konstnär' i stället för det konstiga och förljugna 'kulturarbetare'. Jag är konstnär och det står jag för. Och jag tror att konst är nånting som har en funktion i samhället."

Valet blev en stor framgång för socialdemokraterna, som ökade sitt röstetal och fick egen majoritet i riksdagens andra kammare.

UNDER SENARE DELEN av sextiotalet pendlade Gösta mellan å ena sidan Johan och Lena, å andra sidan Hasse och Tage. Båda paren erbjöd diskussioner om konst och polititik, komik och moral. Kvällarna med *Gula Hund* sammanföll med inspelningen av *Nattcafé*. När tevepjäsen *Hotet* var inspelad inledde Gösta arbetet med filmen *Att angöra en brygga*. Medan *Så tuktas en argbigga* gick på teatern togs spelscenerna till filmen *I huvet på en gammal gubbe*. Vid samma tid satt Gösta dessutom i redaktionen för teveserien *Snack* och improviserade fram kommentarer till aktuella händelser, tillsammans med bland andra Monica Nielsen och Olle Adolphson. Att Gösta framträtt som både rolig och o-rolig har förbryllat hans omgivning, själv ser han kombinationen som en rimlig spegling av livet. "Jag tröttnar så fort på mig själv, så har jag lyckats med något i revysammanhang har det fallit sig väldigt naturligt att göra något otäckt inom film, teve eller teater, som inte alls påminner om det jag nyss gjorde. Det är det enda som har styrt mig: 'Hur ska jag överraska mig nu?' Jag är så sammansatt och kluven att jag betraktar mig själv som en fri grupp."

Det politiska engagemanget – samhällets och Göstas eget – avspeglades inte i de filmer han var med i kring sextiotalets mitt, då dominerade ännu komedierna. I Stig Ossian Ericsons egensinniga och smått surrealistiska *Festivitetssalongen* var Gösta som journalistvolontär i manchesterkavaj en av männen kring den vackra och mystiska fröken Blom, spelad av Lena Granhagen. I Svenska Ords filmer *Svenska bilder* och *I huvet på en gammal gubbe* hade han biroller. I *Att angöra en brygga* spelade han Lennart, en av de strandsatta på en enslig skärgårdsö som gjort allt klart inför kvällens kräftskiva och bara väntar på att det båtburna sällskapet från stan ska ansluta med brännvinet – förgäves, ska det visa sig.

Filmens Ensamholmen heter i verkligheten Högdunsen och är en ö i Roslagen. Där spelades delar av filmen in, sommaren 1965. Väderleken var växlande, Gösta minns regndagarna med särskild glädje. Då tvingades filmgruppen inomhus och medan regnet droppade på taket berättade Katie Rolfsen om sitt liv. "Där fanns många som hade saker att berätta, men jag lovar att alla var lyckiga över Katies fantastiska berättelser. Uttrycket 'man visste inte om man skulle skratta eller gråta' stämmer bra med Katie. Det fanns inget hon inte hade varit med om." Katie Rolfsen skulle snart fylla 63 år, hade gjort sin första film fyrtio år tidigare, detta skulle bli hennes sista. Hon berättade om fängelsevistelser, psykisk sjukdom i familjen, hur hon blivit solochvårad, gift sig och skilt sig och om konsten att driva en gåsfarm.

För filmskådespelare rymmer varje inspelning lång väntan mellan korta stunder framför kameran. Gösta säger att det bästa är väntetiden: "Det finns duktiga berättare i det här jobbet och den avspänningen behövs, eftersom man sedan ska prestera maximalt och hoppas att det ska vara så bra att man *aldrig* behöver göra det mer. Det blir en speciell stämning och Högdunsen var specifik.”

GÖSTA FICK SIN första riktiga huvudroll i en film som varken var tidsenlig eller rolig. *Yngsjömordet* var ett drama om avund, incest och ond bråd död, byggt på ett rättsfall från 1800-talet. Gösta spelade den veke sonen som i maskopi med modern tar livet av sin unga hustru. Gunnel Lindblom var åtta år äldre än Gösta och en av de kvinnor han tjusats av när han som tonåring kom till Stadsteatern i Malmö. Nu spelade hon hans mamma! ”Gösta Ekman gör något helt ypperligt av sonen, där han står med sin darrande läpp och sina flackande ögon mellan modern och världen – det är en rollgestaltning hämtad inifrån”, skrev Mauritz Edström i Dagens Nyheter, som en i raden av berömmande recensenter.

De tre filmer Gösta medverkade i under sextiotalets sista år var präglade av sin samtid. Likt Vilgot Sjömans aktuella och mycket omdebatterade *Jag är nyfiken gul* ville de förena reportagemässig vardaglighet med samhällsanalys och realistiska sexskildringar. Det var också ett tecken i tiden att filmerna regisserades av kulturskribenter med konstnärliga anspråk, men utan större filmerfarenhet. Filmskribenten Stig Björkmans relationsskildring *Jag älskar, Du älskar* kallades ”kollektivfilm”, eftersom de medverkande deltog på sin fritid och satsade egna pengar i produktionen. Gösta var bara med i ett mellanspel, en pastisch på fransk konstfilm kallad *À la recherche des hommes perdus* (*På spaning efter de män som flytt*). Som hemlig agent i trenchcoat och mustasch jagar han en minst lika hemlig, men havande, agent, spelad av Harriet Andersson i trenchcoat och peruk.

I författaren och kritikern Jonas Cornells *Som natt och dag* var Gösta den tillknäppte underläkaren Rikard som lever i ett trist förhållande med tevepresentatören Susanne. Hon lämnar honom för en internationellt erkänd hjärnkirurg, blir uttråkad lyxhustru i Drottningholm och återupptar i hemlighet relationen med Rikard. Den banala intrigen kontrasteras mot ett konstfullt foto, en intellektuell dialog och frimodigt skildrad erotik. Gösta minns inspelningen, inte minst för en av dessa egenartade situationer som hör till jobbet som filmskådespelare. En morgon i ateljén hälsade Gösta på den för honom helt okända Claire Wikholm, som gjorde sin första filmroll. De hann inte mer än säga hej och presentera sig förrän det var dags för dagens första tagning, en gruppsexscen. ”Det var rätt lustigt, från presentation rakt in i ormgropen!” Filmen gav upphov till en kultursidesdebatt, men någon större publik fick den inte.

Våren 1968 landade den amerikanska författaren Susan Sontag i Stockholm, inbjuden av Filminstitutet och dess chef Harry Schein. Sontag hade gjort sig känd som skarp och associationsrik kritiker, inte minst av film. Hon kom med förhoppningen att avslöja de mest spridda vanföreställningarna om Sverige, men fann att de tycktes vara alldeles sanna. ”Sverige behöver en revolution”, skrev Susan Sontag.

”Hon skulle göra en film om desertörer och jag hade just haft desertörer boende hemma hos mig, vilket Susan tyckte var väldigt intressant. Hon kom till Sverige och träffade mig, för att vi skulle prata om detta manus”, säger Gösta. Det visade sig att en svensk film om desertörer redan höll på att spelas in. Susan Sontag övergav sitt planerade projekt och skrev i stället raskt manus till spelfilmen *Duett för kannibaler*, där Gösta fick en bärande roll. ”Ingen hajade varför den gjordes. Eftersom Susan var här *skulle* hon göra en film. Jag kom in på helt andra premisser än det var tänkt från början.”

I filmen spelar Gösta den vänsterradikale Tomas som blir sekreterare hos en före detta revolutionsledare som lever i exil i en elegant Lidingövilla. Tomas blir indragen i den gamle revolutionärens vardagsliv och bisarra äktenskap med en hemlighetsfull kvinna. Gösta minns historien som egenartad: ”Vi som var med sa regelbundet i mungipan till varandra: ’Vad fan handlar den om?’” Under inspelningen var stämningen spänd: ”Susan sa att alla skulle prata engelska, hela tiden. Det blev löjligt, det var bara hon som var engelskspråkig. Vi fick gå avsides och *viska* på svenska till varandra, för att hon inte skulle bli stött. Det blev en skruvad stämning ibland, men vi blev rätt goda vänner så småningom.” Tråkigare debutfilm hade inte skådats i Sverige sedan Jörn Donners förstlingsverk, ansåg en recensent efter premiären hösten 1969. En annan dömde ut filmen som kvasiintellektuell kasperteater.

Adriana Asti, Gösta och Susan Sontag i Stockholm hösten 1968, under inspelningen av Sontags debutfilm Duett för kannibaler.

Så dags hade Gösta hunnit tampas med upprorsmakare av en helt annan kaliber: Mumintrollen. Som många andra stockholmare hade han drabbats av Muminfeber redan 1958, när Lilla teatern från Helsingfors gästspelade med *Troll i kulisserna*. Då hade han också lärt känna teaterns grundare och dåvarande ledare Vivica Bandler. Nu var hon nybliven chef för Stockholms stadsteater och när hon en dag på jobbet mötte Gösta utbrast hon: "Kungen! Du ska spela kungen!"

Kungen i Mumindalen förekom i manuskriptet till en ny teveserie som Tove Jansson och hennes bror Lars skrivit och som i Vivica Bandlers regi skulle premiärsändas då Sverige i december 1969 fick sin andra tevekanal. Gösta läste manuskriptet och skakade på huvudet, han

Serien Mumintrollet *var en stor satsning, som i december 1969 invigde den nya kanalen TV2 och presenterades som både bok och skiva. Gösta spelade Kungen i Mumindalen.*

hade svårt att se sig själv som tjock farbror med skägg. Kungarollen var egentligen skriven för den trettio år äldre Stig Järrel, en skådespelare med en betydligt myndigare framtoning. ”Vivica och jag åkte ett par gånger till Helsingfors, för att jag skulle träffa Tove och inviga henne i idén om att jag skulle spela kungen”, säger Gösta. Tove Jansson stöpte om rollen. Majestätet föryngrades och blev dessutom slätrakad, sånär som på en liten vriden mustasch. Muminfamiljen, Misan, Lilla My och andra invånare i Mumindalen spelades av Lilla teaterns ensemble. Yorkshireterriern Grace spelade skrutthunden Ynk.

Serien var en stor produktion; tretton avsnitt om vardera tjugo minuter. För första gången användes den nya Studio 2 i Stockholm, modernt utrustad för program i färg. Där hade Muminhuset och Kungens glänsande slott återskapats i pampiga ateljébyggen. Inspelningarna gjordes under några intensiva sommarveckor, med arbetsdagar från 8 till 18 – därefter skulle de finlandssvenska skådespelarna hasta till gästspel på Intiman.

Gösta gjorde Kungen till en gnetig streber, ett statsöverhuvud som med känslig avlyssningsutrustning och en kikare som ser runt hörn noga övervakar sina undersåtar: ”Såna där figurer finns bara inte. Man kan inte se ut på det sättet. Man *får* inte se på det sättet!” utbrister han inför åsynen av Mumintrollen. De passar inte i hans välfärdssamhälle. ”Ska man ha en minoritet så kan de väl åtminstone se ut som folk”, säger han och beordrar dem att ta av sina näsor.

Händelsevis övervakades vid denna tid också undersåtarna i Konungariket Sverige, det skulle avslöjas bara ett par år senare, när den hemliga Informationsbyrån blev känd. Med socialdemokraternas goda minne kartlades och registrerades vänsterradikala personer: Vietnamaktivister, syndikalister och kommunister; Joe Hills och Che Guevaras anhängare. Att Gösta fanns i säkerhetspolisens register tog han för givet, sedan han offentligt kritiserat USA:s imperialistiska krig och givit sitt stöd till FNL.

Kungen gör sig till, inför Muminfamiljens besök på slottet klär han upp sig i mantel och krona. ”Bara för er skull. Vi lever ju i alla fall i en demokrati”, säger han förbindligt. ”Ja, jag vet. Men det kanske kommer bättre tider”, svarar Muminmamman.

Jag kan kosta på mig att ha moral

Sensommaren 1969 hade Gösta fyllt 30 år, farfar hade varit död längre än så och jämförelserna dem emellan blev alltmer sällsynta. "Lill-Gösta" fick äntligen vara sin egen tids Gösta Ekman. Året innan hade han på Stockholms stadsteater till och med iklätt sig en av de roller farfar gjort; Mosca i Ben Jonsons *Volpone*. "Scenen domineras helt som sig bör av Mosca, hela intrigens mästare. Gösta Ekman spelar nu som för 40 år sedan hans berömde farfar och namne och han behöver inte oroa sig för jämförelsen", skrev en recensent.

Ett par gästande regissörer gav vid den här tiden Stadsteatern nytt syre och drog in några friska fläktar från världen bortom Norra Bantorget. Först kom tjecken Otomar Krejča. Han var en medelålders centraleuropeisk teaterman, väletablerad som före detta regissör vid Nationalteatern i Prag. Vid den här tiden hade han sin egen scen: Divadlo za branou, Teatern utanför porten.

FNL-märket på Göstas kavajslag ägnade Otomar Krejča en trött blick och en syrlig kommentar. "Tre gånger har politiken förstört mitt liv", sa han och nämnde andra världskriget, kommunisternas maktövertagande 1948 och ryssarnas inmarsch i Prag. Mindre än ett år

Gösta spelade Konstantin och Lena Granhagen spelade Nina i Måsen *på Stockholms stadsteater, hösten 1969. Under en föreställning övermannades Gösta av sina känslor och Konstantins förtvivlan blev hans egen. "Nina kommer tillbaka efter att ha varit borta länge och han uttrycker sin längtan och kärlek till henne och faller ihop – i pjäsen. Jag föll ned på alla fyra och började gråta – så var det regisserat – men greps av en egen gråt, så att jag inte kunde fortsätta. Det tog lång tid innan jag kunde prata. Alla blev väldigt oroliga."*

tidigare hade Sovjet invaderat huvudstaden, arresterat landets ledare Alexander Dubček och kväst hans försök att ge landet vad som hoppfullt kallades en socialism med mänskligt ansikte.

Till Stockholm kom Krejča som en handelsresande i Anton Tjechovs *Måsen*, efter två tidigare uppsättningar visste han precis hur han ville ha den. I släptåg hade han sin ständige scenograf, Josef Svoboda. I Krejčas regibok fanns varje rörelse noterad intill minsta huvudvridning. Han visade foton från tidigare uppsättningar, de som nu skulle rekonstrueras. Om skådespelarna inte kunde acceptera villkoren måste de genast säga ifrån. Gösta sparkade bakut: ”Redan då blev jag lite förbannad, för det var inte bra att säga 1969. Det var inte det året man sa till skådespelare vad de skulle göra.” Det var gruppteaterns tid, den auktoritäre regissören var äntligen störtad från sin upphöjda position. Då kom Krejča och ställde ultimatum!

Det var kollationering i början av veckan, till fredagen förväntade sig Otomar Krejča att ensemblen skulle dra igenom första akten, utan manus i händerna. ”Vi skulle lära oss första akten och spela den på en vecka. Vi tappade lindrigt sagt hakan! Vi skådespelare hade möte och sa att vi ställde upp på det, för han var så intressant! Det gick ju väldigt bra, men var lite knorrigt och gnisslade lite”, säger Gösta. Inledningsvis hörde han själv till dem som ömsom knorrade, ömsom gnisslade. ”Om all teater var sån skulle jag nog inte jobba med teater”, sa han. Strax innan hade Gösta i en tidningsintervju formulerat sin egen syn på teaterarbete, den gick stick i stäv mot Otomar Krejčas metod:

> Det finns skådespelare som tror att det intellektuella engagemanget i en roll dödar känslorna. Det tror inte jag. Jag är en snackskådis. Jag tänker och pratar mig delvis fram till en rolltolkning. På samma sätt som jag har ett behov av att vara medveten om och analysera mig själv i vanliga livet, har jag ett behov av att veta var och varför jag befinner mig i ett teaterstycke.

När Allan Edwall en gång fick frågan: ”Hur närmar du dig en roll?”, svarade han: ”Jag har inte närmat mig rollerna, utan rollerna har närmat sig mig.” Gösta instämmer. När han gått in i en roll har han funderat över hur mycket av sig själv han ska gömma. Snarare än maskerat, har rollerna demaskerat honom: ”Det är ju jag! Vilka roller jag än har gjort har jag undrat *vad* av mig som finns i dem. Jag har inte sökt något utanför mig själv.”

I tevespelet *ABC* hade han nyligen gjort experimentet att i samråd med regissören och skådespelarkollegerna utforma sina egna repliker och därmed låta rollfiguren ta färg av den egna personen, allt för att göra materialet till sitt. ”Jag tror inte man kan presentera en grej förrän den känns som ens egen. Och det är innehållet som skall bestämma formen, inte tvärtom som ofta är fallet”, sa han då. Nu var det Krejčas ord som gällde – och Tjechovs.

I *Måsen* hade Gösta rollen som Konstantin, sonen till en berömd skådespelerska som hånar hans konstnärliga ambitioner. Lena Granhagen spelade Nina, flickan han älskar men inte får. Lena Söderblom var Masja, dotter till förvaltaren på godset där konstnärsfamiljen tillbringar sin tid i sysslolöshet. En flimrande filmupptagning från Stadsteaterns lilla scen visar en enkel scenografi: En bänk nära rampen, en liten estrad med ridå, golvet förenas med fondväggen i en mjuk båge. ”Så springer du bara upp på väggen, vänder och springer ner igen”, var en av Krejčas anvisningar till Gösta, som inte bara fann rörelsen ansträngande utan också onaturlig. ”*Det* är teater!” svarade Krejča. ”Om det känns naturligt ska man undra: 'Hur ska jag göra i stället?'”

Otomar Krejča sa till skådespelarna: ”Den mås jag visar er är uppstoppad. Ni ska få den att flyga!” Repetitionerna kostade möda. Krejča menade att den energi Gösta ödslade på att diskvalificera sina egna initiativ hade varit nog för att spela en hel föreställning. ”Han ansåg att jag använde så mycket kraft på att bli arg på mig själv för att jag inte gjorde rätt. Jag bestraffade mig själv i stället för att våga göra bort mig. Jag skulle hela tiden visa att: 'Jävlar! Jag *vet* att jag gjorde fel!'”

”Du bist wie ein altes Cirkuspferd”, sa Otomar Krejča till Gösta; när publiken väl var på plats skulle han veta precis vad han hade att göra, som när en gammal cirkushäst känner doften av sågspån.

I synnerhet ensemblens äldre skådespelare blommade i Krejčas vård, de talade om honom som en befriare som skänkt dem ny arbetsglädje. Också Lena Söderblom minns honom med största glädje: ”Det var en regissör som kom med ny blick! Han hade ingen aning om vem jag var och det var väldigt skönt. Det var en *formidabel* period med *Måsen*!"

Gösta kom att tycka om Otomar Krejča och talar kärleksfullt om honom som en kraftfull och smittande person. När han inte själv stod på scenen satt Gösta ofta bredvid Krejča i salongen under repetitionerna: "Jag har sällan sett en så bra regissör, framför allt av de kvinnliga rollerna. Han gick upp på scen och spelade före. Han var lysande! Massor av humor och värme. Det var ljuvligt." Göstas eget utspel var intensivt, det framgår av den filmade föreställningen, han rör sig med spattig nervositet, snubblar över scenen. Att Tjechovs drama rymde så mycket kroppsövningar skulle överraska en och annan kritiker.

"En ohyggligt kvalificerad uppsättning, förmodligen en av de mest genomtänkta och bäst spelade som har gjorts på den här teatern", skrev Dagens Nyheters recensent Leif Zern efter premiären. Han hade inte sett Konstantin och Nina spelas bättre, men noterade också föreställningens problem: "Plötsligt ser jag dem inte för bara regi." Även om Gösta håller tiden med *Måsen* i kärt minne vill han inte rekommendera Krejčas metod: "Jag tror inte på att man ska slå i sig en läxa, eftersom man säger saker innan man vet *varför* man säger dem. Det kan snarare hämma fantasi och egen kreativitet. Jag är ingen riktig vän av det. Man ska djupläsa för att komma åt sitt 'jag', i stället för att bara lira på!"

Måsen gavs 149 gånger i Stockholm och flög ut i Europa; inledde biennalen i Venedig, spelades i München, Prag, Köpenhamn, blev inbjuden till Latinamerika. I ensemblen fanns den drygt åttioårige Gösta Cederlund, som teaterdebuterat 1908 och gjort sin första filmroll hos Victor Sjöström 1917, sedan dess hade han varit med i ytterligare 118 filmer och hade arbetat med både Göstas far och farfar. "Han var förtjusande, tog med sin fru när vi reste på turné och hade samlat Svenska Dagbladets korsord som han löste i bussen. Han hade mycket att berätta om gamla tider, det tyckte jag var kul", säger Gösta om den gamle Gösta Cederlund.

Precis fyrtio år senare spelade Lena Granhagen åter *Måsen* på Stockholms stadsteater. Hösten 1969 gestaltade hon den unga flickan som drömmer om en framtid vid teatern. Hösten 2009 var hon Arkadina, den självupptagna skådespelerskan som inte förmår att lämna scenen.

Gösta blev erbjuden att återvända till *Måsen*, nu som brodern Sorin. Det ville han inte: "Det finns gränser för hur gamla man gör de där figurerna. Det blir en annan pjäs om man plockar in – minst sagt – pensionärer i rollerna."

MEDAN *MÅSEN* SPELADES på Stadsteatern upptäckte Gösta en dag i kantinens matkö en liten och för honom okänd figur med långt glesnande hår, klädd i något han minns som en kimono. "Jag hjälpte honom, jag tror det gällde ett telefonnummer. Han gjorde ett kluvet intryck. När jag kom till bordet för att käka var det någon som sa att det var Arnold Wesker. Det var det sista jag hade tänkt mig, att han skulle se ut på det sättet. Arnold Wesker var rätt så världsberömd."

Arnold Wesker regisserade urpremiären av sin egen Vännerna *på Stockholms stadsteater i januari 1970. På scenen vakade Lenin över den döende Esther, hennes älskare Roland och vännen Crispin – Jane Friedmann, Gösta och Per Myrberg. "Det var en intressant tid. Jag gjorde otroligt mycket just i den här vevan, spelade* Måsen *medan vi repeterade* Vännerna. *Det var mycket stök, men kul att träffa Arnold."*

Han var en av de arga unga män från arbetarklassen som under femtiotalet hade förnyat brittisk dramatik genom att skildra samhället underifrån. Hans pjäser spelades på scener i många länder. Nu drog den knappt fyrtioårige dramatikern in på Stockholms stadsteater för att regissera urpremiären av sin egen nyskrivna pjäs *Vännerna*, med Gösta i ensemblen. Krejča hade givit sina instruktioner på tyska, nu fördes samtalen till allas lättnad på engelska. Wesker lyssnade på skådespelarna. "Han hade sett *Måsen* flera gånger och var väldigt imponerad. Rätt snabbt kände vi en stark sympati för varandra. Frågan är hur han var som regissör. Han var ju inte så van och pjäsen var inte särskilt lätt. Sitter du med författaren måste du vara hänsynsfull mot vad han har tänkt sig, men han visste nog inte riktigt hur han ville ha det. Precis före premiären sa Arnold till oss, med ett smajl i ögonvrån: 'Ni måste vara bättre än pjäsen!'"

Gösta minns repetitionsarbetet som kärleksfullt, pjäsen handlar också om kärlek och vänskap – liksom om svek och förlust. Den utspelar sig i ett borgerligt möblerat rum, där en grupp människor har samlats kring en svårt sjuk vän. Över hennes sjukbädd sitter ett porträtt av kommunistledaren Lenin. Dödens närhet får de församlade vännerna att rannsaka sina egna liv. De kommer från arbetarklassen, har socialistiska värderingar, men som framgångsrika företagare i inredningsbranschen är de fjärmade från sitt ursprung. De har lyckats i sina karriärer, men misslyckats i sitt uppsåt: att sprida god formgivning till arbetarhemmen. Det är inte arbetarna som köper deras vackra och omsorgsfullt designade ting.

"De kysser varandra på munnen" stod det i manuskriptet om Göstas rollfigur Roland och Crispin, spelad av Per Myrberg. Kyssen skulle pågå medan en av de övriga vännerna höll en monolog, i slutet av första akten. "Per och jag kände varandra sen tidigare. Vi sa: 'Jaha ... ska vi vara förenade i en *kyss*? Under *hela* denna monolog?' Vi flackade med blickarna den första repetitionstiden, men vid ett tillfälle tänkte jag: 'Nu slätar jag Per, när vi kommer till det här stället. Någon gång måste vi komma till skott! Vi måste åtminstone kolla: Är detta möjligt?' Per berättade senare att han höll på att tappa andan. Sen blev det så; vi var tvungna att förenas i en lång kyss. Den finns ännu efter fyrtio år som en ingrediens i vår vänskap. Jag vet inte om jag har haft någon nytta av det i resten av livet, men det var definitivt en erfarenhet."

Pjäsen om vännerna med de ädla motiven speglade Weskers nyvunna erfarenheter. I London hade han och hans egna vänner just misslyckats med att skapa en folklig teater, visionen visade sig alltför svår att förverkliga. Samma önskan, att nå och beröra den publik som inte självklart sökte sig till teatern, var skälet till att en grupp skådespelare hösten 1970 lämnade Stadsteatern för att bilda den fria gruppen TUR-teatern. En av utbrytarna var Leif Forstenberg, Göstas gamle vän och förtrogne från tiden vid Malmö stadsteater. När han ringde och frågade om Gösta ville vara med i TUR-teatern blev svaret ja. De turbulenta åren med kårhusockupation, desertörer, diskussioner om teaterdemokrati och duster med Otomar Krejča hade satt spår. "Det var mycket som föll isär, inklusive mitt äktenskap", säger Gösta, som gick till teaterchefen Vivica Bandler och sa upp sig, trots hennes protester och kloka ord om att han borde tänka på sin framtida pension. "Nu skulle allt klippas! Väck! Adjö! Jag skulle göra vad jag ville, när jag ville!" Samtalet från Leif Forstenberg kom precis när Gösta kände att han kunde ställa upp – åtminstone för några månader.

TUR-teatern hittade sin hemmascen i en medeltida källare på Österlånggatan. "Vår ambition är att – utifrån vår lilla lokal i Gamla stan – arbeta för en teater som till form och innehåll kan engagera och roa en stor publik. Denna publik hoppas vi kunna få möta på arbetsplatser, föreningsmöten, skolor, sjukhus, fängelser, gator och torg i förorter, utanför Stockholm och naturligtvis i vår källarteater", hette det i programförklaringen. Teatern ägdes och styrdes kollektivt, alla hade samma lön – 2 000 kronor i månaden. Gruppens tio medlemmar tog gemensamt ansvar för repertoar och ekonomi, tvister löstes med majoritetsbeslut. TUR-teatern skulle spela ny svensk dramatik i nära samarbete med författarna. *Marta, Marta*, Sara Lidmans pjäs om svensk

En del av Göstas skisser till scenografin i Sara Lidmans Marta, Marta, *som han också regisserade på den nybildade TUR-teaterns källarscen i Gamla stan i Stockholm, hösten 1970.* ➳

MTM
fabriks interiör
MTM
MTM
VARUHUSET
SALTSJÖBADEN
Martas hem

strejkhistoria, återberättad som folksaga, blev teaterns andra uppsättning. Gösta var regissör, men beskrevs som "samordnare av produktionsarbetet". Han gjorde också skisser till scenografin, "för alla skulle göra allt".

Han minns det som en rolig tid, ett fint gäng och ett inspirerande samarbete med Sara Lidman. Henne hade Gösta träffat tidigare, sedan han i ett radioprogram talat uppskattande om hennes bok *Samtal i Hanoi*. Nu engagerade hon sig i teaterarbetet, skrev till ett avsnitt i pjäsen och bjöd hem ensemblen på fest.

EFTER TIO ÅR tillsammans separerade Gösta och Fatima, först på prov, med förhoppningen att åter kunna bo tillsammans. "Fan vet om det blev bättre, men det pågick rätt så länge", säger Gösta. Fatima beskriver honom som så förståndig, genomtänkt och klok: "Ibland blev det lite för mycket för mig. Jag var tvungen att komma loss och få bli lite barnslig igen!" Hennes danska mamma noterade en gång hur Gösta styrde och ställde. Hon rådde honom i förtroende att låta Fatima förbli den hon var: "Du skal bare lade hinde vaere." Gösta är inte den som tvingar på någon annan sin egen åsikt, men han beskriver den gärna utförligt. "Han kan diskutera i det oändliga. I det *oändliga*! Det orkade inte jag", säger Fatima.

Hon tycker fortfarande väldigt mycket om Gösta, men kunde inte leva tillsammans med honom. "Inte för att Gösta var fel person, utan för att jag ville så mycket annat. Jag var ung och ville pröva på saker och hitta mig själv. Och så blev jag så lätt kär i andra. Det var inget kul för honom. Han skulle mycket väl kunna vara bitter och arg på mig, men det har han inte blivit."

Under hela sextiotalet hade Gösta snott mellan teaterscenerna, tevestudiorna och filmateljéerna, han hade spelat drama, komedi och revy. Sviterna syntes på röntgenplåtarna som ärr efter flera misskötta magsår. Nu hängde hans äktenskap i luften. År 1972 klappade han ihop. "Då fick jag magsår i kombination med bukspottkörtelinflammation, det var inget bra. Jag åkte in på sjukhus, för jag var jävligt kaputt. Läkarna undrade om jag krökade mycket, vilket jag inte gjort. Det är det vanliga, att bukspottkörteln inflammeras av för mycket alkohol." I sängen bredvid Göstas låg en man med precis samma åkommor: magsår och inflammerad bukspottkörtel. Efter bara några dagar var han död. "När jag låg där tänkte jag: 'Jag skall skilja mig! *Jag* måste bestämma *oss*.' Så skildes vi, i all välmening."

Från unga år hade Gösta bestämt sig för att bli vuxen *snabbt* och sedan klara *allt*: "Jag ställde en massa krav på mig själv och ansträngde mig oerhört för att klara dem. Det gick inte. Jag levde till slut så fel att jag blev sjuk. Men kanske jag ändå är en lite bättre förälder än vad mina föräldrar var. Fatima och jag har ett barn och vi skildes. Men vi var medvetna, när vi skildes, om vad vi gjorde."

Gösta och Fatima separerade innan de började göra varandra illa och har förblivit vänner. "Ja, gudskelov. Vi har båda tyckt att det har varit viktigt att ha en relation, eftersom vi har barn ihop. Och det har varit lätt!" säger Fatima. Så länge Måns gick i skolan såg de till att bo nära varandra, så att han hade tillgång till dem båda. Fatima stannade i lägenheten på Kungstensgatan, Gösta flyttade först till en lägenhet på Tomtebogatan, senare till Hälsingegatan 20. Sedan Fatima inlett en ny relation och Måns 1974 fått ett halvsyskon, bodde han alltmer hos Gösta.

EFTER PREMIÄREN PÅ *Vännerna* i januari 1970 medverkade Gösta under resten av sjuttiotalet i bara fyra scenproduktioner. Det var en nedtrappning, om än inte lika stor som det kan verka: tre av uppsättningarna blev riktiga långkörare.

Med Bertolt Brechts *Den goda människan i Sezuan* fick Stockholms stadsteater sin dittills största publikframgång. Johan Bergenstråhles regisserade och Lena Granhagen spelade dubbelrollen som den godhjärtade flickan Shen Te och hennes förklädnad, den hårdhudade affärsmannen Shui Ta. Gösta spelade flygaren som flickan förälskar sig i och utnyttjas av. Bara ett år efter TUR-teaterns start var han tillbaka på Stadsteatern.

Samarbetet med Hasse och Tage fördjupades under sjuttiotalet. Svenska Ords revy *Glaset i örat* spelades i åtta månader 1973-74 och *Svea Hund* drog publik under större delen av 1976. Revyerna fick ett politiskt allt skarpare innehåll. Efter att ha stött socialdemokraterna i 1968 års val hade Hasse, Tage och Gösta nu dragit öronen åt sig. En ny

Lena Granhagen spelade den dubbla huvudrollen som Shen Te/Shui Ta i Stockholms stadsteaters långkörare "Den goda människan i Sezuan", med premiär hösten 1971. Gösta spelade flygaren Yang Sun. "Min brorsa Stefan kom in efter mig, jag spelade bara femtio föreställningar."

generation politiker omgav den nye statsministern Olof Palme. Parollen om "det starka samhället" fick en obehaglig klang när regeringen införde terroristlagen som godkände telefonavlyssning och avvisning från Sverige på blotta misstanken, liksom när det avslöjades att den politiska vänstern på socialdemokratiskt uppdrag övervakades av spionorganisationen IB. Gösta kände sympati för det socialdemokratiska partiprogrammet, men tyckte att den praktiska politiken innebar ständiga avsteg – högerut. För att stödja vänsteralternativet i riksdagen röstade han på Vänsterpartiet kommunisterna. "Jag röstar på VPK, men jag är inte politiskt aktiv. Om det inte räknas till politisk verksamhet att jobba med attityder och fördomar som jag gör", sa Gösta och svor sig fri från alla partibindningar: "Konst kan aldrig bli partitrogen."

Gösta och Fatima hade bidragit med pengar till Folket i Bild/Kulturfronts start 1972. Sedan tidskriften året därpå avslöjat IB:s olagliga verksamhet var det inte de ansvariga som greps, dömdes och fängslades, utan avslöjarna. Medan journalisterna Jan Guillou och Peter Bratt och uppgiftslämnaren Håkan Isacson tillbringade sin 41:a dag i häktet på Kungsholmen anordnades lördagen den 1 december 1973 en fem timmar lång manifestation med sång och musik, tal och teater till försvar för yttrande- och tryckfriheten. Gösta höll i trådarna och gensvaret var stort: "Det var väldigt många artister som ville ställa upp, så många att jag tvingades be ett antal av dem att *inte* delta." Platsen för manifestationen var Riksdagshuset på Helgeandsholmen, som stod tomt i väntan på ombyggnad. Kön ringlade sig ända ut på Norrbro, det tog en halvtimma att nå portarna. Nära fem tusen biljetter såldes, plenisalen var knökfull. "Jag var tvungen att gripa mikrofonen och be människor gå ut ur Riksdagshuset. Det var inte byggt för en sådan situation. Jag fick organisera om i sista minuten. Några musiker fick stå i trappan och spela, för att folk inte skulle tränga på för att komma in i plenisalen. Det var sanslöst mycket!" minns Gösta.

Om kvällarna spelade han i *Glaset i örat*, där han som rabiat centerextremist fördömde dem som avvikit från den rena Centerns väg. Den flammande appellen skojade med en inskränkt bonderörelse, men framför allt fick den vänstern att framstå i all sin sekteristiska löjlighet. Tillsammans med Tage Danielsson var Gösta u-landstok med omkvädet "bolla, bolla", i ett nummer som gisslade svensk biståndspolitik. Revyn betade av såväl kärnkraftsutbyggnad som kommunsammanslagningar och politisk övervakning, utan att glömma sitt främsta syfte – att roa publiken. Göstas bästa nummer var först och främst skrattretande. Med swingpjatthatt på huvudet och ett lösryckt stuprör i händerna slog han Bernspubliken med häpnad, rev stora delar av scenografin och gick loss på inredningen i ett slapsticknummer av klassiskt snitt. Som aningslös tangodansör med raffinerad stjärtföring stod han helt oförstående till den eldiga partnerns pockande frågor: "Vad har du i fickan, Jan? Är det en jättebanan, en rullad affisch eller kanske pain riche eller Tarzans lian?"

Hans frackklädde drullputte var på väg till ett bröllop och tömde självuppoffrande alla ölburkar som skulle skramla efter brudparets bil. Det numret var omtalat medan revyn spelades, men har med åren blivit orättvist bortglömt – även av Gösta: "Jag har förträngt det helt." Den figuren utvecklades i ett samarbete med publiken, berättade Gösta då: "Första gångerna var jag mest bakfull, men det blev för tragiskt, märkte vi, så nu gladfyllnar jag sakta till igen under numret." Att spela berusad brukar vara ett säkert sätt att dra ner skratt, men Gösta tycker numera inte det är särskilt roligt: "Många komiska situationer är egentligen tragiska eller olyckliga – om man inte gör dem skrattretande. Blir man för full så är det inte roligt. Jag har ett antal kompisar, saliga i åminnelse, som söp ihjäl sig. Det vimlar av människor som har ett helvete med fulla män eller barn eller med sitt eget förhållande till alkohol. Det är en permanent tragisk förutsättning och ska man göra fyllan skrattretande gäller det att veta *varför*. Varför ska vi skratta åt en som är packad? I dag vet jag inte om jag skulle kasta mig in i att spela en full, berusad, påtänd person – och försöka få det skrattretande."

SVEA HUND BLEV Svenska Ords sista stora revy och en av de största publikframgångarna. Den spelades 200 gånger, för 261 318 personer, från februari till december 1976. Biografteatern Göta Lejons salong är stor, men Dagens Nyheters recensent Leif Zern tyckte att föreställningens intimitet fick lokalen att krympa: "Eller också är det vi som sväller en smula, av lycka." Innehållsmässigt spretade *Svea Hund* åt alla håll. Där fanns historiskt studentspex och grönsaksoperett, rent flams och subtilt absurd komik. Det som hände på scenen lät sig knappast refereras, skrev Leif Zern. Att revyn ändå höll ihop tillskrev han värmen den förmedlade, där fanns en ton och en livshållning som förenade. Kanske handlade det om samma sak som Gösta en kväll efter föreställningen med stora bokstäver präntade i en kvällstidningsreporters block, för att hon inte skulle glömma det: *Moral.* "Jag vet att jag har råd. Jag kan göra vad jag vill. Jag har bara att välja. Jag kan kosta på mig att ha moral", sa Gösta. "Men bara för att jag är privilegierad behöver jag ju inte diskvalificeras."

I inledningens historiska krönikespel framträdde han som en porträttlik Olof Palme. Imitatören Bosse Parnevik hade hjälpt honom att få till den rätta rösten, men Gösta hade själv haft tillfälle att studera originalet. En kväll hösten 1973 satt han med Hasse och Tage på Konstnärsbaren, när Olof Palme lämnade sitt sällskap och kom över till deras bord. Han hade inte tid att sitta ner, men stod ändå kvar rätt länge. De spekulerade gemensamt kring vilket valspråk den nye kungen Carl XVI Gustaf kunde tänkas välja vid sitt tillträde. "När han gick satt vi och snackade om vilket fantastiskt land vi levde i. Att statsministern står där, mitt i krogen, med de här skrattretarna, har roligt och garvar. Vilket sundhetstecken det var!"

Den revyaktör som medverkar i en succéföreställning och varje kväll, månad efter månad, ska upprepa samma repliker frestas att hitta på något nytt, för att ge sig själv och kollegerna omväxling. Hasse och Tage uppskattade inte sådana initiativ, de var noga med att alla skulle hålla sig till manus. För publiken är varje föreställning den första. "Man kan ju förbättra, men man får inte spela för ensemblen, man spelar för publiken", säger Hans Alfredson. En avdelning i varje föreställning brukade hållas öppen för improvisation, en lekstuga där diverse medlemmar i familjen Lindeman kunde förekomma. I *Svea Hund* tog Gösta mer plats, inte därför att han fick bättre material, utan därför att han med sitt kroppsspråk och sin improvisationskonst lyste upp nummer som annars tett sig rätt bleka. "Det var roligt, det hade vi inte gjort innan", säger Gösta om improvisationerna. "Det hade varit Lindeman förunnat, med all rätt! Hasse kunde ha en poäng eller två i bakfickan, annars kastade han sig ut på nattgammal is, det fick bära eller brista. Det tycker jag han är egen i världen på att göra."

Under sin professionella karriär säger sig Gösta ha utfört några handlingar som antingen tyder på dåligt omdöme eller stort mod, han lutar själv åt det senare. "En av dem är att jag gick upp med Hasse Alfredson på scen när han var populärare som komiker än man i dag kan förstå – och försökte vara rolig tillsammans med honom." Deras gemensamma nummer byggde på den gamla historien om bönderna som möts med var sin ko. Den ene utmanar den andre: "Om du äter en daggmask får du min ko." Så sker och bonden som förlorat sin ko tänker: "Jävlar, han gjorde det. Jag måste vinna tillbaka min ko!" Han äter själv en mask och återfår kon. Allt är vid det gamla och bönderna frågar sig: "Varför åt vi maskarna?"

"Så enkelt var det. Manuset hade bara några rader", säger Gösta. Bönderna ersattes emellanåt av den amerikanske utrikesministern Henry Kissinger och den egyptiske presidenten Anwar Sadat, som då var aktuella i världspolitiken. Daggmaskarna var utbytta mot grodorna vid Nilens strand, publiken hörde dem kväka nere i orkesterdiket. Där tvingades musikerna trängas med revyns övriga aktörer medan Hasse och Gösta improviserade uppe på scenen, för alla ville se vad de skulle hitta på just den här kvällen. "Hasse och jag skulle lura i varandra var sin groda. Du anar inte, det kunde bli vad som helst", säger Gösta. "Vi öppnade oss för varandra. När Hasse var lajbans fick han hålla på. Kom jag på grejer, försökte jag tränga igenom Alfredson – och det gick allt som oftast. Sen arbetar man in ett mönster, vi spelade ju ett par hundra gånger. De var olika, även om vi upprepade poänger, vi visste bara inte riktigt hur och när de skulle komma in." De satte en ära i att göra underliga saker och pröva skilda former. "En gång *rullade* jag ut från scenen, varför minns jag inte, men det var en naturlig sorti", säger Gösta. "Jag har gillat att försätta mig i ett sådant läge, det är som att få feber på beställning."

I sportaffären – även känd som *Kulpåsen* – kretsade kring det faktum att barnens enkla lekar blivit *business*; i butiken var de gamla stenkulorna undanstuvade till förmån för elfenbenskulor med tyngdpunktsgaranti och oumbärlig extrautrustning som pekfingerledsskydd i läder och kulhölster med inbyggt räkneverk. De parodiska säljargumenten hade säkert lockat till skratt också i ett konventionellt revynummer, men när Göstas tossige expedit i keps och blommig städrock konfronterades med Lena Nymans lojt tuggummituggande kund skapades absurd komik. Den som sett det glömmer det inte.

"Aldrig förr har han fått en så dominerande roll i en Svenska Ordrevy. Och han tar vara på det", hette det i en recension om Göstas insats. ”Ett par av hans nummer går spikrakt in i Sveriges Revyhistoria”, skrev en kritiker profetiskt. Aftonbladets Allan Fagerström gav sig villkorslöst: ”Och så Gösta Ekman! Jag tror att det numera räcker med att anmäla honom med bara ett utropstecken efter namnet. Han kan allt, han är den fulländade yrkesmannen.” Hyllningen i pressen var unison. ”Ja, herregud”, sa Gösta och såg nästan hjälpsökande ut när han dagen efter premiären mötte en reporter på en fiskkrog i Gamla stan. På vägen dit hade han läst Allan Fagerströms recension: ”Det var ju så man var tvungen att gå in i en port och torka tårarna.”

Gösta hade *flyt*. ”Jag var på toppen av min förmåga under den där perioden. Då plötsligt stämde allt. Jag kände en maximal glädje och säkerhet och styrka. Det gick som fan!”

Tusen kärleksfulla lögner

Liksom Gösta var Tage Danielsson en hängivna rökare, njutningsfullt brukade de jämföra goda tobaksblandningar och beskriva träets sköna ådring i pipor de köpt på resor i utlandet. ”Självklart pratade vi också om varför man *inte* ska röka. Det fanns ju faktiskt människor redan då som inte rökte, även om de inte var så många. Tage brottades som satan med det. Jag fick sprutor mot rökning i slutet på femtiotalet, för att jag ville sluta röka när jag jobbade”, säger Gösta. Som ett led i sin egen avvänjning hade Tage Danielsson skrivit boken *Mannen som slutade röka* och 1972 gjorde han film av den.

Sjuttiotalets filmarbete hade Gösta inlett med att spela granskogsfigur i Ulf Andrées surrealistiska barnberättelse *Niklas och Figuren.* Därefter gjorde han i rask följd fem filmer hos Svenska Ord. I miljösagan *Äppelkriget* var Gösta den slipade PR-konsulten Sten Wall som visar sig ha ett samvete. Precis som i Hasses och Tages tidigare filmer byggde *Äppelkriget* på ensemblespel, utan enskilt lysande stjärnor. När Svenska Ords båda direktörer därefter gjorde var sin film fick Gösta däremot lysa i båda.

I *Mannen som slutade röka* fick han huvudrollen som den nikotinberoende Dante Alighieri, som för att kunna lyfta ett stort arv tvingas fimpa för gott. Gösta föreställde sig rollfiguren som en blandning av

Mannen som slutade röka. Regissören Tage Danielsson och huvudrollsinnehavaren Gösta pratar allvar under en paus i Europafilms studio i Sundbyberg under inspelningen av Mannen som slutade röka, *1972. ”Jag tycks regissera Tage med hård hand!”*

"Tjabo", som den dåvarande kronprinsen kallades, och Harpo, den blondlockige Marx-brodern. Likt sin medeltida namne i *Den gudomliga komedin* passerar filmens Dante genom Helvetet och Skärselden innan han når – det rökfria! – Paradiset, i filmen påhejad av den sköna Beatrice i Grynet Molvigs väna gestalt.

Filmens skärseld hittade Tage Danielsson i den provensalska medeltidsstaden Les Baux, andra miljöer fann han i Paris och på Korsika i Medelhavet. "Det var ljuvligt, det var en fantastisk tid. Vi gjorde en rolig resa tillsammans", säger Gösta om vårdagarna i Sydeuropa. Han slutade röka under inspelningen, återföll senare och slutade definitivt i början av nittiotalet.

Som regissör till Svenska Ords filmer brukade Tage Danielsson tona ner sin egen insats, han sa sig bara utföra det Hans Alfredson och han redan hade bestämt. Den här gången bestämde han själv. "Tage var ju en eftertänksam typ, vilket kan vara väldigt skönt när man jobbar. Jag fick väl stå för rastlösheten och säga: 'Nej, vi kan väl ta en gång till!' Vi kompletterade varandra bra, precis som Hasse och Tage kompletterade varandra. När Hasse och jag håller på, på tu man hand, kan vi krocka på ett helt annat sätt. Tage var också en sådan fantastisk diplomat. Varken Hasse eller jag har några diplomatiska drag", säger Gösta. Rollen som Dante tog han emot som en stor present från Tage.

En definition av det som brukar få en aktör att framstå som rolig är att huvudet tänker en sak medan kroppen gör något annat. Sällan har den komiska konflikten mellan tanke och handling givits ett så drastiskt uttryck som när Dantes högerhand i desperat saknad efter rökdonen får eget liv och likt en slagruta leder både huvud och övriga kroppsdelar mot närmaste tobaksaffär.

Vid premiären i december 1972 beskrevs filmen främst som en triumf för Gösta, rent av som hans genombrott som filmkomiker. "Han träffar alltid det humoristiska uttrycket med enorm säkerhet. Både i plastiken och repliken", skrev Dagens Nyheters recensent. Gösta fick en Guldbagge som årets bästa manliga skådespelare.

Han fick också den bärande rollen som Sonen i *Ägget är löst!*, den första film Hans Alfredson skrev och regisserade på egen hand. Manuskriptet var spännande att läsa. "Hasse är en man till brädden fylld av visioner. Han älskar att hitta på!" säger Gösta. "Vi hade hållit på i över tio år tillsammans. Vi var redan under huden på varandra. Vi improviserade en hel del och gav oss ut i både mentala och fysiska landskap där man inte brukar befinna sig."

Filmen är en melodram, med grovt tillyxade figurer i en lindrigt sagt dysfunktionell familj. Fadern är en företagare som hänsynslöst missbrukar naturens resurser, fabriksarbetarna och sina närmaste. Modern har i sin strävan att vara mannen till lags utplånat sin personlighet och blivit stum. Sonen pendlar mellan fruktan och förakt för fadern. Till familjen kommer Luffaren, vars självvalda utanförskap erbjuder en alternativ livsstil. Någon *rolig* film är det inte, humorn är svart.

Birgitta Andersson hade rollen som Modern och minns inspelningen med blandade känslor: "Jag skulle strippa för Max von Sydow, som var min man. Jag var gråtfärdig, för jag hade ingen aning om hur jag skulle göra. Men då kom Gösta och visade mig!" Gösta minns inte situationen, men anar att han som god vän sedan nära tjugo år kunde gjuta mod i Birgitta Andersson: "Jag pratade nog med henne om hur hon skulle strunta i sig själv och koncentrera sig på att det inte är *hon* som gör det, utan rollfiguren."

Ägget är löst! utspelas under olika årstider och filmades under en lång period, från högsommaren till vintern 1974. Med bas i Svenska Ords filmgård vid Tomelilla användes flera inspelningsplatser i Skåne, med utflykter till Köpenhamn och Jämtland. En av miljöerna var det skånska slottet Sövdeborg. Där hade Göstas farfar redan 1918 spelat in en film. Det väckte minnen hos den gamla friherinnan när hon femtiosex år senare hälsade Gösta välkommen: "Nej, men så roligt att herr Ekman är tillbaka!"

Det drygt femton minuter långa mittpartiet har gjort *Ägget är löst!* minnesvärd. Sonen misslyckas med att ta livet av fadern och lägra modern och dumpas i en isolerad skogstjärn. Snärjd av vattenväxter och med näsan nätt och jämnt över vattenytan klarar han hösten och vintern genom att underordna sig naturens lagar. Likt ett foster tillbringar han nio månader i vatten, fram till islossningens återfödelse. Sekvensen från tjärnen skildras med en sällsam poetisk lyster och liknar inget annat i svensk film.

"Jag låg väl i vatten sammanlagt tre veckor, i vattendrag och bassänger", säger Gösta om den föga glamorösa inspelningen. "Lite fuktskador fick han väl", säger Hans Alfredson skadeglatt. Filmens scripta Mona Haskel minns Göstas insats som heroisk: "Jag hörde inte en enda gång att han gnällde. En del gjordes i bassäng, men rätt mycket i Gyllebosjön. Det var inte trevligt i bassängen heller!" Att halvnaken krypa genom ett kärr intill filmgården tillhörde också Göstas umbäranden, inte för intet har han kallat sig själv *strapatsartist*:

> Jag har fått utstå mycket som Hasse och Tage har hittat på. Även jag har varit med om att hitta på saker, men när de väl skulle genomföras har jag undrat varför i helvete jag hittat på dem. Jag har inte varit rädd för att utsätta mig. Det har varit väldigt spännande och kul. Jag har ansträngt mig för att få saker att minnas!

Hans Alfredson ville ha med Gösta i sina egna filmer och teveproduktioner, om så bara i småroller. Gösta hade redan spelat fondmäklaren Petrus Anker i tevefilmatiseringen av Birger Sjöbergs *Kvartetten som sprängdes* – "Det minns jag som en *bra* roll, liten men naggande god" – senare skulle han spela den hjärtlöse chauffören i *Den enfaldige mördaren*, skymta vid entrén till en pizzeria i *P&B* och framträda som skäggig och striphårig värdshusgäst i *Vargens tid*, den sista film Hans Alfredson regisserade.

ÄGGET ÄR LÖST! hade vårpremiär 1975. Samtidigt inledde Gösta ytterligare ett filmsamarbete med Tage Danielsson; fängelsefarsen *Släpp fångarne loss – det är vår!*. "Tage och jag talade mycket om idén. Jag var medregissör, därför att Tage själv var så mycket i bild. 'Vi kan väl göra den här filmen tillsammans, så att jag inte gör för dumma miner.' Det var hans sätt att säga: 'Regissera!'" Filmidén hade Tage fått un-

Sammanlagt tre veckor tillbringade Gösta i vatten för rollen i Hans Alfredsons Ägget är löst. *"Det är en av de erfarenheter jag aldrig hade gjort om jag inte blivit filmskådespelare. Då var jag så inriktad på jobbet, nu kan jag uppskatta de udda situationerna desto mer."*

der arbetet med skolteveserien *Klotet*. Ämnena brott och straff, fångar och fängelser, makt och maktlöshet visade sig vara alldeles för omfattande för ett tjugo minuters teveprogram, de krävde långfilmsformat.

Ett program i *Klotet* hade haft temat ”Vem bestämmer och varför?” Där spelade Gösta trädgårdsmästare Hibiskus Rönnblom, van att styra i sitt växthus, men villrådig när han händelsevis hamnar inför en skolklass. Tage Danielsson hade möjligen den obeslutsamme Hibiskus i bakhuvudet när han skrev filmrollen som fängelsedirektören Frans direkt för Gösta. Frans är besatt av att bestämma, han vet bara inte vad. Makten tycks finnas för hans egen skull. Som typ är han alltför lätt att känna igen; en man som avancerat till chef därför att han är lojal och plikttrogen, inte därför att han besitter några som helst ledaregenskaper. Han är skrämmande och skrattretande, Gösta kallar honom en *fars-ist*: ”Jag är förtjust i Frans. Han är lite gripande.”

Gösta har inget minne av att han behövde gräva ner sig i rollfiguren: ”När jag läste manuset tänkte jag på en skrattretande, misslyckad maktmänniska. Det fanns där. Att han skulle ha Mandrake som idol var det enda jag visste.” Gösta ville förändra sitt utseende till rollen. Första tanken var att tejpa upp näsan, så som han nyligen sett en kollega göra på teatern. Då kom Hans Alfredson, som skulle spela enfaldig fångvaktare, och deklarerade triumferande: ”Jag tänker tejpa upp min näsa!”

Snuvad på sin näsidé kom Gösta i stället att tänka på de lösa framtänder han nära tio år tidigare tänkt bära i en teve-teaterföreställning, men som inte kom till användning den gången. Han skulle göra Damis i *Tartuffe* och Gunn Wållgren spelade hans mor. ”Då provade jag löständerna och hon höll på att skratta ihjäl sig. Hon skrattade så mycket att hon sa: ’Du får *aldrig* använda de tänderna!’ När jag tagit ut dem skrattade hon i ytterligare två veckor, när hon tänkte på hur jag hade sett ut.”

Nu kom lösgaddarna som Gunn Wållgren ratat till heders. Tage Danielsson gillade dem. ”Jag tror att garnityret hade fyra framtänder och det gjorde att jag fick en särskild känsla, som jag tyckte förlöjligade den här maktpersonen som sa: ’Nu ska jag bestämma, jag vet precis vad jag ska bestämma, nu har jag bestämt mig!’ Det finns i hans sätt att

Gösta som fängelsedirektören i Tage Danielssons Släpp fångarne loss – det är vår! *Seriefiguren Mandrake inspirerade till den svartblänkande frisyren. "Det är en bra figur. Han slutade nog som sakkunnig i regeringskansliet, skulle jag tro."*

uttrycka sig en lycka över att vara den som bestämmer. Jag ville göra honom skrattretande redan vid första åsynen." Fängelsedirektören fullbordades med brillor, feta hårtestar och jackett, men tänderna var den dyrk Gösta forcerade hans personlighet med. De gav honom ett fånigt leende, men bidrog också till hans sätt att tala och föra sig. Att Gösta beskrivs som en fysisk skådespelare betyder inte att åtbörderna nödvändigtvis är stora. Ofta avslöjas hans rollfigurer i minspelet. Fängelsedirektörens beslutsvånda utspelas i vänster mungipa.

"Vad Ekman här ställer till med kommer att räknas till de komiska glansnumren i filmhistorien; en hämmad karlstackare med glasögon och för stora gaddar som ideligen kommer utfarande ur sitt direktörsrum som en hackspett ur ett gökur för att bestämma och stå i", skrev

Dagens Nyheters recensent Hanserik Hjertén efter premiären i december 1975.

Också Margaretha Krook hade svårt att behålla allvaret inför Göstas tandrika smil, det märks i scenen där hon döljer ett fniss bakom sitt vida hattbrätte. Fängelsedirektören Frans brinner av kärlek till hennes rollfigur Flora, i sin maktberusning märker han inte att känslorna är obesvarade. ”Man hade kunnat göra honom mer nedsättande, för att kritisera honom, men Tage har skrivit något rörande. Han är lättlurad och då blir han för oss per automatik lite rörande: Så dumma skulle ju *vi* inte vara!” säger Gösta.

Åratal senare mötte han en journalist som bekände att hon kunde vakna mitt i natten och skratta åt den där fängelsedirektören. Då tittade Gösta på henne, såg lite glad ut och sa ganska vänligt: ”Det är bra.”

UNDER TVÅ HUNDRA föreställningar av revyn *Svea Hund* hade Hasse och Tage och Gösta gott om tid att tala om nästa filmprojekt. Det skulle bli deras sista gemensamma och avsätta ett av svensk films genuint originella verk: *Picassos äventyr.* Filmen föregicks av många livliga möten där uppslagen bubblade vilt. Hasse spånade från djupet av en bekväm fåtölj, Tage fångade upp användbara infall vid skrivmaskinen medan Gösta klättrade på väggarna: ”Själv har jag svårt att sitta still. Är mer tättinglik. Särskilt om jag får en idé. Då måste jag visa med hela kroppen vad jag menar. Och då roterar jag runt i rummet”, har han förklarat.

Tanken på att fritt återge en känd persons liv kom upp, både Jesus och Mozart nämndes – vid samma tid satt Monty Pythons medlemmar och filade på sin Jesusfilm *Life of Brian* och premiären på Peter Shaffers skådespel *Amadeus* skulle dröja ännu några år. Till slut utsågs konstnären Pablo Picasso till filmens huvudperson. ”Vi fastnade för ett uttryck som Picasso hade präglat: ’Konsten är en lögn som visar verkligheten’. Det är ingen ’sann’ skildring av Picassos liv, men den är sann på ett inre sätt. Ibland är den sannare än man tror”, säger Hans Alfredson och ger ett exempel: I filmen kommer poeten Guillaume Apollinaire till en maskerad, utklädd till kaffekanna. I efterhand visade det sig att Picasso faktiskt hade karikerat vännen Apollinaire på liknande sätt. ”Det var visserligen en tekanna, för Apollinaire var rundare, men det är ändå lustigt.”

Picassos äventyr kom att rymma åtskilliga korn av sanning, men bärs upp av – som det heter i filmens undertitel – ”tusen kärleksfulla lögner”. Gösta bidrog med åtskilliga av dem och han nämns som idégivare i förtexterna. Att manuskriptet som vanligt skrevs av Hasse och Tage hade praktiska orsaker. ”Jag har varit med i många sammanhang, men aldrig att man kunnat vara tre eller fyra som har skrivit. Man kan vara två”, säger Hans Alfredson, som gärna sett att många bidragit med uppslag. ”Man kan få igång kvarnen genom att kasta upp idéer, men ska man få dem utformade är det svårt att vara tre. Det blir lätt en konkurrenssituation. Man ska snabbt kunna säga ifrån när det inte är kul eller blir för privat.”

Den färdiga filmen bågnar av infall och visuell berättarlust. Oavsett om miljön är Madrid, Paris, London, New York eller Franska Rivieran

Hans Alfredson som den närige fadern Don José målar upp unge Pablos lysande framtid. Gösta vandrar genom Picassos äventyr *som den ständigt storögde konstnären. ”Filmen är märklig till form och idé. Den är väldigt egen.”*

står torget i Tomelilla för lokalfärgen, med hjälp av allkonstnären Per Åhlins sinnrika glasprojektioner. Picassos ateljé byggdes upp i ladan vid Svenska Ords filmgård och i kohagen utanför reste sig Eiffeltornets topp. Strax intill låg Göstas egen Skånegård med två tunnland mark.

Både Hans Alfredson och Gösta ser tillbaka på *Picassos äventyr* med berättigad tillfredsställelse. ”Ja, jag tycker faktiskt det är en originell film”, säger Hans Alfredson. ”Den är märklig i sin form och idé. Där slog vi oss samman så det slog gnistor”, säger Gösta.

Han är porträttlik i huvudrollen som Picasso, från ungdomsåren till ålderdomen. Sin samtid och dess personligheter inom konst och politik betraktar filmens Picasso med storögd förvåning. Han är berättelsens stillsamma nav, medan Hans Alfredson som den skendöde pappan Don José ständigt är på språng och Sven Lindberg som doktor Albert Schweitzer är helt utflippad. Idén till slapstickscenen i Schweitzers mottagning fick Gösta från trubaduren Finn Zetterholm, som berättat om ett egenartat läkarbesök. ”Han förstod genast att läkaren mådde sämre än han. Det ledde till att jag broderade vidare. Det är så det funkar ibland. Jag ringde Finn när vi gjorde ’Picasso’ och bad om lov att använda hans sjuka doktor”, säger Gösta.

Att filmens Picasso är ett förundrat tidsvittne betydde inte att Gösta hade en lindrig inspelning. Han skulle hänga från en trädgren, dinglande i sina hängslen. För att skapa illusionen av att Picasso går genom en vägg sänktes Gösta hel och hållen i ett kar fyllt med filmjölk och sågspån. Karet stod i en utkyld lada och den huttrande Gösta andades stötvis: ”Så kan man inte göra när man är omgiven av filmjölk!”

Till sin egen framgång tycks filmens Picasso förhålla sig lika distanserad som till allt annat som händer omkring honom: förbudstid och världskrig, nazism och dadaism, kommunism och kommersialism. Regissören Tage Danielsson beskrev honom som en företrädare för hela nittonhundratalet, en syntes av seklet: ”Picasso är ett drastiskt exempel på hur barockt det är att vara konstnär. Hur omöjligt det är att klara av det utan att komma in i kommersialismen. Hur konsten utnyttjas kan inte konstnären styra.”

Med bortåt fyra hundra medverkande och en budget på nära sju miljoner kronor var detta en för tiden stor och dyr svensk filmproduktion. Recensenterna tog emot *Picassos äventyr* med många reservationer, men ett år efter premiären hade den setts av långt över en miljon biobesökare, spelat in mer än 22 miljoner kronor och blivit den mest inkomstbringande svenska filmen säsongen 1978/79.

När Picasso till slut blivit rik på måleriet och kan vila på sina lagrar har filmens berättarröst fräckheten att ansätta honom med insinuanta frågor och antydningar: "Du lever ju som en kapitalist!", "Du tror på jämlikhet, men tror du verkligen att alla kan få det som du?", "Gör du något för att förändra världen?" Det var frågor filmskaparna nu hade skäl att ställa till sig själva. "Man kan inte leva socialistiskt i en kapitalistisk värld. Då blir man en isolerad ö. Man får göra så gott man kan, i punkt för punkt. Livet handlar alltid om moral", sa Gösta på sjuttiotalet. Hans vän Håkan Serner sammanfattade problemet: "När man äntligen börjar tjäna pengar, så har det blivit omodernt."

Efter Karl Gerhards död ärvde Fatima pengar. "Det var problematiskt. Vi pratade mycket om vad vi skulle ge till andra, till FNL-rörelsen, till politiska organisationer, och vad vi skulle behålla för egen del. Visst upplevde jag det som kluvet", säger Gösta. När han däremot drog in pengar genom eget arbete, därför att många var beredda att betala för att se honom, tyckte han sig ha rätt till en del av vinsten. En dag under inspelningen av *Mannen som slutade röka* åkte Gösta taxi genom Paris med regissören Tage Danielsson och producenten Olle Hellbom. Då fick han klart för sig att försäkringen för honom som filmens huvudrollsinnehavare kostade produktionsbolaget Svensk Filmindustri mer än det gage han fick. "Då tänkte jag att det fanns en disproportion. Det satte igång något."

Självklart har jag tyckt om att tjäna pengar, det gjorde jag gärna. Senare var jag också medproducent för filmer. Om jag var med som upphovsman i en produkt som såldes väldigt bra, så skulle också jag tjäna på den, inte bara producenterna. När jag bröt igenom och blev publikdragande ville jag ha min beskärda del. Då höjde filmindustrin på ögonbrynen och sa "Jo, jag tackar jag! Nu ska han förse sig." Själv var jag blek som ett lakan, jobbade som ett djur och hade begynnande eller avtagande magsår. Jag träffade ofta solbrända producenter, de såg jävligt välmående ut och reste hit och dit och kunde berätta hur väl mina filmer tagits emot. Jag tänkte: "Vad de verkar må bra, medan jag sliter. Hur får de ihop till det?"

Å ena sidan ville Gösta ha betalt, när han bevisligen drog folk till biograferna och teatrarna. Å andra sidan gick han i demonstrationer och pratade om jämlikhet och rättvisa. Han sa sig vara både socialist och kapitalist, och fick det inte att gå ihop. Göstas dröm var att leva i ett samhälle och under omständigheter där han inte behövde ha dåligt samvete för sin framgång. "I dag är det inga problem. Vi har fem barn och fem barnbarn. Jag har drygt 13 000 i pension. Vi har det bra, men jag skäms inte." Hellre än att dåliga samveten ska avbördas genom privata initiativ önskar han ett skattesystem som skapar rättvis fördelning.

Gösta har aldrig behövt känna sig som den marknadskrafternas marionett filmens Picasso liknar när han hjälplöst dinglar i sina hängslen. Gösta har ryckt i sina egna snören: "Jag har inte känt mig *utnyttjad*. Jag inbillar mig att jag gjort egna val som jag får stå för." Reklam tillhör det han valt bort: "Varför ska jag ha de extrapengarna när jag redan tjänar bra på det jag gör?" Inte heller har han tagit emot de dyra klockor han erbjudits, mot att de skulle synas i hans filmer. Att ett bryggeri betalade för att få ha sina ölburkar i Jönssonliganfilmer fick han veta först i efterhand.

Nåja, *ett* reklamfilmsjobb har Gösta gjort. När en vän i branschen gav honom erbjudandet sa han först blankt nej, vid övertalningsförsöken kontrade Gösta med krav som han trodde skulle vara oacceptabla: ovanligt bra betalt, Beppe Wolgers som partner, ingen regissör som la sig i, kyckling och champagne i studion, ett piano till hands. Gösta utgick från att hans vän reklamfilmsproducenten till slut skulle säga: "Nu får du ge dig, vi tar någon annan!", men alla önskemål uppfylldes. Alltså kunde biograferna år 1968 visa en serie korta och mycket roliga filmer där Gösta och Beppe Wolgers gör reklam för Expressen. "Beppe och jag visste inte vad vi skulle göra, men vi hade en mycket rolig eftermiddag, käkade välgrillad kyckling och drack champagne och fick idéer allt eftersom", säger Gösta om inspelningen. I en av filmerna sitter de länge och tisslar och tasslar innan de unisont och till synes motvilligt säger det pinsamma ordet: ”Expressen!” Efteråt ser båda väldigt generade ut. I andra varianter frågar den ene den andre: ”Kan du tänka dig att göra reklam för Expressen?” Motfrågan: ”Ge mig *en* enda anledning till varför *jag* skulle göra reklam för Expressen?” gör den andre svarslös. Det blir tyst i en halv minut. Sen är det slut.

De svartvita och konstlöst inspelade filmerna var exempel på tidens smarta ”anti-reklam”, som tycktes ta avstånd från produkterna i stället för att lyfta fram dem på ett insmickrande sätt. Gösta minns att Expressen-filmerna blev omtalade: ”De rönte väldig uppskattning och fick priser både här och där.”

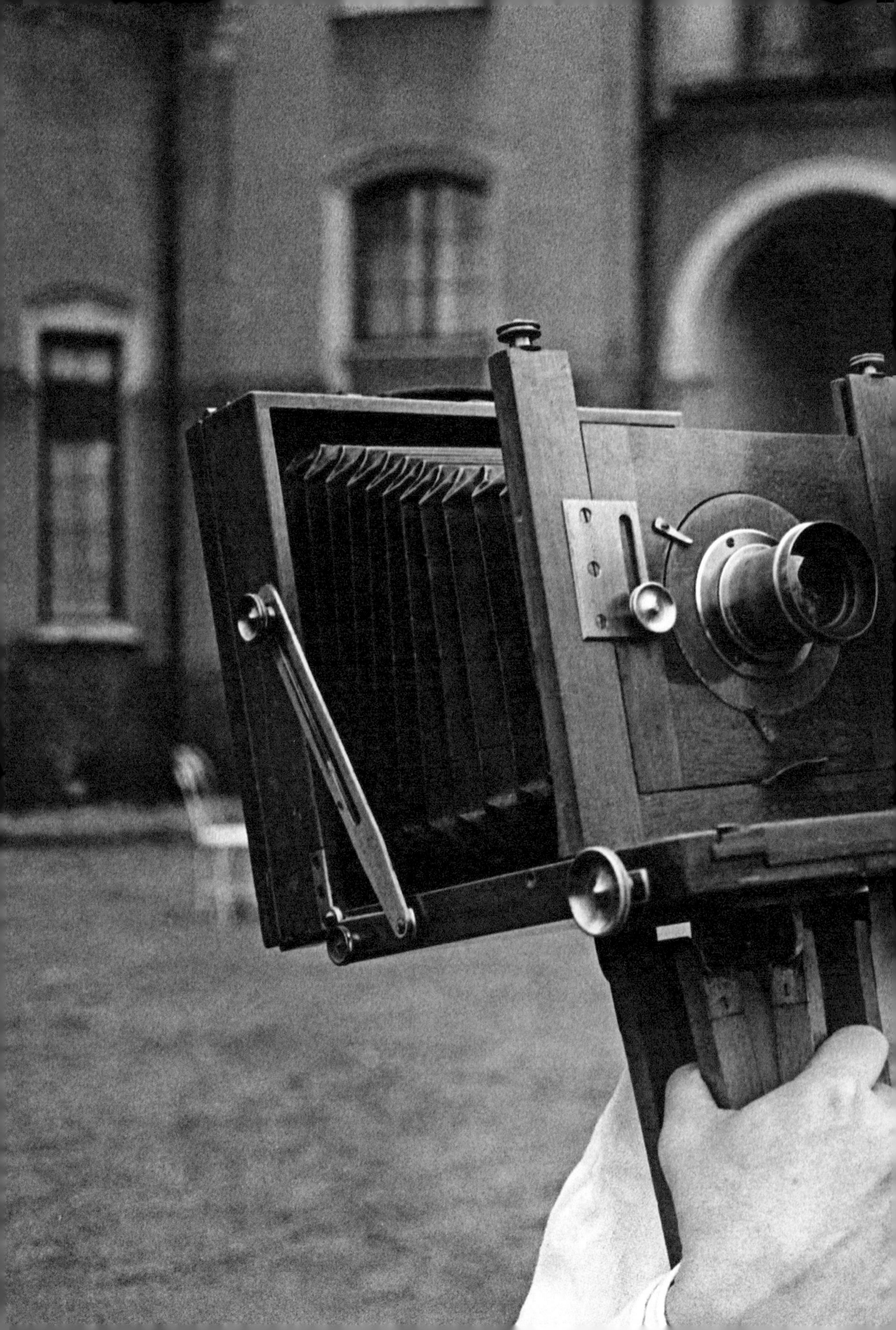

Strindbergs vänstra stortå

Medan han om kvällarna var Centerextremist, tangokavaljer och bakfull burksamlare i *Glaset i örat* repeterade Gösta titelrollen i August Strindbergs *Gustav III*, för tevesändning våren 1974. Visst var dubbelarbetet splittrande. ”Men jag anser att jag i likhet med de flesta andra *är* splittrad”, sa Gösta. ”Så länge jag har varit i yrket har jag medvetet arbetat med motsatser.”

Han sa sig inte vara rädd för att hans komiska sida uppmärksammades på de dramatiska rollernas bekostnad. ”Jag har ingenting emot att för folk i allmänhet vara nån som är rolig, som dom skrattar åt. De allvarliga pjäser jag spelat i har förresten setts av en stor publik, det har varit utsålda föreställningar. Så om du tror jag känner mig missförstådd och bitter gissar du alldeles fel ...”, sa han till en reporter.

Tio år tidigare hade han haft sitt första samarbete med regissören Johan Bergenstråhle, *Gustav III* skulle bli det sista. Händelsevis, eftersom Gösta från början inte var påtänkt för rollen: ”Johan ville först ha Allan Edwall och sedan Thommy Berggren. Ingen av dem kunde. Efter det ringde Johan mig.” Gösta tvekade inför uppgiften: ”Jag har aldrig attraherats av att göra klassiska figurer på teatern, därför att alla har så förutfattade meningar om vad jag ska göra eller inte göra. Det har varit roligare att väcka frågor: ’Vad är det nu? Vad ska det här bli?’ Men

Vid Lejondals herrgård i Upplands-Bro spelade Gösta hösten 1975 rollen som August Strindberg på pensionat i 1880-talets Tyskland. Kjell Gredes tevedrama En dåres försvarstal *blev varmt mottaget av publik och kritik, men har därefter blivit orättvist bortglömt.*

nu var det för det första Johan som regisserade, för det andra pratade vi om hur vi skulle göra den."

Arbetet inleddes med att Gösta och Johan Bergenstråhle hade högläsning för varandra av hela pjäsen med alla rollerna, de läste också historisk litteratur om Gustav III och hans tid. "Vi har arbetat väldigt öppet och exceptionellt bra tillsammans med den här föreställningen, snackat mycket om analysen", sa Gösta. Inför premiärsändningen talade han inte om Gustav III som "sin", utan som en figur som tillhörde hela det gäng som arbetat fram föreställningen.

Det tar en halvtimma innan kungen gör entré, därefter är det kring honom allt rör sig. Han är fåfäng, intrigant och maktlysten, men väcker också ömhet. Med vitsminkat ansikte och röd mun liknar han en clown, men Gösta aktade sig för att göra Gustav III löjlig: "Just därför att det han företräder, enväldet, är livsfarligt. Makt korrumperar och mycket makt korrumperar mycket. Det är otäckt och det är sant. Jag

"I sin nervositet, sin rädsla intill gränsen för feminin hysteri, är Gösta Ekman superb", skrev Allan Fagerström i Aftonbladet om rollen som den alltmer isolerade kungen i August Strindbergs Gustav III. *Johan Bergenstråhles teveuppsättning sändes våren 1974, med inspelning hösten innan. "Samtidigt jobbade jag på Berns med* Glaset i örat, *Norrmalmstorgsdramat pågick, det var valrörelse och gamle kungen dog. Det var en händelserik tid."*

har försökt visa att en människa – hur begåvad hon än är, vilka resurser hon än besitter – förstörs av att befinna sig i en sån maktposition utan kontakt med den utanförliggande verkligheten.”

Envåldshärskaren Gustav III utövade sin makt klädd i babyblå sidendräkt med krås, bar spetsvantar och pudrad peruk. Senare tiders publik skulle väl kalla honom *queer*, men i mitten av sjuttiotalet framstod kungen knappast som en avvikare. Populärmusiken var vid den tiden fylld av glamrockande män med smink och konstfulla frisyrer. Bara två kvällar innan *Gustav III* sändes i svensk teve vann Abba schlagerfinalen i Brighton, lika kråsiga, högklackade och pråliga som någonsin Göstas fjollige despot.

Tidningarnas recensenter hade invändningar mot helheten, men uppskattade Göstas insats. ”En av de mest övertygande rolltolkningar jag sett denne mångsidige skådespelare göra”, skrev Leif Zern i Dagens Nyheter: ”Det är ett mycket personligt porträtt, och det är omöjligt att inte grips av sympati för denne pojkkung.” Gösta utgår från att han har mycket gemensamt också med denna rollfigur:

> Eftersom Gustav III var en konstnärlig person med taskig uppväxt var det intressant att ge sig in i den splittrade figuren. Han hade inte mycket till föräldrar, utom bitvis en dominant mamma. Rent mänskligt var det en intressant figur. Han är skådespelare, dyrkade teater, det delar jag med kungen. Jag har väl också ett behov av att bestämma, att styra och ställa, att det ska gå efter mina beräkningar.

Gustav III var Göstas andra Strindbergsprojekt under sjuttiotalet, det skulle bli ytterligare ett. Året innan hade han spelat Maurice i *Brott och brott* på Stockholms stadsteater. Året därpå gestaltade Gösta självaste August, när han gjorde den stora rollen som Axel, Strindbergs utlämnande självporträtt i romanen *En dåres försvarstal.* ”Jag var vid det laget en frånskild, mogen, ensamstående man och tänkte: ’Nu jävlar ska jag göra något som jag inte har gjort förut.’ Så jag jobbade mycket. Och jag la mig i!” säger Gösta.

Kjell Grede skrev ett självständigt manus efter Strindbergs bok och brevväxling, som han regisserade som tevefilm i fyra längre avsnitt.

Hans före detta fru Bibi Andersson spelade romanens Maria, verklighetens Siri von Essen, Strindbergs första hustru. Gösta hade träffat Bibi Andersson redan vid inspelningen av *Smultronstället* sommaren 1957, och därefter under sin tid som Ingmar Bergmans assistent, då hon tillhörde ensemblen på Malmö stadsteater. Kjell Grede hade han träffat som Bibi Anderssons man. Det var första gången han arbetade med någon av dem.

Serien *En dåres försvarstal* producerades av Ingmar Bergmans bolag Cinematograph, med Katinka Faragó som produktionsledare. Bergman hade läst manus, varit med och fastställt budgeten och haft synpunkter på valet av huvudrollsinnehavare. Att Gösta skulle spela Axel motsatte han sig. "Ingmar var emot hela tiden. Ingmar ansåg att Gösta var felbesatt", säger Katinka Faragó.

För Kjell Grede var det däremot självklart att erbjuda Gösta rollen: "Jag har alltid haft en förkärlek för män som har komisk talang. Det finns ett underskattat komiskt drag hos Strindberg, som han ibland blottade och ibland lyckades gömma i sitt gravallvar. Han hade en distans till livet – och till sig själv. Gösta hade just den blandningen."

Några recensenter skulle invända att Strindberg inte var så *vek*. "Vad vet de? *En dåres försvarstal* är ju ett verk *i sig*, dessutom bearbetat för teve", säger Gösta. Det var inte heller den litteraturhistoriske Strindberg som i första hand intresserade Kjell Grede: "Det finns klichébilder av Strindberg, han har blivit en 'figur'. Huvudpersonens karaktärsdrag ligger inte bara hos Gösta, utan lika mycket i mitt manus – jag gjorde en fri tolkning. Strindberg är ingen karlakarl i *En dåres försvarstal*. Han hade drag som jag har lätt att se hos Gösta." Avsikten var inte att skapa ett porträtt av en genial författare. "Jag har tagit fasta på den bit av Strindberg som liknar mig själv och de män jag känner", sa Kjell Grede inför premiärsändningen. Romanens Axel längtar efter en fri kvinna och han längtar efter en mor. Strindberg blottlägger barnet i mannen: "Ja, han är en barnman. Som alla män. Dom som inte erkänner det är värst!", sa Kjell Grede.

Gösta fann det barnsliga i Axel, det som finns hos alla människor, fast de flesta döljer det väl: "Det är ju därför man tycker om barn – för att dom inte döljer sig, inte har lärt sig att spela generösa och kloka och diplomatiska, inte har lärt sig att 'tala är silver, tiga är guld' och allt det där", sa han.

Gösta tyckte mycket om Kjell Gredes manuskript, Strindbergs dramatik hade han redan lärt sig att uppskatta på teatern: "När man jobbar med texter av honom är det väldigt lätt att lära utantill, därför att det finns naturliga associationer och undertexter som gör att det går av bara farten. Har man kommit på, eller tror sig ha kommit på, vad det handlar om, så kommer det bara. Det tycker jag är kriteriet på en bra dramatiker. Strindberg har en fantastisk *force* i det han har skrivit." På sina promenader genom Stockholm passerade Gösta ofta Strindbergs sista bostad Blå Tornet på Drottninggatan. Vid Eldhs staty av författaren i Tegnérlunden brukade han dröja: "Då tar jag alltid på Strindbergs vänstra stortå. Och jag har repeterat in flera roller i Tegnérlunden, inte bara Strindbergsroller. Det känns tryggt att ha Strindberg intill sig."

När repetitionerna inleddes tidigt på hösten 1975 hade Gösta slagit i sig manusets 220 sidor, alla den stora rollens repliker och långa monologer kunde han utantill. "Gösta och jag har väldigt olika arbetssätt", konstaterade Bibi Andersson. "När vi repeterade spelade han ut i varje scen, ända från början. Jag satt bara i stolen och läste. Jag får det inte ur mig förrän dom säger: kamera! Men jag hade en väldig glädje av att han bjöd på allting från början."

I en månad stängde Gösta och Bibi Andersson in sig i en lånad våning på Östermalm i Stockholm och "knådade varandra", Gösta minns det som en lycklig tid: "Vi jobbade med texten och hade tillgång till några rum, så vi kunde lägga upp scenerier och förslag: sitta, stå, promenera ... Vi la upp väldigt mycket sceneriförslag. Sen kom Kjell upp och undrade hur det gick. Vi berättade och han antecknade. Bibi och jag jobbade jävligt bra ihop, inte minst på tu man hand uppe i den där våningen."

En dåres försvarstal skulle göras i fyra nästan timslånga avsnitt, i längd motsvarade det drygt två långfilmer. För att spara pengar ville Ingmar Bergman att inspelningstiden skulle begränsas till 45 dagar, men gick med på ytterligare tio arbetsdagar – den tid det brukade ta att spela in *en* långfilm. Det dagliga arbetet la sig Bergman sedan inte i, han satt mest på Fårö.

Produktionsledaren Katinka Faragó och regissören Kjell Grede minns båda hur laddad Gösta kom till inspelningen. ”Gösta var ju rädd, men fantastisk. Det var så ovant för honom. Det är en jätteroll!” säger Katinka Faragó. Kjell Grede häpnade över att Gösta höll hov i sminklogen och levererade ett fyrverkeri av lustigheter inför en hörbart uppskattande publik. Kjell Grede blev orolig för att Gösta skulle bränna sitt krut redan före första dagens första tagning, han tolkade morgonföreställningen som ett utslag av nervositet, som tog energi.

Kjell Grede har beskrivit inspelningen som ett mirakulöst tillstånd av frihet och lätthet: ”Både Bibi, Gösta och jag var helt fria från familjeliv under inspelningstiden. Vi levde som idrottsmän, skötte oss, gick och la oss klockan sju. Inspelningen gjordes under en oerhörd koncentration.” Gösta minns det som en på många sätt harmonisk tid, där alla tyckte om såväl materialet som varandra. Det hindrade inte att det ibland kunde bli tuppfäktning mellan honom och Kjell Grede. Orsaken var att Grede med kort varsel ändrade i det manus Gösta pluggat in. Åtminstone en gång sa Gösta ”Tack för i dag!” och lämnade filmateljén i ilska.

Det mesta spelades in i studio i Stockholm, några scener togs i Södra teatern, herrgården Lejondal i Upplands-Bro fick föreställa det pensionat i Sydtyskland där historien avslutas. Där togs också inledningsscenerna, när författaren Axel med bandage om huvudet ser oss i ögonen och förklarar vad vi snart ska få se: ”Det här är en förfärlig historia. Men jag är inte feg! Jag har kämpat mot fienden i hemmet. I sängen! Skulle jag då inte våga berätta den här historien till slut?”

”Denna personligheternas kamp som är kärlekens fortsättning”, säger Axel om äktenskapet. ”Strindberg var mer begåvad som författare än som äkta man, där var han inte så genialisk”, sa Gösta: ”Strindberg kastade sig in i äktenskapet med ett nästan vetenskapligt intresse. Och samtidigt var han naiv som ett barn, med ett enormt rättvisekrav. Han kände ett starkt socialt ansvar. Han ville vara mannen som fixade allt!” I sin roll är Gösta ömklig och fåfäng, hans ansikte är öppet och skyddslöst, i den bekymrade rynkan mellan ögonbrynen finns hela Axels vånda, ett leende speglar hans flyktiga lycka. Kjell Grede sa till Gösta: ”Det finns ett leende hos Strindberg. En enda gång kommer jag att säga det till dig.” Därefter pratade de inte mer om saken, det behövdes inte, leendet kom när det krävdes. I Veckojournalen summerade Marianne Zetterström rolltolkningen: "Hans ansikte skiftar som ett bäckvatten i sol och skugga, han är så ung och sårbar och samtidigt ser han ut som om han just skulle till att säga någonting lustigt."

Axels – och Strindbergs – övertygelse att allt kan försvaras i kärlekens namn och att priset för kärlek aldrig kan bli för högt, kunde Gösta inte dela. I övrigt förde han gärna sin rollfigurs talan: "Jag framställer mig själv i allt jag gör, antingen det gäller Strindberg eller mannen som inte kan välja mellan Aftonbladet och Expressen. Jag försvarar den jag framställer – mig själv – samtidigt som jag pekar på brister som jag själv har." Tevefilmen *En dåres försvarstal* handlade inte bara om August Strindberg och Siri von Essen, menade han: "Den handlar också om Kjell Grede. Och om Bibi Andersson. Och om mej. Vi är tre människor som alla har upplevt att vara gifta och att skiljas. *En dåres försvarstal* är också summan av våra erfarenheter." Att göra inspelningen under deras gemensamma äktenskap hade varit svårt, det var Kjell Grede och Bibi Andersson överens om. "Kjells manus refererar till saker som hade kunnat vara såriga och svåra om vi fortfarande hade varit gifta", sa Bibi Andersson. Kjell Grede förundrades över Göstas och Bibis förmåga att lämna ut sig själva: "Jag tycker de är rent märkvärdiga båda två. Jag är alldeles glad för det."

Axel och Maria framstod som människor av kött och blod, grymma och grälsjuka, kärleksfulla och kåta. Kjell Grede försvarade de realistiska kärleksscenerna som absolut nödvändiga i sammanhanget: "Det får inte torka ihop när två människor pratar, ibland behöver man känna att det också är två kroppar som möts." Den nakna kroppsligheten fanns där, i synnerhet Bibi Anderssons. Gösta var smickrad över att vara manlig huvudperson i en film om kärlek och tyckte om att för en gångs skull få framställa erotik mellan vuxna upplysta människor – han hade fyllt 36, Bibi Andersson var några år äldre. Samlagsscenerna i sig lockade honom däremot inte alls, de skapade mest vånda:

> Jag tror inte det finns någon skådespelare som *gillar* kärleksscener i dess olika former. Olycka och tragedi och disharmoni är tacksamt att få utlopp för, där har man alltid mycket lagrat. Man blir så jävla glad

när man äntligen får en roll där man får döda mamma eller pappa eller till och med frun eller strypa något älskat litet barn. Men att bara spela lycklig, sitta hemma och vara glad, klä av sig och gå till sängs med den man älskar och så: extas! Dels är det svårt att få fram det utan naturliga förutsättningar, man hämmas när man är iakttagen. Dels är det heligt område. Det är på gränsen till att jag gör något fult, om jag ska *låtsas* det här. Jag har ett sådant kompakt motstånd mot att fejka – jag kan inte ens le utan att ha ett motiv för det. Jag kan inte fejka harmoni och lycka. Knappt ens kåthet.

I *En dåres försvarstal* fick Gösta nära nog migränanfall när han skulle ha samlag med Bibi Andersson. ”Jag minns hur pinsamt svårt jag tyckte det var, för jag hade så jävla ont i huvudet! Bibi sa hela tiden: ’Tycker du att det är så förskräckligt att spela en kärleksscen med mig?’ Vi tycker verkligen om varandra, så det var inte frågan om det.”

”VI HAR GJORT Axel och Maria fria från sin tid”, sa Bibi Andersson och hon hade rätt. ”De var moderna människor. De sade det första ordet av det som vi talar om idag. Vi håller just på att formulera det andra, och det kommer att ta lång tid innan det sista ordet är sagt”, sa Kjell Grede. ”Visserligen 1800-tal utanpå. Men inuti är det 1976 på hösten”, skrev en journalist vid premiärvisningen. ”Det blev en Strindberg som levde i nuet med sin egen puls, det blev ’scener ur ett äktenskap’ som hade samma giltighet som för 100 år sedan. Bättre har Strindberg aldrig setts på film, angelägnare har han sällan varit”, skriver Bengt Forslund i sin bok om klanen Ekman.

En dåres försvarstal blev en storartad succé, hyllad av recensenter, uppskattad av tevetittarna. När en skribent förutspådde att den skulle gå raka vägen in bland de klassiska tevebearbetningarna av litterära verk framstod det som en självklarhet, men så blev det inte alls. Bara en gång har serien sänts i repris i svensk teve, våren 1980. I utlandet har den inte visats, trots att intresset var stort bland internationella uppköpare. Bortsett från dess uppenbara kvaliteter fanns en säljande kombination i namnen Strindberg, Bergman och Bibi Andersson, som vid den tiden hade en karriär i Hollywood. Gösta fick också höra att serien faktiskt var såld till USA. ”Vi var garanterade reprispengar, vi var garanterade utlandsförsäljning när vi skrev våra kontrakt. Jag tror det gällde både Kjell, Bibi och mig. Sen var det lögn i helvete. Vi fick vår engångssumma”, säger Gösta.

”Filmen fick mycket uppmärksamhet. Den fick fantastiska recensioner, det blev väldigt bra. Då försökte Kjell och Bibi, framför allt, att få den repriserad. Först skulle den klippas ner till långfilm. Det klipptes och klipptes och Ingmar godkände ingenting. Ingmar var svartsjuk. Han skyllde på vad som helst för att den inte skulle visas igen. Ingmar var ju väldigt barnslig”, säger Katinka Faragó. Också Kjell Grede talar om svartsjuka som Ingmar Bergmans motiv för att lägga *En dåres försvarstal* i malpåse: ”Att den blev så uppskattad gjorde honom kolossalt svartsjuk – mot mig och mot att vi hade en trevlig gemenskap kring filmen. Han blev destruktiv. Till en början visade han att han uppskattade resultatet, och sådant bluffade han aldrig med. Det fanns heller ingen osämja bakom, han och jag var aldrig osams.”

Bergmans bolag hade producerat en allmänt hyllad film, en konstnärlig och publik framgång. Han borde ha varit nöjd och låtit världen ta del av den. I stället lade han en död hand över hela projektet. Reaktionen framstod som obegriplig och irrationell för alla, inblandade såväl som utomstående.

I en lyrisk recension uppehöll sig Allan Fagerström i Aftonbladet särskilt vid Bibi Anderssons rolltolkning. ”Jag kan inte förklara hur sånt går till – mirakler mitt framför ögonen – jag kan bara iakttaga det med andtäppa”, skrev han, och summerade: ”Bibi Andersson har aldrig såvitt jag har mig bekant självklart framstått med så stor konstnärlig suveränitet som i den här pjäsen.” Då hade Bibi Andersson arbetat med Ingmar Bergman i tjugo år, spelat i tio av hans filmer och åtskilliga scenuppsättningar. Kände sig Ingmar Bergman helt enkelt övertrumfad?

”Det imponerande med Ingmar är att han inte låter egenintresset styra. Han är inte snål! Han låste sig inför den här produktionen”, säger Kjell Grede, som menar att Bergmans reaktion var ett tillfälligheternas spel och att situationen aldrig hade uppstått om han inte hade tvingats i landsflykt. Under det år som förflöt mellan inspelningen och tevepremiären greps Bergman under förnedrande former av polis, anklagad för skattebrott. Han lämnade Sverige och bosatte sig i München.

Kjell Grede är inte särskilt besviken över att *En dåres försvarstal* begravdes i tysthet. Katinka Faragó tycker att det är tråkigt att filmen sällan nämns, inte minst för Göstas skull: "Det är bland det bästa han har gjort. Han är ju inte bara komiker. Det är konstigt att man inte lyfter fram att han också är en seriös och fantastiskt bra skådespelare. Han var jättebra!" Gösta var som vanligt måttligt imponerad av sin egen insats. Han såg serien inför tevepremiären och blev förskräckt, enstaka ögonblick kunde han uppskatta, "men i stort sett kände jag mig generad". Han noterade bara skillnaden mellan den ambition han haft och det han lyckades uppnå. "Ju mer jag satsar, ju mer jag känner när jag arbetar med en grej, ju mer jag vill, desto svårare blir det att se resultatet."

DE GÅNGER INGMAR Bergman besökte inspelningen pratade han och Gösta om erotik: "Han undrade: 'Hur långt tycker du man kan gå? Kan man knulla på film?' Han var lite nyfiken på det." Gösta sa att gränsen ofta går vid genitalierna: "Om jag spelar Strindberg och klär av mig naken så kommer publiken att säga: 'Jaha, en sån där kuk har Gösta Ekman!' Då ser man inte längre Strindberg." Så småningom anade Gösta att Bergman ville engagera honom i det projekt han och regissörskollegerna Federico Fellini och Akira Kurosawa planerade, där de tre skulle bidra med var sin episodfilm. Katinka Faragó beskriver den som "porrfilmen". Hon minns att Bergman reste till Rom för att träffa Fellini: "Det var storartade ovationer och 'fratello mio', de drack vin och hade det underbart. Ingmar åkte hem och ett datum var satt när manus skulle levereras." Bergman skrev *Den förstenade prinsen*, men hans kolleger fick inget ur händerna. "Inte Fellini och inte heller Kurosawa, tror jag. Den ende som levererade var förstås Ingmar. Han var ju så plikttrogen och höll alltid tiden", säger Katinka Faragó. Två år efter inspelningen av *En dåres försvarstal* dödförklarade Bergman hela episodfilmsidén genom att på framsidan av sitt eget manus rita ett kors och skriva: "Begravd den 16 aug 1977. Levde aldrig."

Veckopressens fiende nummer ett

Mitt i det uppslitande äktenskapsdrama som *En dåres försvarstal* var, mötte Gösta kärleken. Hon hette Pia Harahap, var just fyllda tjugo år och jobbade i skrädderiet med skådespelarnas kläder. ”Hon var exceptionellt snygg i sin mycket harmoniska blandning mellan finska mamman och indonesiska pappan. Det var svårt att *inte* lägga märke till Pia”, säger Gösta. Hon var född i London och hade växt upp i Helsingfors och Stockholm. Intresset för kläder och textil kom tidigt. Via jobb som ateljésömmerska på Filminstitutet kom hon att sy dräkter till *En dåres försvarstal.*

Sedan de blivit ett par flyttade Pia Harahap in hos Gösta i lägenheten på Hälsingegatan. Han kände Sighsten Herrgård, och den vägen fick hon modelluppdrag för hans agentur Stockholmsgruppen. ”Hon trivdes egentligen inte i Stockholm. När hon hörde att jag hade en gård i Skåne verkade det stämma så jättebra! Därmed inte sagt att vi skulle förena våra liv för evigt, men det var väldigt trevligt. När vi kom ner till Skåne och jag ville jobba med huset var det mindre roligt, jag skul-

⇠ *Bilden på Gösta vid sin Skånegård publicerade Svensk Damtidning sommaren 1977, med rubriken: ”För första gången kan vi visa hur Gösta Ekman har det privat.” Artikeltexten är en uppvisning i pladdrande journalistik, där Gösta påstås koppla av ”i sitt eget gröngräs som sticker fram ur den skånska myllan”, alltmedan Nisse och Nasse sägs ”jama och spinna på katters vis”. Gösta värnade sitt privatliv och valde vid den här tiden att inte tala med veckopressen. Huset i de mallorcanska bergen var en tillflykt, gården nära Tomelilla en annan. ”Till höger syns ett kvarnhjul, placerat på ett cementrör, där jag planterat ett körsbärsträd. Det blev väldigt fint.”*

I Picassos äventyr *syntes Pia Harahap som medlem i ett cirkussällskap. Våren 1979 blev hon Göstas andra fru.*

le mura, snickra – och läsa. Och så hade jag en son ...", säger Gösta.

Våren 1977 fyllde mamma Agneta 60 år och Gösta reste till Mallorca för att delta i firandet. Det var fritt fram: diktatorn Franco var död och Spanien på väg mot demokrati. Födelsedagsfesten hölls på en *finca* nära staden Sóller, på nordvästra Mallorca. För Gösta, som mest förknippat ön med charterbröl och grisfest, var det som en uppenbarelse att komma till det dramatiska landskapet. Bland citrus och knotiga olivträd på bergskedjan Tramuntanas terrasserade sluttningar klättrade medeltida byar med bleka sandstenshus. I ett radioprogram berättade Gösta om några omtumlande dagar på Mallorca:

> Någon av de första morgnarna vaknade jag tidigt, strax före soluppgången, och tog en promenad ner till den intilliggande byn. Två små barer,

> en med terrass. Två små affärer, innehållande det mesta. Jag satte mig på den lilla baren med terrass och beställde en *café con leche* – man kan väl snacka! – och en croissant. Det var alldeles stilla. Solen skulle strax stiga över bergsryggen och man hörde fårskällor på avstånd. Fågelkvitter. En hund skällde. Lokalbefolkningen lufsade över det gamla torget med morgonbröd och växlade några "¿Qué tal? och "¡Muy bien!", eller liknande. Så plötsligt rann solen över kanten och värmen spred sig över hela byn. Jag satt där och glodde med en croissant i munnen och för första gången i mitt liv tänkte jag: "Man *måste* ju inte bo i Sverige hela tiden!" Det var en oerhört märklig upplevelse. Jag hade ju rest runt tidigare, framför allt i jobbet, men jag hade också rest till London, mycket för att bara gå, sitta på trottoarer, glo. Men jag hade aldrig tidigare tänkt att jag kunde ha ett eget ställe någon annanstans än i Sverige.

Året därpå dog farmor Greta, 91 år gammal. De 63 000 kronor hon lämnade till Gösta blev handpenning till hans första bostad i ett annat land, i byn Fornalutx i den där citrussluttningen på Mallorca. Huset hade medeltida anor och var nyligen upprustat med elektricitet och rinnande vatten, badrum och stort kök, en atelјé med takfönster. Gösta brukar jämföra sig med en eremitkräfta, en sådan som inte själv förmår tillverka sitt skal, utan måste söka upp skyddande platser. "Jag har ett behov av att ha en sköld, en koja, helst ett hemligt utrymme där jag kan krypa in och vara i fred." Huset i Mallorca blev hans gömställe och där skulle han de kommande åren tillbringa allt mer tid med sin nya familj. "Pia kom dit och tyckte det var paradiset." Gösta bryr sig normalt inte mycket om stjärntecken, men när han flyttade in i huset i Fornalutx sa en granne: "Här har det bara bott lejon". Då kom lejonet Gösta, i sällskap med lejonet Pia och lejonet Måns. "Det var egendomligt", säger Gösta.

I Sverige var han *någon*, alltid påpassad, överallt igenkänd. I Fornalutx vara han bara en blåögd skandinav som uttryckte sig obegripligt – på stapplande franska. "Det är då man tycker att det är så *väldigt* fint i Sverige. Samtidigt kände jag det som något nyttigt. Jag kastades tillbaka till något. Det trillade av en massa trygghet. *Ingen* visste vem jag var. Visste jag? Man blev liksom spänd på vem man skulle bli. Men jag blev någon, så småningom. Och inte riktigt samma som hemma i Sverige."

Som Strindbergsdramats Axel och Maria levde Gösta och Pia under några år i ett öppet förhållande, pendlande mellan Vasastan, Sälshög och Fornalutx. Vid nära 40 års ålder hade Göstas filmkarriär tagit ordentlig fart, "svensk films största publikmagnet" kallades han i pressen. När han våren 1979 kom till filmfestivalen i Cannes på Franska Rivieran, var det för att lansera inte mindre än fyra aktuella filmer där han hade bärande roller: *Picassos äventyr*, *En vandring i solen*, *En kärleks sommar* och *Lucie*. Gösta kom till Cannes i sällskap med Pia, de hade rest från Mallorca via Madrid, där de vigts på svenska ambassaden. Nu var de herr och fru Ekman.

ÄPPELKRIGET OCH *PICASSOS ÄVENTYR* hade var för sig lockat långt över en miljon svenskar till biograferna. *Mannen som slutade röka* tangerade miljonstrecket och hade därtill etablerat Gösta som affischnamn. Efter fem framgångsrika filmer med Svenska Ord spelade han under 1978 huvudroller i tre kärleksfilmer, byggda på litterära förlagor. Efter att först ha spelat välkammad gymnasist i flera filmer och därefter mest varit rolig, gjorde han i snabb takt dessa tre allvarliga relationsdramer. Gösta motsvarade knappast den klassiska bilden av filmens förste älskare. Ingen visste det bättre än han själv:

> Jag blev livrädd i min ungdom när jag fick rollerbjudanden där jag skulle se bra ut och vara sympatisk. Man skulle till exempel förstå att flickan i *Chans* skulle älska den där studenten. Jag skulle vara en vanlig söt och gullig kille som tjejerna helt naturligt skulle tycka om. Jag tänkte: "Gud bevare mig! Jag kan aldrig göra sådana där. Jag kan väl åtminstone få ha en stor vårta mitt i ansiktet!" Både Vecko-Revyn och Bildjournalen presenterade mig som "vår nye filmidol". Kanske skulle Gösta Ekman bli den nye filmälskaren? Mig skrämde det något så vansinnigt! Jag kunde vara smickrad just när jag såg mig själv på ett tidningsomslag, men samtidigt kom ju Thommy Berggren och andra "riktiga killar". Jag har alltid varit beredd att abdikera från älskarrollen.

En vandring i solen var den första biograffilm som baserades på en roman av Stig Claesson, författaren och konstnären som kallades för "Slas" av alla, utom familjen och vännerna. Gösta hade lärt känna honom i mitten av femtiotalet; "han tillhörde inventarierna på Operabaren och Hamburger Börs." År 1965 hade Gösta spelat den enda rollen i en kortfilm som Stig Claesson skrivit manus till: "En obehaglig historia där jag egentligen bara skar pulsådrorna av mig."

Romanen *En vandring i solen* är delvis självbiografisk. Den skildrar den fyrtiotreårige journalisten Tore Andersson som flyr Sverige för att som omväxling dränka sina sorger på Cypern. Han och reseledaren Marion möts, ber varandra dra åt helvete, men dras ohjälpligt till varandra. Gösta hade ingen vårta i ansiktet, men sprickorna i Tores fasad var uppenbara: "Han var i alla fall periodalkis, gick för sig själv och saknade kanske självförtroende. Finns det sprickor så finns det hopp!"

I stickad mössa, med en cigg i munnen och händerna nerkörda i skepparkavajens fickor framstod Gösta i inledningsscenerna som Stig Claesson upp i dagen, en kronisk melankoliker, marinerad i vodka. Ändå hade Gösta inte varit regissören Hans Dahlbergs förstahandsval till huvudrollen. Stig Claesson själv ansåg att Gösta var för klent byggd för att kunna gestalta hans alter ego, som i romanen är 1.82 lång och väger 70 kilo: "Han tyckte att jag gick i flugvikt. Stig var större och jävligt vältränad. Han var nog 1.80, men verkade mindre för att han kurade, slog upp kragen och drog ner kepsen. Stig var liksom parentesformad."

Gösta säger sig aldrig ha fått roller på grund av sin längd och sin muskelmassa. Han har ofta talat om de gränser kroppen med nödvändighet sätter för en skådespelare: "Vilken roll jag än spelar är jag ändå en liten jävel som är 1.72 lång och väger 64 kilo." Upptäckten att idolen James Dean bara var 1.73 hade en gång glatt honom: "Förbryllande många 'stora' Hollywood-skådespelare var små, och det gladde mig i min ungdom. Jag hade ju nästan samma format som James Dean!" Det var betydligt svårare att mäta sig med farfar:

> Jag är född med mindervärdeskomplex. Det tog lång tid innan jag fattade, det ligger snarare på det mentala planet. Avstampen i mindervärdeskomplexet är "den store Gösta Ekman", som var 1.84 och vacker som

en dag. Det var många som kallade mig "Lill-Gösta", också sedan jag blivit vuxen. Jag var ju inte store Gösta Ekman, utan lille Gösta Ekman. Jag har fått denna bittermandel i moderkakan. Det kom med bröstmjölken, nappflaskan, födelsedagsbrickan – jag har matats med talet om den store Gösta Ekman. Nu är jag väl – peppar, peppar – ganska befriad från det där, Ja, jag skulle inte ha något emot att vara lite längre. Å andra sidan hade jag inte blivit komiker då!

Det politiska läget på Cypern var alltför labilt och inspelningen av *En vandring i solen* förlades till grekiska turistorten Loutraki. Regn och blåst gjorde det svårt att skapa illusion av solresa, men Gösta minns vårmånaderna i Grekland som fantastiskt roliga, främst tack vare gracerna från Dramaten: Irma Christenson, Sif Ruud och Margaretha Krook. I filmen spelade de tre ensamma damer som tillfälligheterna fört samman på denna destination. "Jag mådde bra, var uppe tidigt om morgnarna, knatade på stranden och simmade. Jag var mycket skötsam. På kvällarna åt vi middag och drack retsina. Att få göra det regelbundet med Mag-

Gösta med Inger Lise Rypdal i filmatiseringen av Stig Claessons En vandring i solen.

I filmen En kärleks sommar *spelade Gösta en familjefar och etablerad yrkesman som blir huvudlöst förälskad i en ung kvinna, spelad av Maria Andersson. "Vi filmade en sekvens på ett hotell i London, där hon sprang naken mellan två rum. Några gäster reagerade upprört och vi blev utkörda från hotellet!"*

gan, Sif och Irma – denna ljuvliga trio. Ja, jävlar vad fint vi hade, vad bra vi jobbade ihop och vad mycket vi tyckte om varandra!" säger Gösta.

Publiken tyckte om filmen, den slog rekord på premiärbiografen och sågs sammanlagt av närmare 400 000 personer i Sverige. Den hade också framgång i Norge – rollen som Marion gjordes av norska skådespelerskan och sångerskan Inger Lise Rypdal.

Redan när *En vandring i solen* spelades in under våren 1978 var förberedelserna för *En kärleks sommar* i full gång och inspelningen inleddes samma sommar. Det var det första av Göstas många kommande samarbeten med regissören Mats Arehn och inleddes redan på filmens planeringsstadium. Manuset var en försvenskning av den tjeckiske författaren Ivan Klimas roman, som i sin svenska utgåva saknade filmtitelns mellanslag och hette *En kärlekssommar*. Historien var konventionell: Medelålders familjefar med bra jobb och svalt äktenskap blir besatt av ung kvinna.

"Ett av de problem vi hade att lösa var att översätta bokens öststatsångest, trycket i det instängda satellitlandet. I filmen har det blivit den svenska välfärdsstatens ångest. Ungdomens desperation och brist på framtid å ena sidan, 40-årsgenerationens instängdhet å den andra", berättade Gösta om manusarbetet. "David är en ganska vanlig figur – och det är inte roligt. Ingen vill vara vanlig, men det *är* vi. Det går många av oss på dussinet", sa han om sin roll.

Gösta fyllde forskaren David Jernbergs välekiperade gestalt med ett svårmod, som också invaderar Östermalmsvåningen där han bor med fru och två barn. Davids förälskelse i den vidlyftiga unga Eva från betongförorten är ett dumdristigt försök att ersätta sin medelklassdvala mot liv. I stället underminerar han både hennes och sitt eget.

Porträttet av David är tätt och trovärdigt. "Kanske har Gösta Ekman aldrig varit bättre. Han gör en mogen, väl sammanhållen tolkning av den allt mindre sammanhållne docenten, vilkens väl inrutade livsmönster bryts upp ruta för ruta så att sikten blir vidare", hette det i Svenska Dagbladet, i en av flera välvilliga recensioner.

Den norska *Lucie* var 1978 års tredje Gösta Ekman-film, regisserad av Jan Erik Düring och inspelad i Oslo i slutet av året. Inger Lise Rypdal gjorde också här den kvinnliga huvudrollen. *Lucie* bygger på en roman av den norska författaren Amalie Skram och utspelar sig i Christiania i det sena 1800-talet. "Det är en tragisk historia om manligt och kvinnligt, om vad mannen tillåter sig själv att göra och vad han tillåter kvinnan att göra", sa Gösta när han med fladdrande frackskört tog emot en svensk reporter i Norsk Films lokaler. Fracken bar han för rollen som advokaten Theodor Gerner, en välbeställd änkling som uppvaktar den livsglada varietédansösen Lucie. Sedan de gift sig ser han det som sin uppgift att fostra henne till en högborgerlig tillvaro, han vill lyfta flickan av folket till sin egen nivå. Hans tungsinne kväver henne.

Historien var nära hundra år gammal, ojämlikheten den skildrar var ännu intakt. "Jag kan skaffa mig en social ställning och därmed också bli erotiskt attraktiv. Det är svårare för kvinnan, så orättvist är det", sa Gösta, och rannsakade sin egen position: "Jag är en man i manssamhället och jag lägger ofta märke till att jag är dominerande och förtryckande, en besserwisser."

I Göstas tre kärleksfilmer finns ingen happy end. De kvinnor hans rollgestalter älskar är sinsemellan olika, men ett har de gemensamt: alla dör.

"RARASTE PARET I Cannes" kallades de nygifta Gösta och Pia i Svensk Damtidning, men med de tidningar som levde på att "snaska i brallorna på kändisar" hade Gösta sedan länge slutat prata. Han omskrevs till och med som "veckopressens fiende nummer ett". Han sa: "I början var jag glad när man skrev om mig. Alla människor blir väl glada över uppmärksamhet. Jag tänkte: jag blir intervjuad, alltså finns jag. Men så småningom började jag i stället tänka: jag blir intervjuad, alltså finns jag inte. Jag kände inte igen mig i tidningarna."

Misstron mot veckopressen grundlades i ungdomen, när Gösta läste om sin frånvarande pappa och skapade sig en fantombild av honom. Den skulle visa sig överensstämma dåligt med verkligheten. När han själv började bli eftersökt av pressen tyckte han inte det fanns så mycket att skriva om: "I så fall skulle det vara något ordentligt och för att man ska skriva något ordentligt om mig måste jag först göra något ordentligt."

När Gösta slog igenom i mitten av sextiotalet kom också en ström av stora porträttartiklar. Det sammanföll med hans allt större samhällsengagemang och han utnyttjade pressens intresse för hans person till att föra fram sina politiska åsikter. Intervjuad i borgerlighetens husorgan Veckojournalen kunde han rekommendera debattböcker av vänsterradikala skribenter som Noam Chomsky, Sara Lidman, Jan Myrdal och Göran Palm.

På sjuttiotalet syntes Gösta alltmer sällan i pressen. "Jag tyckte att mitt privatliv var komplicerat. Jag ville, snobbigt nog, välja villkoren. Om någon ville skriva om mig skulle vi vara överens om *varför*." Sedan Vecko-Revyn fått nej på en förfrågan om en intervju, publicerade den nobbade reportern ett öppet brev till Gösta. Över en och en halv tidningssida beskrev reportern allt det han hade tänkt fråga om och hur synd det var att Gösta inte ställde upp: "Det är också fan att du inte ville hjälpa mig att skriva den här grejen!"

Gösta ville inte bli tafsad på: "Det låter kanske bortskämt, men det är så, faktiskt. Det är möjligt att man i sin ungdom kan längta efter att bli känd, men jag försäkrar att det går väldigt fort över." I de dagstidningsintervjuer han accepterade talade Gösta om sitt förakt för skvallerpressen: "Delvis har jag väl ett storhetsvansinne. Jag tycker att jag klarar mig utan den. Jag har skapat ett förhållande mellan mig och publiken som håller. Och så kommer veckopressen och ska in och kladda mellan oss." Gösta har aldrig haft behov av att "tala ut" om kärleken och spriten eller att visa upp sitt hem för att kommunicera med sin publik: "Vi har ett direktförhållande." Han ville inte tro att folk verkligen var intresserade av att läsa om hans privatliv. I jobbet exponerade han sig ständigt, privat växte behovet av att få vara i fred. "Det är ingen slump att jag har en mur vid min kåk, det är ingen slump att det är svårt att hitta dit, det är ingen slump att jag bor ännu mer svåråtkomligt i bergen på Mallorca. Det är en naturlig följd av att bli mer och mer offentlig", sa Gösta. De första åren fanns det inte ens telefon i huset på Mallorca. Den som ville komma i kontakt med honom fick lov att telegrafera till Bar Deportivo, byns mötesplats.

"Kändis" var det fulaste ord Gösta visste. "Om det finns en stor industri som bygger sin existens bland annat på att exploatera dessa så kallade kändisar, så kan man skapa ett behov som är jävligt onödigt. Det kan man försöka motarbeta ibland", sa Gösta i en av sina allt färre teveintervjuer. Där berättade han också om damen han hade iakttagit på en restaurang. Ivrigt slukade hon en veckotidning medan den kallnande maten ägnades ett förstrött intresse. När Gösta frågat varför hon gjorde så, urskuldade sig damen med att "det är som snask". Av snask får man tandtroll och hål i tänderna, Gösta anade att något liknande kunde drabba veckotidningsläsare: "Jag tror att man får hål i själen och huvudtroll av den här typen av andligt snask. *Snusk*, tycker jag att det är!"

I filmen *SOPOR* var Göstas rollfigur i en scen förklädd till Svensk Damtidnings chefredaktör Lisa Winnerlid, i syfte att nästla sig in på Slottet och göra en daltig intervju med lille Carl Philip i spjälsängen. Det var ingen smickrande bild av journalistisk verksamhet. När Gösta i mitten av sjuttiotalet arbetade med en programserie på Sveriges Radios samhällsredaktion hade han i direktsändning diskuterat skvallerpressens etik med Lisa Winnerlid. Hon hade vägrat att möta honom, men Gösta kom oanmäld till studion. Stämningen blev spänd. Lisa Winnerlid försvarade Svensk Damtidnings intresse för Göstas privatliv med att läsekretsen var nyfiken på honom. Han frågade: "Om jag berättar att jag runkar i garderoben, kommer du då att skriva det i din tidning?" Lisa Winnerlid slog ifrån sig, naturligtvis skulle hon inte skriva så: "Det finns ju gränser!" Det var Göstas poäng: Vem bestämmer var gränserna går?

Drygt trettio år senare noterar han hur gränserna har flyttats steg för steg. I ett satirprogram i radio presenterade Gösta idén om en konstgjord människa, helt skapad av massmedia för att i intervjuer bara återge i förväg skrivna svar. "Det skojade vi om 1976. Nu är det så!" säger Gösta om dem som är kända enbart för att medierna gjort dem kända. Redan på sjuttiotalet tyckte han det var skrämmande att veckotidningsmentaliteten spred sig till andra delar av pressen, särskilt kvällstidningarna. "Man ser ju snart ingen skillnad på dem och veckotidningarna", sa han till en reporter från Aftonbladet. Att Expressens chefredaktör just fått Stora journalistpriset betraktade Gösta som ett skämt.

År 1957 skickade Ingmar Bergman honom till biblioteket för att läsa på, sedan dess har Gösta varit mån om att komma till jobbet väl förberedd. Samma elementära krav ställer han på dem som ska intervjua honom, det har okunniga journalister fått erfara. Den tevereporter som skulle porträttera honom och med ett klingande skratt deklarerade att hon inte visste ett jota om film och teater sa Gösta tack och adjö till. Möter han däremot en journalist som han känner förtroende för, kan han vara öppenhjärtigare än de flesta.

Jag vill att folk ska kunna lita på mig. Om jag gör ett påstående vill jag kunna stå för det. Jag vet inte varifrån den inställningen kommer, på vilket sätt jag är indoktrinerad att inta den attityden. Jag har hårt inpräglat i mig att jag vill vara ärlig. Jag vill kunna stå för det jag gör. Motivera det. Vara konsekvent. Jag vet inte om jag mår bra av det, egentligen. Men jag har ett starkt behov av att vara pålitlig. Jag tycker inte jag har smitit, jag har försökt stå för vad jag har sagt. Jag har inte haft behov av hemligheter. Däremot har jag och har alltid haft ett väldigt behov av att hålla mig för mig själv. Ska jag berätta för dig eller någon annan, så är min dröm att inte behöva retuschera bilden. Jag vill säga: "Så här ser det ut!"

Vi kommer inte att få se Gösta i *Stjärnorna på slottet*, han har flera gånger blivit ombedd att medverka i programmet och några av hans vänner har deltagit. ”Jag har inte känt något behov av att vika ut mig. Jag har varit betittad i jobbet, mitt behov av att *inte* vara betittad har ökat.”

Här ser ni en som inte syns

”Han är den svenska tråkigheten personifierad”, sa Gösta om sin huvudperson i *Från och med herr Gunnar Papphammar.* När den hade biopremiär i februari 1981 var det kulmen på en lång process. Under hela sjuttiotalet hade Gösta samlat de erfarenheter och kontakter han behövde för att tråkmånsen i den lilla hatten och illasittande rocken skulle få drag under rullbrädan.

Namnet dök upp tidigt, det var under en bilresa från Stockholm till Skåne tillsammans med Hans Alfredson. ”Av någon orsak lekte vi med namn. Under den färden sa jag 'Papphammar, det är ett dumt namn'. Först kom namnet. Sen bar jag det med mig”, säger Gösta. Han blev förtjust i den motsägelsefulla kombinationen. ”En hammare av papp – nyckeln till figuren ligger i hans namn!”

Våren 1972 hade sonen Måns nyligen börjat skolan och Gösta medverkade i teveprogram för barn: ”Det var en metamorfos för mig. Det var fantastiskt roligt!” Den första serien hette *Experimentlek.* I sju tjugominutersprogram utförde Gösta och skådespelarkollegan Per Ragnar naturvetenskapliga experiment kring sådant som ljud och ljus, friktion och magnetism. För att förklara principen om lufttryck blåste de upp ballonger – och pangade dem. ”Jag var lite full i sjutton och började improvisera med Per Ragnar. Han spelade den duktige killen som skulle visa. Jag var en idiot som gjorde och sa fel grejer.” Gösta tog chansen

Herr Gunnar Papphammar är den svenska vanligheten personifierad, en äventyrare i en hämmad kamrers kropp, en man som gör vad som faller honom in – men inte utan sin portfölj.

att hitta på små roller åt sig, som när han agerade synsvag fladdermus som gav ifrån sig högfrekventa ljud, orienterade sig med hjälp av ekot och började nafsa på Per Ragnar, där han trodde det fanns något att äta.

Samma höst var Gösta med i *Mathjulet*, sju barnprogram som propagerade för varierad kost. Samtidigt gav Sveriges Radio ut en bok med samma namn, i samarbete med Socialstyrelsens hälsovårdsupplysningsdelegation. "Det var den 'duktiga' tiden när man gick i Mahjongkläder och visade barnen hur man ska göra, det var väldigt didaktiska program", erinrar sig Gösta.

Det blev friare tyglar i *Mumlan*, året därpå. Varje program i serien innehöll visserligen en saga och en pedagogisk film, som kunde visa brevets färd från avsändare till mottagare eller hur tandkrämen kommer in i tuben. Sammanbindande figurer mellan de fasta inslagen var Gösta och Lena Söderblom, vännen och kollegan från Stockholms

Barnprogramserien Mumlan *från 1973 gav Gösta tillfälle att utveckla sin improvisationskonst, med Lena Söderblom som lekfull partner.*

stadsteater. Från början var tanken att varje program också skulle rymma en avdelning om rörelse och dans. När pilotprogrammet skulle spelas in dök danspedagogen inte upp och producenten bad Gösta och Lena att hitta på något, för att fylla ut tiden. "Något skulle vi väl kunna hitta på, tänkte jag, och tittade på Lena. Så hittade vi på något och det tog precis 18 minuter, eller vad det nu skulle vara. Sedan fick vi höra att pilotprogrammet blivit så bra, framför allt inslaget med Gösta och Lena." Alla undrade vem som skrivit manus, men det var bara Gösta och Lena som tagit en kreativ promenad och sedan improviserat utifrån sina idéer. "De bad oss fortsätta. Jag trodde det handlade om några minuter här och där, mellan de fasta blocken. Men nej, vi skulle ha ett längre block. Sen promenerade Lena och jag, gaggade och antecknade. Det lustiga var, att varje improvisation vi gjorde blev nästan alltid prick den tid den skulle ha. Vi körde bara på känsla. Det var förlösande! Jag tyckte det var väldigt kul att hitta på", säger Gösta. Lena Söderblom hade inte improviserat så här tidigare: "Nej, men jag var road. Gösta är ju så drivande, så det var så lätt! Han har en flödande fantasi och svada."

Första *Mumlan* sändes en lördagseftermiddag i januari 1973. Inför premiären utlovade programledarna mycket situationskomik, jönserier och litet kiss och bajs. Lena Söderblom var klädd i lång trikåklänning och Gösta i tröja och vida hängselbyxor, sköna att bära och lätta att tappa. Deras arena hade en himmelsblå tygfond med vita moln och var möblerad med stora kuber som de kunde flytta runt och krypa in i. Ibland gjorde de entré genom en rund lucka i golvet.

De var varken beskäftiga eller barnsliga, snarare var de ett par hyggliga vardagsclowner som förenade samtidens pedagogiska nit med tidlösa roligheter, som att sätta sig på pruttkuddar och att dratta på ändan. Det märktes att Gösta och Lena hade kul i varandras sällskap, samspelet var otvunget. Ännu många år efter seriens slut hände det att människor dök på Lena Söderblom för att berätta hur roligt de haft med henne och Gösta i de där lådorna: "Jag har växt upp med er!"

De tog upp ämnen värda att grunna på för både barn och vuxna: Vad är mitt, vad är ditt och vad är vårt? Hur kan det komma sig att pratminuter är så korta när väntminuter är så oändligt långa? Lena Söderblom kritiserades för att vara alltför tjejig: ”De tyckte att jag var förtjusande i överkant. Jag fick mycket skit för det. Det var hårda tider på sjuttiotalet!” Könsroller var också ett av de teman *Mumlan* tog upp; då bar Lena mustasch och Gösta klänning. Ibland fick de besök, mest av musiker som demonstrerade hur instrumenten såg ut, fungerade och lät.

Det som skulle ha blivit sju program fortsatte hela våren, till en bit in i juni. Totalt blev det tjugotvå program. Göstas behov av att inte fastna i ett fack tillfredsställdes i alla fall: Om kvällarna iklädde han sig rollen som otrogen äkta man som önskade livet ur sitt barn på Stadsteaterns scen och på bio kompenserade han sitt nikotinbegär med erotik, i *Mannen som slutade röka*. *Mumlan* gav utrymme för pratglad improvisation och drullputtig kroppskomik, båda sorterna pekade fram mot Papphammar. På den vägen följde Lena Söderblom med.

I MITTEN AV sjuttiotalet sände Sveriges Radios samhällsredaktion varje vardag *Öppen kanal*, ett magasin som kommenterade nyhetsflödet. När producenten Lars Ragnar Forssberg ville göra en av veckans sändningar som ett aktuellt satirprogram tog han kontakt med Gösta. ”Jag har alltid uppfattat honom som enormt rolig, en person med bestämda åsikter och en bra skådespelare. Det är en ovanlig kombination hos en skådespelare att *både* kunna gestalta och vara så kreativ”, sa Lars Ragnar Forssberg om Gösta. Tillsammans pratade de fram det som skulle bli *Kabaré Öppen kanal*, ett timslångt program med underrubriken ”listiga lögner och sataniska sanningar”. Med start den 24 september 1976 sändes det varje fredag klockan 17, med repris på lördagsmorgnarna.

Kring sig samlade Lars Ragnar Forssberg och Gösta en redaktion där trubaduren Finn Zetterholm och skribenten Anders Ehnmark ingick. Gösta lockade dit Lena Söderblom, improvisationskamraten från *Mumlan*. Också *Kabaré Öppen kanal* kom att präglas av improvisationer, eftersom det ofta saknades användbara manus. En lång rad författare och andra skribenter inbjöds att skriva texter till programmet, men gensvaret blev svagt. Några försökte, men få visade sig motsvara kraven att skriva snabbt, rappt och roligt. ”De föll som käglor”, säger Gösta. ”Det började med fyrtio författare, sen krympte det till tre, fyra som jobbade fast. Vi hade stormöte och skulle få fram ett material till torsdagen och bandade på fredagen, tror jag. Sen träffades vi på måndagen igen och diskuterade vad som hade hänt." Pressen på Gösta var stor, minns Lena Söderblom. Som den borne storebrodern tog han stort ansvar för att resultatet skulle bli bra. "Jag förlitade mig ofta på Gösta, för mig var det inte lika pärsigt", säger hon: "Att få till en bra text med satirisk udd, det är inte många som klarar. Då är det bra att samarbeta med skådespelare så att man kan byta tonart om det krävs. Det var tunt med den begåvningen bland svenska skribenter."

Vid sidan av Anders Ehnmark var Carl Zetterström den som levererade texter i stort sett varje vecka. Precis som Gösta hade han en berömd far och en berömd farfar, båda legendariska skribenter och humorister. Farfar kallade sig Hasse Z och pappa Kar de Mumma, själv använde han signaturen Carl Z. Han var bara 25 år, men en rutinerad skribent, efter att som artonåring ha debuterat som författare. "Calle Z var den vi fick förlita oss på och som tog upp mycket av Göstas idéer – och gjorde det bra", säger Lena Söderblom. Det var ett samarbete som skulle fördjupas när Papphammar så småningom blev till.

Med *Kabaré Öppen kanal* upptäckte Gösta ett nytt medium: "Jag hade inte attraherats av radio. Jag hade något komplex, kände mig som om jag satt i dödscell, trivdes inte i miljön. Det var en annan sak när jag förstod vilka möjligheter man har på radion." Här kunde han släppa loss sitt ordsvall och sin språkglädje, kombinera den kvicka associationsförmågan och intresset för tidens frågor med prillig fantasi. "Man kan göra så här! Eller tvärt om! Eller hans mamma, kanske? Är hon död? Det blir ju roligt, i kistan i så fall, hon ropar ut!" utbrister Gösta, i ett försök att återge redaktionsmötenas hektiskt sprudlande atmosfär: "Jag gjorde många gubbar och många röster och många dialekter och många språk." En besökande reporter beskrev häpet hur Gösta med ett rykande färskt manus i handen hoppade upp och ned i stolen för att finna det rätta tonfallet. "Han har inte sparat sig. Han har inte varit lat. Han har en väldig kapacitet", säger Lena Söderblom.

Hösten 1976 var politiskt händelserik. I Sverige förlorade socialdemokraterna regeringsmakten efter fyrtiofyra år och en borgerlig koalitionsregering tillträdde. Kärnkraftsmotståndaren Thorbjörn Fälldin blev statsminister och anklagades genast för svek när hans regering godkände nya reaktorer. Den omstridde marknadsliberalen Milton Friedman fick Nobelpriset i ekonomi. USA:s utrikesminister Henry Kissinger försökte mäkla fred i Mellanöstern. Allt detta kommenterades med listiga lögner och sataniska sanningar i *Kabaré Öppen kanal*, den tyskfödde Kissinger med sin karaktäristiska brytning blev en återkommande figur i Göstas persongalleri. Programmet väckte både glädje och ilska. I Dagens Nyheter beskrevs det som ”en uppiggande spark i ändan eller en hårdhänt smekning på kinden”. En ledarskribent i Svenska Dagbladet konstaterade att han ”inte på decennier – förmodligen aldrig tidigare – hört ett omänskligare, grymmare och mera smaklöst radioprogram än detta”. Två av de inslag Gösta medverkade i fälldes i radionämnden för att ha brustit i saklighet och opartiskhet. Ett av dem var en interiör från Nobelmottagningens damtoalett och skildrade prinsessorna Christinas och Birgittas tarmbesvär och hur livmedikus Biörck kom till deras undsättning med lavemang.

Efter nio intensiva veckor lämnade Gösta *Kabaré Öppen kanal*, producenten Lars Ragnar Forssberg ansåg sig behöva två personer för att ersätta honom. Innan han slutade hade Gösta arbetat med manus från en ny skribent, en avantgardistisk konstnär och poet som hette Rolf Börjlind. Snart nog skulle han göra sig känd som grovkornig satiriker och bli Göstas mångårige samarbetspartner.

NÄR DE ARBETADE med *Mumlan* hade Gösta under promenaderna med Lena Söderblom börjat leka med tanken på hur det skulle vara om vuxna människor behandlade andra vuxna som om de vore barn. ”Det var en allvarlig tanke – och är det fortfarande. Nästan vad jag än pratar om så refererar jag till barn, jag glider ofta in på det. Det är så enkelt: Alla har vi varit små, alla har vi varit rädda, alla har vi sett den stora världen ovanför oss och undrat om vi ska få hjälp eller bli fimpade. Där har vi alla startat. Det här med barn är begripligt”, säger Gösta.

När han och Lena Söderblom återvände till teve i början av 1978 tog idéerna fastare form. Birgitta Zachrisson var ny programledare och producent för kaféprogrammet *Sveriges Magasin*, som sändes i TV1 sex dagar i veckan. Till tisdagsupplagan engagerade hon Gösta och Lena Söderblom, de skulle stå för en halvtimmas underhållning med aktuella sketcher. Carl Zetterström blev deras manusförfattare, vilket betydde att han fäste Göstas idéer på papper. "Jag spelade upp för Calle och han skrev ner, vilket inte utesluter att Calle gjorde mycket egna och roliga grejer. I det här fallet gjorde jag gubbar och han knackade ner det, la till och drog ifrån", säger Gösta. Allt gaggades fram kring ett runt bord i Radiohuset i Stockholm.

Gösta och Lena Söderblom framträdde som ett par, inte helt olikt det som förekommit i *Mumlan*, fast de den här gången vände sig till en vuxen publik. Sketcherna i *Sveriges Magasin* handlade om allt från stridsflygplan till hyreshajar, men framför allt introducerades det äkta paret Papphammar, där den dominanta Karin hunsade den fåordige Gunnar. Här fick Gösta bruk både för namnet han haft i bakhuvudet under flera år och för idén att visa en vuxen behandlad som ett barn.

En dagstidningsbild på justitieminister Lennart Geijer klädd i trång hatt och kort rock och med ett stadigt tag i portföljen inspirerade till Gunnar Papphammars stil. "Det föll sig ganska naturligt att Papphammar skulle vara klädd just så. Han är väldigt *vanlig*. Ända sen jag fick tänder har jag uppfattat att en majoritet ser ut så där", sa Gösta.

> Han är det vanligaste som finns, en av miljoner myror i en myrstack. Men ta ut myran ensam så ser han egendomlig ut. Papphammar finns överallt. Han är vanlig, men han är också vanligheten accentuerad.

Tisdagen den 24 januari 1978 dök han upp för första gången, i sketchavdelningen *Lillgammalt*. Paret Papphammar var ute för att köpa kalsonger till Gunnar, 43 år. I varuhuset möter de ett bekant par. "Hade man inte dom, då skulle man inte skratta", säger Karin om sin man och visar upp hans skojiga lilla flint. På serveringen vill Gunnar ha en ägg- och ansjovismacka, det får han inte för Karin: "Ät din mazarin, det tycker du om." Gunnar vägrar att gå till varuhusets kamrerinlämning och hoppa i portföljer, trots att Karin vill läsa sin veckotidning i fred. "Men spring och jobba lite!", suckar hon uppgivet.

"Där var jag inte så flickaktig och söt. Där fick jag riva i. Det var härligt!" säger Lena Söderblom om att för en gångs skull få härja med Gösta. Att han trivdes med att visa det hämmade barnet i en farbrors kropp var uppenbart: "Han är ju en mycket ansvarstagande människa. Tycker om att ha kontroll. Ambitiös på många sätt. Då är det skönt att få vara väldigt liten och försynt, när man själv har bestämt det."

Ytterligare åtta tisdagar återkom paret Papphammar i *Sveriges Magasin*. I ett avsnitt har de bjudit ett par vänner på middag, då ska Gunnar få vara uppe så länge han orkar. "Åh, en så'n rar kamrer du har, Karin", säger gästerna uppskattande. Gunnar underhåller dem med pianospel, men när groggarna dukas fram är det dags för honom att borsta tänderna. När paret Papphammar går på visit, skickas Gunnar ut för att tvätta värdparets bil, så att fruarna ska kunna prata ostört vid kaffebordet.

Inspelningarna gjordes delvis hemma hos producenten Birgitta Zachrisson i Äppelviken. "Det var en sådan där produktion där man tager vad man haver", säger Gösta och berättar om scenen där Gunnar Papphammar åker skridskor. I Radiohusets lunchkö konstaterade Birgitta Zachrisson att det fattades några minuter till veckans inslag. Samma morgon hade Gösta promenerat genom Kungsträdgården och sett att skridskobanan var nyspolad. Med lunchbrickan i handen föreslog han att de skulle ta den resterande scenen där. Bara en stund senare dokumenterade en dold kamera hur herr Papphammar med skridskor på fötterna och ett krampaktigt grepp om en pärm stapplar runt på isen. "Det var ett snabbt och lätt sätt att jobba. Vi förkortade lunchen med ungefär en kvart, för att åka ner och göra den här grejen. Där blev Papphammar ensam, han försöker stå på egna ben – vilket han inte klarar så bra. Det är ju egentligen det han kämpar med."

ATT GUNNAR PAPPHAMMAR återkom ett par år senare var Allan Edwalls förtjänst, fast han själv var omedveten om det. Sedan hans roman *Limpan* kommit ut hade Gösta i omgångar talat med honom om att den borde filmatiseras. Vem av dem som skulle spela den alkoholiserade huvudpersonen och vem som skulle regissera hade de olika åsikter om. Sommaren 1980 skulle filmen äntligen bli av, med Gösta framför kameran, Allan Edwall i regissörsstolen och Mats Arehn som producent. Redan innan han lämnade Mallorca för att flyga till inspelningen i Sverige anade Gösta att allt inte stod rätt till; Edwall och Arehn hade kommit på kant med varandra. ”Jag kom hem, pratade med Mats och pratade med Allan, men det var inget att göra.” Allan Edwall drog sig ur, kvar stod Gösta och Mats Arehn med tid avsatt för inspelning och ett filmteam redo att sätta igång.

Gösta brukade med jämna mellanrum få inviter om att göra något för teve. Oftast gällde det *Gösta Ekman show* eller någon annan svensk version av en utländsk programidé som Gösta hade lätt att tacka nej till. Nu gick han med en egen idé till Ingemar Leijonborg som var programchef på TV1. Före de ständiga trailrarnas tid brukade glappen mellan programmen fyllas av musik och foton med naturmotiv. Göstas tanke var att göra pausprogram, mellan en och fem minuter långa, som skulle sändas oannonserade närhelst en lucka i tablån behövde fyllas: ”Det hela började egentligen med att jag en gång satt och tittade på en pausbild med kottar och barr i teve. Länge, ett par minuter minst, satt jag och tittade på kottar och barr. Då tänkte jag att jag skulle vilja göra något att titta på i stället för kottar och barr.” Ingemar Leijonborg satt barfota på den heltäckande mattan i sitt chefsrum. ”Jag tog av mig om fötterna och så satt vi där på golvet och jag sa hur jag ville ha det.” Göstas synopsis var kryptiskt: ”Pröva rullskridskor” kunde det stå, eller: ”Gasa ihjäl sig med cigarettändare.” Leijonborg tyckte det verkade konstigt men roligt och gav klartecken.

Filmgruppens högkvarter upprättades hemma hos Gösta på gården utanför Tomelilla i Skåne. Mats Arehn blev produktionsledare, medproducent – och medspelare: ”Han är en bra typ, vi är rätt olika varandra.” Rolf Börjlind hade sedan den första kontakten kring *Kabaré Öppen kanal* skrivit ett par manus, bland annat till *Skulden*, en teveserie där Gösta spelade en kvällstidningsjournalist som drack för mycket och tjänade för litet och därför lät sig värvas som spion. Nu kallades Börjlind ner från Stockholm som Göstas samtalspartner: ”Jag ville ha ett bollplank. Jag behövde någon som jag betraktade som förhållandevis omdömesgill, men inte omdömesgillare än att han tyckte att jag var jävligt bra!” De pratade om Göstas framtoning i pausfilmerna, skulle det vara olika figurer varje gång, eller helt enkelt ”Gösta Ekman” i t-shirt och stora byxor? ”Plötsligt tänkte jag: 'Jag har ju Gunnar Papphammar! Han har ju redan gjort dumma grejer. Det är en bra figur.' Det

CENTER

ALLCENTER

var fullständigt förlösande när jag kom på att Gunnar skulle göra det!" säger Gösta, som åter satte kamrerens hatt på huvudet och knäppte gabardinrocken. Att Gunnar Papphammar denna gång levde ensam var inte konstigt, äktenskapet med Karin hade inte varit lyckligt. Redan när de framträdde i *Sveriges Magasin* hade Gunnar talat om skilsmässa, men Karin hade skrattat bort det som ännu ett av makens tokiga infall.

För Gösta var det en trygghet att ha Rolf Börjlind i närheten, eftersom han den här gången arbetade med eget material och ett knapphändigt manuskript. De båda hade utvecklat en associationstrappa, där den enes förflugna idé fångades upp och förfinades av den andre, till ständigt högre nivåer. "Gösta presenterade sina idéer. Sen kläckte vi ett antal nya sketcher – vi spelade in fler än de som har visats", säger Rolf Börjlind.

Inspelningen blev improviserad men disciplinerad, problemen löstes i den takt de dök upp. Vänner och bekanta värvades när de behövdes, i restaurangscenerna hoppade Pia Ekman in som servitris. Att projektet byggde så mycket på det oförutsägbara skapade problem för fotografen som sällan visste vad som skulle hända. "När vi satte igång visste *ingen* vad det skulle bli. Jag ville ha det som vykort, helst bara en kamerainställning, så få klipp som möjligt. Det gick fort och lätt, ibland gick det av bara farten", säger Gösta. Han litade på stundens ingivelse, ofta var det första tagningen som också blev den slutgiltiga. "Det var en extremt liten inspelning, vi var två tre personer och det tog en vecka", säger Rolf Börjlind.

Han säger att Göstas idé var att *utsätta* sig: "Några sketcher är som monologer, när Papphammar sitter på restaurangen. Där fanns ett textunderlag som han – i princip – höll sig till. Han är tekniskt briljant och väldigt genomtänkt – han skapar ett utrymme för att kunna improvisera." Inför Papphammars rullskridskotur hemma i lägenheten hade Gösta i förväg preparerat möblemanget, men när kameran gick kunde

Gösta har intagit positionen som Gunnar Papphammar, en morgon i Tomelilla, sommaren 1980. Den erfarne och tekniskt drivne filmfotografen Rune Ericson uppskattade inte alls Göstas krav på enkelhet, med helbilder, fast kamera och långa tagningar. Mats Arehn var produktionsledare och spelade diverse personer som hamnade i Papphammars väg.

vad som helt hända. ”Det har varit riskfyllt ibland. När man utsätter sig själv kan det gå fel och det har det gjort några gånger”, säger Rolf Börjlind.

Eftersom det var marknad i Tomelilla fick Gunnar Papphammar i en sketch stå bland stånden med låda på magen och sälja redskap utan skaft, så kallade skaftefria varor. Några sketcher anspelade direkt på att de skulle visas som pausprogram; när Papphammar piper och susar som en teveapparat efter sändningstidens slut. Prognosen för kommande dags väder, där de freudianska felsägningarna står som spön i backen. Tipsen om alternativa användningar för en uttjänt teve; man kan bygga om den till barnvagn, nyttja den som öppen spis eller utrusta den med sittring och helt enkelt skita i den.

När programkvoten var fylld och inspelningen skulle avslutas ville Gösta testa ytterligare en restaurangsketch. Under en kisspaus kom han på hur den skulle göras. ”Jag gick ut och sa att vi skulle ta en grej med mannen som ska gasa ihjäl sig. Jag sa till Mats att sitta som om han var ensam, som om jag inte syns och hörs. Jag tyckte jag kläckte världens bästa replik: 'Här ser ni en som inte syns.' Om man sitter i en buss eller tunnelbana och det kommer in någon som pratar högt blir alla stela och tittar ut – han blir plötsligt osynlig. Det är en väldigt svensk mentalitet.”

GÖSTA ÅTERVÄNDE FRÅN Skåne till tevehuset i Stockholm med tjugofyra Papphammarsketcher, den kortaste tjugoåtta sekunder, den längsta fyra och en halv minut, totalt fyrtiosju programminuter. Hans ursprungliga önskan att de skulle dyka upp oannonserade mellan ordinarie program kunde inte förverkligas. Papphammarfilmerna fanns inte med i de tryckta programtablåerna, men påannonserades som *Bonus-TV* när de visades som tevekvällarnas sista inslag, med premiär efter *Måndagsbörsen* den 27 oktober 1980. Målet att smyga sig på tevepubliken uppnådde Gösta i alla fall, det dröjde innan det blev någon märkbar Papphammareffekt.

Filmproducenten Christer Abrahamsen förstod att det fanns mer att hämta hos Papphammarfiguren och frågade vem som hade filmrättigheterna. Det hade Gösta inte reflekterat över, nu fick han något att grunna på: ”Jag tänkte hur det skulle vara om man satte ihop alla idiotierna, med lite text emellan, som stumfilm.” I sin ungdom hade Gösta älskat att slinka in på kortfilmsbio, där ett timslångt program spelades nonstop hela dagen. Kanske kunde Papphammar bli en kortfilmsstjärna för 1980-talet? Gösta började med att köpa filmrättigheterna från Sveriges Television. ”Jag betalade 125 000 spänn – det var vad jag hade fått för att göra jobbet. Jag betalade tillbaka allt jag hade tjänat och började om från början.”

Pausfilmerna klipptes ihop till en episodfilm, Gösta gav de olika inslagen namn som *I väntan på kommunala fortskaffningsmedel på landsbygden* och *Fartens tjusning*. Mats Arehn tyckte att Gösta själv skulle stå för musiksnuttarna mellan sketcherna – det blev billigast så. En ljudtekniker sökte upp Gösta på Klarateatern i Stockholm, där han om kvällarna spelade Marat i Peter Weiss pjäs *Mordet på Marat*, och bad honom framföra Papphammarmusik på pianot som stod i foajén. ”Snabbt gjorde jag det. Det skulle vara tjugofem stycken, som jag försökte variera.”

Biofilmen fick titeln *Från och med herr Gunnar Papphammar*. Till den allra första visningen bjöd Gösta in Hans Alfredson och Tage Danielsson: ”Redan det; att visa en egen produktion för dessa otroligt framgångsrika människor! Jag hade fått vara med dem. Nu skulle de komma och se vad jag hade hittat på, på egen hand. De verkade tycka att det var kul.” Tage skulle strax därpå visa sin uppskattning, i en vers tillägnad Gösta:

Han sätter tänder i vad som är tandlöst
– Papphammars livsprincip: direkt aktion.
Hans aktier stiger när han faller, handlöst.
En trollkarl som gör auditoriet andlöst
i kraft av själens eld och kroppens precision.

Filmen hade biopremiär i februari 1981, i en av de elva salongerna på Svensk Filmindustris första multibiograf. Den låg på Mäster Samuelsgatan i Stockholm och hade fått namn efter det då nedlagda ateljéområdet i Råsunda: Filmstaden. Filmen visades varje heltimme mellan

12 och 21, biljetterna kostade tio kronor. Flera dagstidningar struntade i att skicka recensenter, den fick två getingar i Expressen, kallades opretentiös och tekniskt bristfällig. Bland biobesökarna gick ryktet. Många hade redan sett enstaka sketcher i teve och ville ta del av de övriga. "Egentligen hade jag ju sänt tjugofyra trailrar på filmen som folk nu kunde gå och titta på. Många sa: 'Är det den där Papphammar, det måste jag se!'", minns Gösta. *Från och med herr Gunnar Papphammar* var kvar på Filmstadens repertoar i drygt sju månader. "Jag var där och tittade någon gång och såg köer av barn, hela skolklasser, det var fantastiskt roligt." Mer än 300 000 personer såg filmen på bio. När den visades i SVT1 på nyårsdagen 1994 tittade drygt två miljoner svenskar.

Gösta nedvärderar ofta sina egna insatser, men Gunnar Papphammar är han stolt över. "Papphammar är *bara jag*. Det är genuint *jag*. Jag kan inte skylla på någon annan. Sådan är jag, det är summan av mig. Den innehåller några grejer som jag tycker väldigt mycket om." Hans egen favoritepisod är den där Papphammar vandrar genom ett sädesfält, klädd i hatt och kavaj. Ovanför de höga axen syns bara hans huvud och axlar. När han kliver upp på landsvägen hinner vi notera att han är helt naken på underkroppen. Sedan stiger han ner i säden på andra sidan. "Det är en väldigt surrealistisk film. Här har jag åstadkommit 45-50 sekunder och jag kan säga: 'Den där är bra!' Jag har gjort rätt många filmtimmar sammanlagt, men där stämmer det."

NATURLIGTVIS HAR GÖSTA under årens lopp fått åtskilliga anbud om att åter ta på sig Papphammars gamla hatt och rock. En producent erbjöd sig genast efter biopremiären att se till så att nästa film lanserades på ett mer professionellt sätt. "Det blir inte mer", svarade Gösta. Han var färdig med Papphammar. Trodde han.

När ett svenskt försäkringsbolag erbjöd ett par miljoner för att använda Papphammar i sin reklam tackade Gösta mycket riktigt nej. Att det kom entusiastiska signaler från nystartade brittiska tevekanalen Channel 4 intresserade honom däremot: "Det fanns folk som ville att jag skulle komma dit och jobba vidare med Papphammar som huvudfigur. Det ville de göra, internationellt." Det blev inget den gången, men att en mimisk figur som lockar till skratt kan vara guld värd, det vet både Rowan Atkinson och alla tevetittare, flygpassagerare och andra resenärer som på världens alla bildskärmar har matats med Mr Bean, herr Gunnar Papphammars tio år yngre bror. "Hittar man något skrattretande, som kan vara internationellt gångbart, då finns det många som lurar i buskagen", säger Gösta. Redan efter *Mannen som slutade röka* uppvaktades han av ett gäng italienska producenter som hade planer för honom: "De berättade vad de tänkt sig och när jag på mitt självsvåldiga, stöddiga sätt sa att jag ville lägga mig i och vara med och bestämma, så rann det långsamt ut i sanden."

Femton år efter filmdebuten lät Gösta tillfälligtvis herr Gunnar Papphammar snubbla in på Chinateaterns scen och riva delar av dekoren vid den svenska musikbranschens årliga Grammisgala. Året därpå gjorde Papphammar reklam i USA. Två svenskar på en reklambyrå i Minneapolis använde med Göstas tillåtelse episoden från sädesfältet som tevereklam för ölmärket Miller Lite. Just när Gunnar Papphammar steg fram och exponerade sin nakenhet stämplades varumärket över hans kön. Filmen sändes i amerikansk teve under första halvåret 1997, Gösta har aldrig sett resultatet: "Jag tänkte jag kunde offra mig på konstens altare, den berättar ju egentligen inget om Papphammar. Jag utgår från att jag fick pröjs."

Strax därpå fick Gösta ytterligare ett Papphammarerbjudande han inte kunde säga nej till. Det kom från Socialdepartementet, som med Papphammars hjälp ville väcka uppmärksamhet för en ny utredning om hur personer med funktionshinder bemöttes i samhället. Utredare var den tidigare biträdande socialministern – och jazztrummisen – Bengt Lindqvist. "Jag träffade honom och det var han och hans gäng som bad mig. Det var smickrande, samtidigt tänkte jag: Hur i herrans namn ..." säger Gösta.

Rolf Börjlind blev förvånad när Gösta ringde och bad honom vara med och skriva manus till nya Papphammarsketcher, nästan tjugo år efter de klassiska inspelningarna: "Jag vet inte varför han tyckte att vi skulle göra det, det är olikt honom. Det blev inte så jättebra, fast en del är kul. Det fanns ett syfte som var okej, men vi hade lite svårt att klistra på de där skyltarna."

De nya episoderna spelades in i oktober 1998 och sändes i åtta tiomintersavsnitt i SVT 2 sommaren därpå. Gösta och Rolf Börjlind stod gemensamt för manus och regi. Gösta kan inte påminna sig att återseendet var så kul: "Jag hade bestämt mig för att inte återvända till Papphammar, så egentligen bröt jag mot en regel." Gösta skulle fylla sextio och av naturliga skäl tog han inte längre lika stora fysiska risker. Det behjärtansvärda ändamålet hämmade därtill Gunnar Papphammars rörelsefrihet. Som propagandist för goda gärningar hade den aningslöse anarkisten sina begränsningar. Roligast blev de nya sketcherna när han avvek från ämnet och uppträdde som gatumusiker eller när han utrustad med kamera kröp in bakom glasrutan i en fotoautomat. Det är inte alldeles säkert att uppdragsgivaren tyckte sig få valuta för pengarna. "De såg frågande ut på departementet", säger Gösta om reaktionen på sketcherna: "De kördes bara en gång, sedan sa man: 'Hoppsan!' Jag åkte väl utomlands så fort jag kunde."

PAPPHAMMARS RULLSKRIDSKOPIRUETTER HEMMA på parketten och hans vådliga färd på rullbräda tillhör numera kulturarvet, sketcherna är svenska klenoder. Papphammar är en farbror som inte vill vara stor, och det är inte den enda egenskap han har gemensam med Gösta. Hela farbrorn är fylld med Gösta: "Jag hoppas att det mesta, för att inte säga *allt*, jag gör är ganska mycket mig själv. Annars vet jag inte vad man skulle berätta om, om man inte berättade om sig själv. Det är ju med mina ögon jag ser och med mina öron jag hör."

En svensk filmstjärna

Det var en mycket speciell utmärkelse Gösta fick ta emot 1980. Svenska filmakademins plakett var tillverkad av silver som utvunnits ur den ljuskänsliga emulsionen på filmremsorna. Den hade bara delats ut fyra gånger tidigare, det hade gått elva år sedan sist, då filmfotografen Sven Nykvist belönades. Det tog alltså sin tid innan Filmakademins ledamöter åter hittade en värdig mottagare av silverplaketten, men i Gösta fann de ”en konstnär som under 70-talet gjort en insats av ovanlig lyskraft, dokumenterad i en rad roller vittnande om stor mångsidighet och mognad”, som det står i motiveringen, skriven av Rune Waldekranz, Sveriges första professor i filmvetenskap. ”Den på sig själv ständigt osäkre mannen som blir en lekboll för livets små ironier har funnit sin kongeniale uttolkare och förklarare i Gösta Ekman”, skrev Waldekranz också. Han och Filmakademin förväntade sig att filmskådespelaren Gösta hade mer att ge än det han redan visat.

Mycket riktigt: Gösta skulle framgångsrikt tolka ännu fler osäkra män, under åttiotalet var han med i inte mindre än sexton filmer. Alla var inte lika bra, men det var inte Göstas insatser som skämde dem. ”En dag blir han kanske omgiven av idéer och insatser som är honom jämbördiga”, skrev en recensent om Göstas förmåga att lysa upp grå filmvardag. Under vart och ett av åttiotalets tre första år placerade sig

◂◂ *Gösta under inspelningen av* Gräsänklingar *sensommaren 1982 – den fumlige Gary har genom olyckliga omständigheter hamnat i effektröken på ett diskotek. Filmen drog nära en miljon besökare till biograferna. Gösta Ekman var ett affischnamn och hyllades i en recension för sin ”fulländade känsla för komikens tyngdlagar och oeftergivliga krav”.*

tre Gösta Ekman-filmer på listan över de tio mest besökta. ”Gösta Ekman får i dag som gudabenådad komiker och stor publikfavorit bära praktiskt taget hela den svenska filmen på sina vingliga ben. Med bävan undrar man hur länge han ska klara det konststycket”, skrev en filmkritiker 1982. Några år senare räknade Expressen med Svenska filminstitutets benägna hjälp ut att under en tjugoårsperiod hade 11,6 miljoner biljetter sålts till 22 filmer där Gösta hade bärande roller. Så ofta förekom han, att en recensent av en ny svensk film fann det motiverat att upplysa läsarna om att Gösta den här gången *inte* var med.

Fler filmer innebar färre scenföreställningar. Efter *Mordet på Marat* hösten 1980 deltog Gösta under det resterande åttiotalet i bara två – låt vara att båda gick länge. Den första, Svenska Ords *Fröken Fleggmans mustasch*, spelades på Göta Lejon i Stockholm för 1 300 skrattande åskådare per kväll i åtta månader under 1982. Förutom Gösta fanns Lena Nyman, Hans Alfredson och Tage Danielsson på scenen. Som Tage-Lena Ekfredson delade de regiansvaret och spelade minst två roller var. Gösta växlade mellan den hetlevrade bankiren Kurt S Wresig och hans föregivne son, detektiven Kolerik Wresig. Som den gamle bankiren hade Gösta ett par magnifika entréer. Först steg han in genom dörren i fonden, stapplade målmedvetet över scenen och – försvann. ”Det blev ett ramaskri i salongen när jag liksom sögs upp av underjorden”, säger Gösta och välsignar de skumgummimadrasser som – nästan alltid – lindrade hans fall ner i orkesterdiket. När han senare i föreställningen uppenbarade sig med kroppen genomborrad av en eldgaffel, hade ett strykjärn intryckt i skallen och bröstkorgen perforerad av kulor kved han: ”Jag är förgiftad!”

Som den charmerande men erotiskt oerfarne detektiven fick Gösta tillfälle att häpna över skillnaden mellan könen – ”där damer går in, där går herrarna ut” – när han besjöng Lena Nymans förtjusande fröken Fleggman:

Hon är så ärbar,
och jag undrar hur hon är
när hon är bar.
Och vad hon här har,

det har man inte där
när man är karl.

Fröken Fleggmans mustasch kallades lustspel, framfördes i högt farstempo med krävande precision och utan plats för minsta improvisation. Gösta beskrev föreställningen som det allra svåraste han någonsin gjort på scen. "Man måste vara i topptrim hela tiden. Det är ett enormt *jobb*. Man ska alltså vara på toppen av sin förmåga på sekunden varje kväll, ungefär mellan halv åtta och tio, halv elva. Det är *arbetsamt*." Föreställningen spelades i två timmar och tio minuter utan paus. Gösta hade möjlighet att pusta ut i sammanlagt en minut och trettio sekunder. Han trotsade maginfluensa, lunginflammation och 39 graders feber, för i den här föreställningen var ingen utbytbar.

Medan han spelade *Fröken Fleggmans mustasch* var Gösta dessutom med i tre filmer. "Jag har blivit allas egendom. Att ständigt sitta på en piedestal är visserligen trevligt, utsikten är i alla fall god, men risken att tappa markkontakten är stor", sa han inför finalföreställningen på Göta Lejon i december 1982. För att hitta tillbaka till basplanet tog han ledigt det följande året, det blev bara två riktiga arbetsveckor under hela 1983. Gösta behövde vila sig från publiken och antog att den behövde vila sig från honom: "Jag gjorde mycket film, hade ju blivit 'filmstjärna', gjorde stora grejer och tjänade bra. Jag började avsiktligt göra om mitt liv." Han hade inte längre någon bostad i Stockholm, var mantalsskriven på gården i Skåne och tillbringade långa perioder på Mallorca tillsammans med sin växande familj. "Vi var under ett antal år inställda på att göra barn, men Pia blev inte gravid. Inom loppet av ett och ett halvt år hade vi adopterat två små barn."

Pias släkt på fädernet kommer från den sydostasiatiska ön Sumatra i Indonesien. Dit for hon och Gösta i mars 1981, för att på en kombination av förlossningsklinik och barnhem hämta lilla Billie. Hon var född bara sju veckor tidigare och var inlindad som i en kokong. "Det fick jag ta i mina händer, detta lilla paket. Hon grät och nös och garvade och pruttade och bajsade. Hon gjorde allt man kan göra när man är sju veckor", säger Gösta. Året därpå adopterade han och Pia också en pojke från Indonesien; Robin.

Att Gösta var ledig betydde inte att han var sysslolös, det är ingen som har små barn. Den här gången var han mån om att värna tiden tillsammans med barnen. Sonen Måns första år sammanföll med Göstas stora genombrott, då han jobbade intensivt. Nu kostade han på sig att varva ner mellan arbetsperioderna.

> Man får inte mer tid över för sig själv än man tar sig. Och just nu har jag inte haft lust att ta så mycket tid för mig själv – det har handlat om barn och familj och sådär. Och i mitt fall är det väldigt bra. Jag känner mig bortskämd som kan göra det. Över huvud taget unnar jag alla, framför allt män, att i s k mogen ålder inte kunna skylla på jobbet utan vara tvungna att vara hemma. Laga mat, diska, städa, vara med ungarna, byta blöjor, tömma bajs och fylla på bajs och så vidare. Hela världen skulle må bra om man fick hålla på lite mer med att låta ungarna ta sin plats.

De som ville diskutera framtida jobb med Gösta reste gärna till Mallorca för att träffa honom. ”Jag var med och kläckte idéer och skrev på nya grejer. Det kunde jag göra uppe i bergen på Mallorca och samtidigt vara med Billie och Robin och renovera och bygga om.” Med byggnadsmaterial från en raserad svinstia på tomten ritade och planerade Gösta ett nytt litet hus, lämpligt som arbetsrum. ”Barnen tyckte det blev så bra att de kallade det nya huset för Finstian.”

Hade han inte ett tak att lägga om, var det väggar som skulle rivas och ett avlopp som behövde rensas, kanske skulle han öppna för ett fönster, dränera eller dra in elektricitet, och det oavsett om han var i Fornalutx eller i Tomelilla. Lena Söderblom var Göstas sommargranne på Österlen och minns hans ständiga byggplaner och renoveringsprojekt för Skånegården. Traktens skrothandlare var han väl förtrogen med och gav gärna goda råd om vilken som var bäst och billigast. ”Gösta är faktiskt ett fenomen, för han kan nästan allt. Så är det!”

Att döma av hans rollfigurer har Gösta tummen mitt i handen, men så är det alltså inte: ”Jag har byggt om mycket och ändrat. Om något går sönder tycker jag det är kul att fundera ut hur man skulle man kunna göra något annat av det. Jag tar gärna hjälp av hantverkare, men vill också se vad de gör.” Att riva ner och välta saker i film och på scen har roat honom: ”En av orsakerna till att jag har gillat att fumla i rollerna är att jag som storebror inte har fått göra det. Jag *ska* inte spilla, jag *ska* inte göra fel, jag *ska* inte förstöra.” Oteknisk är Gösta däremot, bilmotorer har han aldrig förstått sig på och hemelektroniken betraktar han som ett nödvändigt ont: ”Jag är glad om jag klarar rakapparaten.”

Gösta höll sig aktuell på den svenska biorepertoaren utan att själv behöva vara fysiskt närvarande: ”Pengarna tickar liksom in medan filmerna går, och då passar jag på att inte fastna för mycket i den här underhållningskarusellen i onödan, utan försöker göra saker som jag tycker är minst lika viktiga som att tjäna pengar – nämligen att vara med mina barn och göra sånt jag inte hinner göra när jag gör sånt här ...”, sa Gösta, under en filminspelning i Stockholm. Han bytte liv och fann många fördelar: ”Jag är nog – bortsett från Silvia – den person i vårt samhälle som är mest bortskämd. Det tror jag, faktiskt. Jag har ett fantastiskt jobb, fantastiska kamrater, fantastisk fru, barn, rubbet! Sen är det mig själv jag har att dras med och det är ett helvete! Det är enda trubblet, annars är det fint.”

Att helt överge hemlandet var inte aktuellt för Gösta: ”Jag *älskar* Sverige. Jag *är* ju svensk. Jag *tror* – jag vet inte, men jag tror – att om jag nu är så kallat populär så beror det nog väldigt mycket på att jag är väldigt *svensk*.”

PÅ HEMMAPLAN HADE han blivit vad som i den internationella filmbranschen kallas *bankable*: ett *namn* som var garant för en films ekonomiska framgång. Han blev uppvaktad därefter. ”Jag överdriver inte om jag säger att under mina samtal med nordiska producenter var de i stort sett knästående”, säger Gösta. Förhandlingar förde han helst sittande, vid ett arbetsbord: ”Jag tycker inte man ska prata med mat i munnen, så jag har alltid sagt nej till luncher som gäller jobbet.” Gösta beskriver sig själv som ”producentvänlig”, mån om att göra sitt jobb och lite till: ”Jag tycker producenterna var jättetrevliga, justa och bussiga mot mig genom alla år. Jag tyckte av förklarliga skäl att jag skulle göra vad jag kunde för dem, eftersom de gjorde vad de kunde för mig. Det var ett mycket lyckligt och harmoniskt förhållande.” Han fördelade sin tjänster mellan filmbolagen, hans kontaktnät var stort och hans omdöme värderades: "Jag har ju varit en person som man under många decennier har skickat manus till och frågat vad jag tyckte. Inte bara för att jag skulle kunna göra en roll, utan för att komma med synpunkter. De litade på det jag sa. Jag kunde diskutera manus eller ha synpunkter på klippning. Jag har funnits med i olika korridorer och kontor och ofta haft en bunt manus hemma."

En gång stötte han ihop med skådespelarkollegan Jarl Kulle, som just hade läst i tidningen att Gösta skulle göra en *mindre* filmroll. Jarl Kulle sa, älskvärt förebrående: "Nu ska du inte bara göra de stora rollerna, nu börjar du sno de små också!" Sin allra minsta roll gjorde Gösta vårvintern 1980, i en film av Lasse Åberg. Gösta var på Mallorca när en vän föreslog att han skulle följa med till Kanarieöarna, där den första *Sällskapsresan* spelades in. Resan Mallorca-Kanarieöarna var visserligen lika lång som resan Mallorca-Stockholm, men Gösta följde med på den improviserade turen. Väl på plats fick han förslaget att göra ett oannonserat inhopp. Mot slutet av filmen kan den uppmärksamme därför under ungefär tre sekunder se hur Gösta som hotellstäderska tittar in i ett rum, vänder och går ut.

Efter framgångarna med *Repmånad* och *Sällskapsresan* var Lasse Åberg den ende som i det tidiga åttiotalet kunde konkurrera med Gösta om att regelbundet dra storpublik till svenska biografer. Att sammanföra de båda i en film var alltså mumma för producenterna, att därtill få komikerna Carl-Gustaf Lindstedts och Brasse Brännströms namn i rollistan fullkomnade det hela. Affischen var en succé, återstod bara att göra själva filmen.

Komedin *Kalabaliken i Bender* skulle skildra svenska karoliners äventyr i Turkiet efter Karl XII:s nederlag vid Poltava. Gösta visste att en film inte per automatik blir roligare ju fler kända komiker rollistan innehåller. "Jag tyckte det var dumt och ville inte ställa upp av den orsaken, men blev övertalad", säger han. Det var ju ändå gamla bekanta som låg bakom filmen. Producenten Bo Jonsson och produktionsledaren Christer Abrahamsen kände han väl. Vännerna Rolf Börjlind och Mats Arehn stod för manus och regi. Gösta accepterade rollen som Karl XII. "Manuset var inte sådant att jag hoppade högt. De tjatade och jag ställde *bara* upp som kompis, men har ingen orsak att skylla ifrån mig.

Men jag sa nej från början. Jag tände inte på det", säger Gösta.

Projektet var storstilat. Inte bara namnkunniga skådespelare hade engagerats, utan också åttio hästar, tio oxar, femtio grisar, två hundra får, femtio gäss, tjugofem getter, tjugo kaniner, tjugo råttor och tolv grodor. Det var inte pengar som fattades.

Efter kvällsföreställningen av *Fröken Fleggmans mustasch* den 16 oktober väntade en spelledig söndag. När aktörerna pustat ut, sminkat av sig och fått på sig sina egna kläder önskade de varandra god helg. I stället för att åka hem och lägga sig blev Gösta hämtad i bil utanför Göta Lejon och körd till Arlanda. Där väntade ett privat jetplan, som tog honom och Rolf Börjlind till Budapest i Ungern, där delar av *Kalabaliken i Bender* spelades in. Planet landade i gryningen och Gösta fick några få timmars sömn innan han väcktes bryskt, förvandlades till Karl XII med kalaskula och rejält utbyggd näsa och gjorde de första av ett tiotal så kallade transportscener. Lagom till måndagskvällens föreställning var han tillbaka på Göta Lejon. "Det var mycket roligt att jobba därnere. Jag var inte i landet mer än 36 timmar, men det kändes fint. Det kom fram en flicka till mig och ville hälsa på Mr Picasso. Hasseåtages film går därnere fortfarande efter två år. Och på en stor biograf dessutom", sa Gösta om sin ungerska blixtvisit. Han skulle minnas den som en drömlik upplevelse: "Det är något av det absolut roligaste med det här jobbet, att råka ut för situationer som är helt absurda. Det är otänkbart att man skulle kunna råka ut för något liknande i något som helst annat arbete."

Göstas medverkan i filmen var viktigt för producenterna, men rollen var inte stor. Han gjorde den inte längre så hjältemodige hjältekungen till en disträ och lynnig härskare med underbett. Att han talade i pluralis majestatis gjorde hans ensamhet än mer rörande. Gösta var inte ett dugg ledsen för att han inte fick vara med ute på slagfältet och fäktas och slåss:

> Nej, inte alls. Jag tror jag sett ovanligt lite äventyrsfilm, av samma anledning som jag läst väldigt få indianböcker. Det har aldrig roat mig, detta att titta på folk som slåss eller att delta i det själv. Jag har aldrig varit för det aggressiva. Det säger jag inte för att verka tjusig, men jag antar att

hela min läggning motsäger detta. Gärna strapatser och akrobatik, men inte aggressivt och krigiskt.

Den här gången räckte det inte med Göstas namn på affischen och det var inte hans fel att *Kalabaliken i Bender* blev ett fiasko, nedsablad av en enig kritikerkår. Han var på en förhandsvisning i Malmö: "Efter en kvart gick jag därifrån med ett: 'Vad var det jag sa!'"

Filmen hade kostat tolv miljoner kronor. Den drog in bara 4,5, mot kalkylerade 36 miljoner, och bidrog aktivt till att bolaget Europafilm gick i putten och övertogs av Svensk Filmindustri. Gösta fick inte betalt för sin roll, i stället hade han satsat pengar i spektaklet. "Jag har inte känt mig *utnyttjad*. Jag har inbillat mig att det är mitt eget val och då får jag stå för det, *även* när det gäller *Kalabaliken i Bender*, där jag satte min lilla första vinst i mitt lilla bolag." Förtjänsten från Papphammarfilmen var grundplåten i Göstas första egna bolag, Papphammar Produktion. Det kapitalet försvann med *Kalabaliken i Bender*. "Det var min första stora spekulation, så lite Papphammar är man väl!"

Gösta hade redan en gång framträtt som Karl XII på film, i en scen i Tage Danielssons *SOPOR*. Gösta spelade Säpo-chef med det antagna namnet John Smith, ytterligare en misslyckad maktmänniska som stannar i minnet. Att han är exhibitionist fast han måste verka i det fördolda skapar en komisk konflikt. Den karakteristiska läspningen avslöjar honom ständigt, hur raffinerade förklädnaderna än är. I en snyggt koreo-

Det var knappast Göstas fel att Kalabaliken i Bender *blev ett av svensk films dyraste fiaskon. Hans porträtt av Karl XII har ett sorglustigt skimmer. "Jag har fortfarande inte sett hela filmen, jag har inte vågat."*

graferad scen blottar den hemlige polisen sin obesvarade kärlek till förställningskonsten, iklädd Hamlets trikåer och med en monolog värdig den patetiske prinsen. Uppgiften att spela ”dålig teater” tyckte Gösta föll sig rätt naturlig: ”Det bygger på att vi tycker att han är löjlig, som försöker göra den här stora grejen. Den är ju väldigt parodisk, som den är skriven. Jag tyckte det var roligt att leka med den klassiska formen. Det är en drift med *Teaater*.” Både Karl XII och Hamlet var paradroller för hans farfar. Vid några tillfällen under sin karriär har också Gösta fått erbjudanden om att spela Hamlet, världsdramatikens störste velpotta, men har vid närmare eftertanke tyckt att det får finnas gränser. ”Det lockar mig inte. Därför kändes det kanske skönt att göra den här lilla grejen.”

I SINA TIDIGARE filmroller hade Gösta ofta varit en ensam och sårbar grubblare med störda modersrelationer och komplicerat kärleksliv. På åttiotalet började han synas i filmer av den sort som kallas *buddy films* och som skildrar manlig vänskap. Oftast var det Gösta som hade ledarrollen; den evige storebrodern.

I *Mannen som blev miljonär* från 1980 spelade han en slipprig porrklubbsägare med långa glesa hårtestar och slokande mustasch, pilotglasögon och jeansjacka. ”Det fanns rätt många som ville se ut så på den tiden, för att verka yngre. Den typen minns jag, honom tyckte jag om. Rollen var inte alls skriven så från början, han var en mörk kostym-människa. Det var kul att göra en typ som inte ser ut som man förväntar sig.” Att porrklubbsägaren är svårt pollenallergisk får avgörande betydelse för utgången av det kidnappardrama han hamnat i. Gösta excellerade i konsten att nysa på beställning, det räcker inte med att ropa ”Attji!” och snörvla pliktskyldigt. ”Jag har själv varit allergisk och det är kul att räkna ut hur man gör, rent tekniskt. En nysning är luftpress”, säger Gösta och demonstrerar genom att komprimera luft i munhålan och sedan brista i en naturtrogen nysning. ”Det är inte alla som kan.”

I en mindre roll i *En flicka på halsen* från 1982 gjorde Gösta ett helt annat gangsterporträtt. Det var en lånehaj i stålbågade brillor, välsittande kostym och sober kamelhårsulster, vars hårt kontrollerade yttre ständigt hotade att krackelera. Han påminde en hel del om den svenska filmbranschens dåvarande gudfader Harry Schein, och precis som denne bröt lånehajen på tyska. Gösta säger att den parodi många tyckte sig se var oavsiktlig: ”Jag var god vän med Harry Schein och tyckte mycket om honom.” Den tyska brytningen hade Gösta fintrimmat som Henry Kissinger i *Kabaré Öppen kanal* och han tyckte det var roligt att leka med en stereotyp filmskurk. Att han kritiserades för att vara elak tyckte Gösta var orättvist: ”Jag tänkte, att om man i Sverige framställer fan med bockfot och svans, då skulle man få djurskyddsföreningen på sig. Det är lite dumt.”

Recensenterna sågade filmen och en av dem tyckte det var dags att ”hushålla med den nationella tillgång som komikern Gösta Ekman är, så att han inte förvandlas till en landsplåga”.

Senare samma år hade *Gräsänklingar* premiär. Gösta spelade mot Janne Carlsson, som brukade kallas ”Loffe” efter genombrottsrollen som beredskapssoldat i teveserien *Någonstans i Sverige* och som året innan gjort publik succé i *Göta kanal.* Gösta hade träffat Janne Carlsson redan tidigt på sextiotalet, när han medverkade som jazztrummis i uppsättningar på Stockholms stadsteater. I en scen i *Gräsänklingar* jammar de tillsammans, med Gösta vid pianot och Janne Carlsson trummande på diverse husgeråd.

I filmen spelade Gösta arkitekten Gary, en hämmad intellektuell i Stockholms innerstad som läser Bonniers Litterära Magasin, lever i ett barnlöst äktenskap och har sålt bilen, ”av miljömässiga skäl”. När frun rest till Genève på konferens möter han Förorts-Lasse i Janne Carlssons gåpåiga gestalt, en bullrig bilmek som har tre kottar med Maggan. Gary kan inte ta i ett verktyg utan att orsaka förödelse, nu hamnar han i en för honom hittills okänd värld av villaägande gör-det-självare som viger söndagarna åt ungarnas knattefotboll.

Gösta var med och bearbetade manuset och försökte balansera regissören Hans Ivebergs böjelse att kvadda fordon. ”Han är barnsligt förtjust i det, medan jag är så materialistisk att jag inte gillar när saker går sönder på film. Är det någon bil som exploderar tänker jag: ’Hoppas den var dålig redan innan.’ Han ville krascha bilar, jag tycker inte det är kul”, säger Gösta. Gary orsakar en seriekrock i *Gräsänklingar*, Gösta minns hellre sin försynta hyllning till Chaplin. I en scen i

Moderna tider plockar Chaplin upp en röd flagga som fallit av ett lastbilsflak. Han springer efter bilen och för att väcka förarens uppmärksamhet viftar han vilt med flaggan, mån om att återlämna den. Just då svänger ett stort demonstrationståg upp bakom honom på gatan och han blir arresterad som den olagliga protestmarschens ledare. I *Gräsänklingar* försöker Gary på liknande sätt återlämna den röda flagga han råkat få med sig efter en knattematch, då han varit ofrivillig linjedomare. Gary viftar med sin röda flagga, helt omedveten om att han hamnat framför en grupp protesterande vänsteraktivister med banderoll och bössinsamling.

Visst hade detta blivit en mer okonventionell film om Gösta och Janne Carlsson bytt roller med varandra, men filmfigurernas vänskap utvecklas inte som förväntat: Det är den okonstlade Lasse som tar intryck och förändras mest. Gary förblir sitt gamla hämmade jag. Filmen blev en stor publikframgång, med nära en miljon biobesökare.

Slagskämpen från 1984 är en svensk produktion med brittisk uppbackning och internationella ambitioner, historien rymmer såväl kräftkalas som bastubad och filmen skulle spridas över världen som *The inside man*. Regissören kom från England och i rollistan fanns de internationella storheterna Hardy Krüger och Dennis Hopper. Gösta spelade – återigen – svensk Säpochef och talade för första gången engelska i en film: ”Jag har ju varit i England rätt mycket, så accenten är nog okej. Regissören Tom Clegg sa till mig att det inte behövde vara Oxford-engelska, snuten behövde inte vara så kultiverad.” I denna agenthistoria lurar alla varandra. Förmodade vänner visar sig vara fiender i ett cyniskt spel som kretsar kring en åtråvärd ubåtsdetektor – längs den svenska kusten hade militären nyligen jagat vad som påstods vara främmande ubåtar. Filmens då hypermoderna datorer påminner två decennier senare om ångmaskiner. Den hemliga informationen finns lagrad på en eftertraktad diskett, ett föremål som i dag lätt framkallar nostalgiska leenden.

Från inspelningen minns Gösta framför allt umgänget med Dennis Hopper, vän till James Dean och själv legendförklarad efter sin roll i filmen *Easy rider*. I *Slagskämpen* spelade han amerikansk underrättelseman och kom till Stockholm direkt från en behandling på alkohol-

Dennis Hopper och Gösta fann varandra under inspelningen av Slagskämpen *i Stockholm hösten 1983. De avslutade arbetsdagarna på Café Opera, där den nyktre alkoholisten Hopper bjöd Mister Ekman på drinkar.*

klinik. ”Är det levern?”, undrade Gösta. ”Levern!”, svarade Dennis Hopper och betraktade Gösta som om han kom från en annan planet, pekade på sitt huvud och sa: ”The brain!” Han hade uppenbara problem att minnas sina repliker. ”När jag kom med förslag om hur vi skulle göra grejer så sa han: ’Försiktigt nu, jag måste hela tiden komma ihåg vad jag ska säga’. Men han var mycket trevlig att umgås med. Jag vill inte påstå att han införde nåt *revolutionerande*. Men han kunde replikerna så småningom”, berättade Gösta. Efter varje inspelningsdag ville Dennis Hopper åka till Café Opera, bjuda Gösta på en drink och själv sitta bredvid och titta på medan han drack den. "Vi hade faktiskt otvunget trevligt tillsammans", säger Gösta. De var i stort sett jämnåriga, hade i ungdomen sett samma filmer och beundrat samma skådespelare. Dennis Hopper var förbluffad över att Gösta hade jobbat med Ingmar Bergman i två år. "När vi skildes åt sa Dennis: 'Fan vad trevligt vi haft! Jag tror att det beror på att vi har precis samma format.' Vi var väldigt likartade."

Filmen fick i huvudsak nedgörande kritik, Aftonbladets elake recensent Jurgen Schildt hoppades att Gösta hade fått god ersättning – för sveda och värk. Den internationella lanseringen uteblev. "Jag utlovades guld och gröna ängar, den här filmen skulle gå som en löpeld genom världen! Jag har aldrig hört talas om den sedan", säger Gösta.

Vid samma tid reste han till London för att diskutera sin medverkan i en stor engelsk-amerikansk teveproduktion, en dramadokumentär om den svenske diplomaten Raoul Wallenberg. Huvudrollen i *Wallenberg: A hero's story* skulle spelas av Richard Chamberlain, som sedan genombrottet i början av sextiotalet gjort flera stora film- och teveroller och var aktuell som fader Ralph i *Törnfåglarna*. Per Anger var under andra världskriget Wallenbergs medarbetare vid den svenska legationen i Budapest och hade framfört som sin önskan till seriens producenter att han skulle gestaltas av Gösta. "På grund av det blev jag indragen i det projektet – som jag sedan backade ur", säger Gösta. Han ville läsa manuskriptet innan han tackade ja till rollen, men producenterna tyckte det var ett obefogat krav. De sa att det i England fanns hur många arbetslösa skådespelare som helst, som utan att tveka skulle acceptera ett sådant erbjudande. "Då ska jag inte stå i vägen för någon", sa Gösta och åkte hem. Kanske gladde det engelsmannen David Robb, som fick rollen.

Jämfört med tolvmiljonersprojektet *Slagskämpen* var *Dödspolare* från 1985 en riktigt asketisk film. Den kostade tre miljoner kronor, hade ett team på fem personer och spelades in på sjutton dagar. Detta makabra kammarspel bygger på en dröm Mats Arehn haft, om en man som vaknar dagen efter en våt fest och finner en död kvinna i sin lägenhet. Filmen kallades också "en dråplik historia". "Den var rolig att göra, det var ett kärt gäng", säger Gösta om samarbetet med regissö-

Dödspolare *gjordes av ett litet gäng, på kort tid. "Fan vet om den inte blev rätt så bra."*

ren Mats Arehn, manusförfattaren Rolf Börjlind, skådespelaren Sten Ljunggren och fotografen Lasse Björne. De jobbade tätt ihop och trampade regelbundet in på varandras revir. "Det var spännande att göra en film för väldigt lite pengar, med begränsat produktionsteam och i stort sett bara en inspelningslokal", säger Rolf Börjlind, som själv spelade polis i filmen. På biograferna blev publiksiffrorna måttliga, men det fanns andra planer för *Dödspolare*; medproducent var ett bolag på den expanderande videomarknaden.

I *Kronvittnet* från 1989 var Gösta kriminalinspektör med sliten charm. Filmens stämning är tät och suggestiv, med en pyrande erotisk underton. "Jag tyckte om människorna, men jag tror inte att det var så bra", säger Gösta. Såväl recensenter som biobesökare gav filmen ett matt bemötande.

Det var inte heller som polis Gösta skördade sina största filmframgångar under åttiotalet, utan som inbrottstjuv med kassaskåp av märket Franz Jäger som specialitet.

Lysande, Sickan!

”Jag tycker mycket om Sickan. Jag känner mycket starkt för Sickan. Sickan är en stor del av mitt liv. Sickan är hela åttiotalet”, konstaterade Gösta i en intervju. I fem filmer spelade han Charles-Ingvar Jönsson, kallad Sickan. Det satt långt inne: ”Jag tackade nej under några år. Jag hade annat att göra. Framför allt ville jag aldrig gå med på att göra en serie. För mig var villkoret att göra en film i taget.”

Varning för Jönssonligan hade premiär i december 1981. Den hade spelats in på sommaren samma år, men förhistorien var lång. Redan 1968 blev den första komedin om den kriminella ligan Olsen-banden en kassasuccé på danska biografer. Sedan dess hade Nordisk Film i Köpenhamn producerat ytterligare tio filmer om den klipske Egon Olsen och hans saktfärdiga kumpaner Benny och Kjeld. Totalt gjordes fjorton filmer under trettio år, några av dem är dansk films allra största publikframgångar genom tiderna. Egon Olsens liga var omisskännligt dansk, från ölen den konsumerade, till Hans Christian Lumbyes musik som ackompanjerade dess brottsliga bana. Filmerna gick bra i Östeuropa, men var i övrigt omöjliga att exportera. En av dem hade misslyckats på svenska biografer. I Norge producerades redan inhemska kopior av de danska originalen.

← *Charles-Ingvar Jönsson har en plan! Gösta som kassaskåpsexperten ”Sickan”, omgiven av kumpanerna Vanheden och Rocky – Ulf Brunnberg och Nils Brandt – i* Varning för Jönssonligan *från 1981. I ytterligare fyra framgångsrika filmer under åttiotalet bar Gösta ligaledarens basker och rutiga väst. ”Sickan” är en av svensk films mest slitstarka figurer.*

Nordisk Film kunde tänka sig att vara medfinansiär för en svensk version, om Gösta Ekman gjorde huvudrollen. Sedan 1978 kom filmproducenten Ingemar Ejve därför med ständiga påstötningar. ”Ingemar ringde mig och sa att han kunde få rättigheterna om jag ställde upp. Det gjorde jag inte och detta pågick under några år”, säger Gösta, som hellre ville arbeta med originalidéer. Han gick i alla fall med på att träffa den danska manusförfattaren och regissören Erik Balling och ägnade några dagar åt att titta igenom hela raden av filmer med Olsenbanden. ”Där fanns mycket som var bra. *En* film skulle man ju kunna göra. Jag sa: ’Vi gör en, så får vi se hur det går.’”

Göstas tankar om vad den svenska ligan och dess medlemmar skulle heta och vilka skådespelare som skulle gestalta dem överensstämde inte alls med producenten Ingemar Ejves. Namnet Olssonligan ratade Gösta till förmån för Jönssonligan, eftersom det förde tankarna till något jönsigt. Hur mycket han än tyckte om sin komikerkollega Carl-Gustaf Lindstedt trodde Gösta inte på honom som ligamedlem. Han ville i stället ha Nils Brandt från Lilla teatern i Helsingfors, som spelat Muminpappan i teveserien från 1969. Ulf Brunnberg hade Gösta träffat på Stockholms stadsteater: ”Han hade dubbelknäppt blå blazer och uttalade högeråsikter. På så sätt kan man säga att vi inte passade så bra ihop, men vi hade alltid roligt när vi träffades. Han är en väldigt *kul* figur. I det här projektet ville jag absolut att han skulle vara med.”

Filmen om Jönssonligan skulle utgå från den sjätte Olsen-filmen, men få ett rejält omarbetat manus. Till den uppgiften värvades Rolf Börjlind, som till en början hade svårt att tänka sig att skriva en bred familjekomedi: ”Det lät väldigt främmande för mig, som kom från konsthållet och en anarkistisk verksamhet. Men jag tyckte det skulle vara roligt att jobba med Gösta på ett tidigt stadium i en process. Vi skulle tillsammans prata fram ett nytt manus, det byggde på att Gösta och jag jobbade ihop. Det verkade väldigt lustfyllt, utifrån de kontakter vi haft.”

Gösta och Rolf Börjlind pratade fram den *svenska* ligans särdrag under promenader på Österlen och i de mallorkinska bergen. ”Det var ett sådant där sätt vi hittade. Gösta älskar att gå och jag tycker det är skönt. Det är svårt att göra anteckningar, men jag har alltid med mig ett block. Fördelen är att du hela tiden påverkas av omgivningen, människor och miljöer. Den stimulansen är bra", säger Rolf Börjlind. "Man kan ha väldigt roligt med Gösta, det har också varit värdefullt."

För att punktera ligaledarens uppblåsta ego ville Gösta ge honom ett smått löjeväckande smeknamn, som inte alls överensstämde med hans självbild. "Det är så roligt att hitta på namn och jag har mina motiv för olika namn. Jag sa till Roffe: 'Jag skulle vilja göra ett namn som liksom inte stämmer, ett flicknamn som han blir indignerad av att höra.'" Jönssonligans ledare döptes till Charles-Ingvar. Initialerna C-I ledde tankarna till "Sickan". Smeknamnet var samtidigt avsett som en hyllning till Sickan Carlsson, en av svensk film stora publikmagneter, som Gösta jobbade med redan 1956. Att föremålet för hyllningen inte alls gladdes åt uppmärksamheten fick Gösta veta långt senare. "Det var ju inte så roligt för Sickan det här med Jönssonligan", sa Hasse Ekman, som under ett Sverigebesök hade träffat Sickan Carlsson och fått höra att hon misstyckte till att låna ut sitt namn. "Det var fullständigt oväntat för mig! Jag trodde det skulle vara precis tvärtom. Tyvärr blev hon ledsen", säger Gösta.

Den sorglöse bilhandlartypen Ragnar Vanheden med åtsmitande kostym och mycket begagnad Chevrolet Impala klädde Ulf Brunnberg perfekt. Nils Brandts kraftige men ack så räddhågsne Rocky försvann efter andra filmen. Han ersattes som ligamedlem av Björn Gustafsons lullige sprängmedelsexpert Dynamit-Harry, som har ett ömt förhållande med Birgitta Anderssons paranta Doris, "en förtjusande människa".

Till det yttre liknade Vanheden, Rocky och Dynamit-Harry sina danska motsvarigheter. Charles-Ingvar Jönsson kom att skilja sig mer från sin förlaga. "Gösta har tänkt mycket på Sickan som figur, där har jag inte varit särskilt bidragande", säger Rolf Börjlind. Medan Egon Olsen i kritstrecksrandig kostym, kubb och cigarr var en barsk boss, tonade Charles-Ingvar Jönsson i Göstas tankar fram som en förläst och rätt disträ kuf med starka brillor:

> Jag såg honom i basker, lite långhårig, och med en gammal nylonskjorta, en liten fluga och en väst – han gillar västar. Han har en gammal sliten kostym. Jag såg honom som en överliggare, till exempel från Uppsala, som har studerat något … Han ser ut som en gammaldags journalist

också. Man kan tänka sig att han skulle ha kunnat bli vad som helst, till och med något konstnärligt, men av en slump kom han in på att ta sig in i kassaskåp.

Cigarren fick Charles-Ingvar ärva av danske Egon Olsen. Kubben tyckte Gösta däremot var för hård, han ville ha den mjukare baskern, som för tankarna till konstnärlig och intellektuell verksamhet. Det finns gott om baskrar i Göstas liv, några av dem har suttit på skallar som välvt planer minst lika storvulna som Sickans, till exempel Ingmar Bergmans och Herbert Tingstens. Gösta säger att Sickan snarare har fått sin basker från diktaren Gunnar Ekelöf: "Jag tänkte nog mest på det poetiska. Sickan har en konstnärsbasker, som den skapande figur som jag också tycker att han är." Hans rutiga väst liknar den som brukade bäras av Erik Zetterström, signaturen Kar de Mumma.

Så uppslukad är Sickan av sin egen storhet, att han försummar vardagens trivialiteter: frisören hinner han inte gå till, kostymen har han knappast bytt sedan studentexamen. Han blir däremot både fåfäng och lättsmickrad om någon visar honom uppskattning för det som är livets mening; att forcera kassaskåp av märket Franz Jäger.

Det tycks vara social revansch som driver Charles-Ingvar Jönsson, snarare än drömmen om rikedom. "Han ska ju vara smartare än Franz Jäger, det är han besatt av. Franz Jäger ska *aldrig* kunna göra ett kassaskåp som Sickan inte lyckas ta sig in i. När han får pengar – vad ska han göra med dem? Ibland försvinner de, ibland regnar de över honom. För Sickan är pengarna bara ett tecken på att han lyckats knäcka Franz Jäger. Han verkar jävligt ensam", säger Gösta om sin rollfigur.

I Charles-Ingvar Jönssons värld är kvinnor irrationella varelser som grusar hans planer. "Dynamit-Harry har ju sitt kärleksliv, Vanheden är flörtig, men Sickan tillhör de där som har ett livsprojekt", säger Gösta. Det var inte hans idé att Sickan i en filmscen skulle rasa från en mur och i fallet smärtsamt grensla en utstickande järnstång: "Jag har aldrig varit inne på att Sickan har testiklar över huvud taget. Det var väl den gången han blev påmind om att han faktiskt har ett könsorgan."

För Gösta var det självklart att ägna Sickan samma allvar och intresse som vilken annan rollfigur som helst. "Orsaken till att en sådan figur överlever och blir slitstark och folkkär är ju den omsorg som lagts ned från början, att det är en duktig människa som gestaltar den – och gör det *på riktigt*. Annars skulle den inte vara så beständig", säger Rolf Börjlind.

Jönssonligan gav honom en ödmjukare inställning till bred filmunderhållning: "Jag förstod att det sitter en miljon människor – hela familjer – och skrattar åt det vi har gjort. Det var otroligt tillfredsställande. Gösta bidrog till att få mig att förstå värdet av att kunna åstadkomma något som folk älskar och skrattar åt. Komedins värde såg jag inte innan."

Gösta använder små medel. Yngsjömördarens hjälplöshet speglas i hans flackande blick. Axel i *En dåres försvarstal* samlar sin vånda i rynkan mellan ögonbrynen. Spända käkmuskler avslöjar den vanmakt patriarken i *Lucie* bär på. Charles-Ingvar Jönsson har en uttrycksfull mun, som röjer hans avsikter.

När Gösta utformar sina rollfigurer kan han alltid säga vad de *inte* kan göra, det är så han ringar in deras personligheter: "Jag är inte alltid medveten om det, så jag antar att det finns rätt mycket av mig själv. Det är klart man plockar det någonstans ifrån. Man renodlar och lyfter fram drag som man själv har, och tar bort annat. Så står det en till synes annorlunda figur där. I bästa fall."

Vad är det då för egenskaper Sickan och Gösta har gemensamma? Rolf Börjlind drar på svaret: "Det finns ett egocentriskt drag hos Sickan, som Gösta själv har – och är medveten om. Sickan är centrum. Det är möjligt att Gösta kan känna igen sig där."

VALET AV REGISSÖR till den första filmen om Jönssonligan blev en överraskning. "Jag sa att vi måste ha en bra och seriös regissör. Jonas Cornell är en mycket rolig man, därför föreslog jag honom", säger Gösta om den intellektuelle skribent som på sextiotalet intervjuat honom på Expressens kultursida och därefter regisserat honom i den smala filmen *Som natt och dag* och i Strindbergs *Brott och brott* på Stockholms stadsteater, inget av det hade direkt lockat till skratt. Själv sa Jonas Cornell att han minsann kunde göra roliga saker, trots att han bar glasögon och såg allvarlig ut. Med Jönssonligan ville han räcka lång näsa åt dem som sätter likhetstecken mellan intellektuell och ofolklig: "Min målsättning var att göra god underhållning för hela familjen. Det var också en utmaning att göra film för en stor publik. Det har funnits en tendens bland oss 60-talsfilmare att glömma bort publiken. Nu finns å andra sidan en motsatt sjuka, att bara göra lätta komedier utan innehåll."

Varning för Jönssonligan blev en hejdundrande publikframgång med över en miljon besökare på biograferna. Jönssonligan var filmkomedi av beprövat slag, men speglade sin samtid. Åttiotalet var de blanka kostymernas och de stora klippens tid. Danska Olsen-banden hade närt småborgarnas dröm om en tryggad ålderdom. Jönssonligan ville spränga banken.

Genom Papphammar Produktion var Gösta medproducent och den här gången kunde han räkna hem investeringen. Övriga producenter ville genast att han skulle värpa ytterligare ett guldägg, men Gösta var skeptisk: "Ingemar Ejve förstod inte riktigt den svåra balansgången i att ge publiken vad den vill ha: det ska likna det man redan har gjort, men ska ändå vara nytt. Det är väldigt svårt!" Efter varje film skulle Gösta framstå som en alltmer ovillig Sickan: "Jag sa alltid att det är den sista, och gjorde Ejve lika olycklig varje gång." Gösta ville inte ställa Jönssonligan på löpande bandet:

> De stackars producenterna tänkte att vi hade gjort en bra grej och ville göra en bra grej till, så fort som möjligt: "Varför ska vi vänta?" Jag tyckte att det tar tid innan lusten rinner på. Man kan titta på min farsa, han jobbade ju kopiöst några år. Sen blev det mindre bra, sen tröttnade han på sig själv. Det är lätt hänt om man jobbar mycket och det går bra. Det handlar om hur du upprätthåller din egen nyfikenhet. Hur fyller du på tankarna? Det är en konst i sig. I mitt fall hade jag starkt behov av att rymma fältet. Gärna göra så bra jag kan, dygnet runt, när det gäller. Sen: bort och nästan försöka glömma vad jag har gjort, för att samla ihop till nya idéer. Det tar tid att tänka ut vad det ska bli härnäst.

Alla farhågor till trots var inspelningen av nästa film i full gång bara fyra månader efter den första filmens premiär. Gösta lät sig övertalas, fast han helst hade väntat i ytterligare ett år. Karaktärerna var etablerade, skådespelarna varma i kläderna och *Jönssonligan & Dynamit-Harry* hämtade hela intrigen från en dansk förlaga – ändå tycks allt inte ha varit tajmat och klart, in i minsta detalj. Filmen blev inte så omsorgsfullt gjord som Gösta brukade kräva. ”Men om det blir en del tre, skall den dröja – det har jag uttryckligt löfte om”, sa han.

Hans bror Mikael Ekman var ny regissör, efter att i många år ha samlat erfarenheter som sufflör, regiassistent, klippare, produktionsledare och producent inom teater, film och teve. Han var alltså meriterad för uppgiften, därtill hade han enligt Gösta en rent skrattretande likhet med pappa Hasse: ”Samma förmåga att ta folk, att få sin vilja igenom, att föra sig, att tala ...” Nu hade Gösta fått sin fars avbild i registolen.

Att han själv la sig i regiarbetet föll sig naturligt, eftersom han redan under manusarbetet gjort sig en bild av hur hans huvudroll skulle utformas. Samarbetet fungerade bra och Mikael Ekman regisserade även Göstas återstående Jönssonligan-filmer: ”Vi kunde ha delade meningar, men vi är samma andas barn, garvar åt samma grejer och ser varandra som yrkesmän, snarare än som bröder.” Göstas förtroende för Mikael lättade trycket: ”Det var nästan avkopplande att gå in och ’bara’ göra Sickan och inte behöva hålla på med helheten. Jag kunde lämna ifrån mig den stora bullen och sedan plocka ut russinen – de saker Sickan kunde göra på sitt speciella sätt.”

EFTER EN PAUS återkom Rolf Börjlind som manusförfattare till den tredje filmen om Jönssonligan, efter försäkringar om att anknytningen till de danska originalfilmerna skulle bli lösare. ”Gösta och jag skulle få göra det själva. Då tyckte jag det blev kul igen. Till den tredje hade vi element kvar från de danska filmerna, vi såg dem som ett smörgåsbord och plockade ut det vi tyckte var kul. Det handlade inte om att bara överföra en dansk historia.”

Jönssonligan får guldfeber kom efter ett två år långt uppehåll. Sommaren 1984 spelades de sista scenerna in i Nordisk Films ateljéer i Köpenhamn, i Sverige hade alla stora studioområden lagts ner. ”Det är som en återkomst till ungdomens lekplatser”, sa Gösta mellan tagningarna och tänkte på Filmstaden i Råsunda. Sedan klättrade han upp på den jättelika urtavla som reste sig i ateljén, en kopia av klockan på Rådhusets torn i Köpenhamn och från vars visare det danska Olsen-banden redan dinglat. I *Jönssonligan får guldfeber* placerades den på tornet till Stockholms stadshus, som i verkligheten saknar klocka.

Som tidigare var Gösta tveksam till att medverka i nya filmer om Jönssonligan: "Det är ingen självklarhet att man skall upprepa något bara för att det går bra. Jag har svårt att tänka mig att göra något mer." När han ytterligare två år senare åter hade dragit på sig Sickans basker och spelade in *Jönssonligan dyker upp igen*, talade han om vilken mardröm det vore att ha tio Jönsson-filmer framför sig. Ytterligare en blev det i alla fall. *Jönssonligan på Mallorca* blev den näst mest framgångsrika filmen i serien, sågs på bio av en miljon svenskar och spelade in 45 miljoner kronor.

Ulf Brunnberg och producenten Ingemar Ejve drev på för en fortsättning, men nu sa Gösta definitivt nej. "Jag tror Gösta har bytt livsstil och inte längre vill syssla med komedier av det här slaget", sa Ingemar Ejve. Han insåg att Gösta inte var utbytbar. Ulf Brunnberg tyckte däremot att någon annan skådespelare kunde överta Sickans slitna kavaj: "Det är inte värre än att byta ut Roger Moore i James Bond. Vi är inte beroende av Gösta Ekman. Och det är jävligt många som är intresserade av att Jönssonligan ska fortsätta." Det blev ytterligare tre filmer, utan Gösta och utan Sickan och med stadigt sjunkande publiksiffror.

Var och en av Göstas fem Jönssonligan-filmer drog mellan 650 000 och en miljon besökare till biograferna, innan de återkom som repriser, visades i teve och såldes som videokassetter och dvd. Att Charles-Ingvar Jönsson är älskad av flera generationer svenskar får Gösta ständiga bevis för. En vårdag i slutet av nittiotalet gick han över Sergels torg i Stockholm, där en skolorkester med ett trettiotal unga musiker spelade. "Jag gick förbi och då var det nån som sa 'Sickan!', mitt i låten när dom lirade, 'Sickan!'. Sen slutade dom spela och så kom hela orkestern springande efter mig, för dom ville berätta att dom saknade Sickan så mycket." Hela vägen från Sergels torg till NK vimlade barnen kring Gösta, viftade med violiner och stråkar och undrade när nästa film skulle komma. "Då blir man väldigt varm om hjärtat. Det är väldigt roligt. Man känner att: 'åh, det här betyder nånting för dom.'"

Man måste inte älska sin mamma

”Jag hade mycket idéer och material och tyckte att jag skulle göra en egen film. Jag *måste* göra det, åtminstone för att visa för mig själv att jag kunde!” säger Gösta om det som 1986 blev *Morrhår och ärtor*, filmen han i samarbete med Rolf Börjlind hade skrivit manus till, spelade huvudrollen i – och regisserade. ”För vilken annan regissör hade klarat att förverkliga sig själv med mitt manus och med mig i huvudrollen ...”, frågade han sig.

Gösta saknade inte anbud, han fick ständiga förfrågningar om ännu en Jönssonligan-film, men femtioårsdagen närmade sig och han ville rensa skrivbordslådorna på alla lösa lappar och vittja de små anteckningsböcker han fyllt under årens lopp. ”Jag hade gjort så många andra filmer och varit med och bearbetat andras manus. Nu hade jag råd att ägna tid åt det, jag måste inte göra en ny film för att tjäna pengar. Jag kunde promenera med Roffe och prata om mina idéer. Jag lade upp kortleken och han pekade ut en bra hand. Vi jobbade jättebra tillsammans.”

Gösta som Håna och Margaretha Krook som hans paranta mor i Morrhår och ärtor, *filmen som Gösta skrev, regisserade och spelade huvudrollen i. Utan att vara självbiografisk byggde historien på Göstas egna erfarenheter. I porträttet av modern fanns drag av både mamma och farmor. ”Måste du ha den där rocken!” säger modern förebrående i filmen. För Gösta var rocken viktig, eftersom han hade övertagit den från vännen Allan Edwall. Också privat är Gösta noga med vad han har på sig, men lägger inte mycket pengar på kläder: ”Helst ska jag hitta dem för halva repriset.”*

I manusarbetet utvecklade Gösta och Rolf Börjlind metoden med *spiken*. Likt luffaren som i folksagan påstår sig kunna koka soppa på en spik, för att sedan komplettera med den ena råvaran efter den andra, tog de en aldrig så tunn idé till hjälp för att komma upp i varv. Sedan fyllde de på med allt fler och fylligare idéer, tills de hade ett matigt manus. Då kunde den ursprungliga spiken slängas, den hade tjänat sitt syfte och behövdes inte längre.

Spiken i arbetet inför *Morrhår och ärtor* var en anekdot som Gösta hade hört i sin ungdom. Den handlade om tre rödnästa Stockholmssnubbar utan fast inkomst. Strax innan Systembolaget skulle stänga för dagen blev de nervösa, i synnerhet som de saknade pengar. En av dem bar turligt nog en kostym, tillräckligt snygg att lämna på pantbanken. I samlad tropp uppsökte de den offentliga herrtoaletten under Norrmalmstorg, som nåddes via en trappa med ledstång, "så att man kunde hålla sig, tills man kom ner". På herrtoaletten härskade den så kallade Karl-dass-furstinnan. Mannen med kostymen stängde in sig i ett bås, tog av byxor och kavaj, hivade över dem till kumpanerna och skickade med dem nyckeln hem, mot löfte att de efter besöken på stampen och systemet skulle hämta ombyte till honom, innan de återvände. Kamraterna pep iväg med kostymen och genomförde den gemensamma planen, men bara till hälften. Efter att ha varit på Systembolaget glömde de stackaren som satt och tryckte i sitt bås i bara kalsongerna. Till slut knackade Karl-dass-furstinnan på och undrade hur det var fatt och mannen blev tvungen att stiga ut och dra en vals för att försöka förklara sin belägenhet: Eftersom han varit så rädd om kostymen hade han hängt upp den i spolanordningen innan han satte sig och – kan man tänka sig! – när han sedan spolade hade kostymen ramlat ner och sugits med ... Han fick lomma ut på stan, utan kostym och nyckel hem.

Historien förekommer inte i filmen, men fungerade som spik: "Jag såg den typen framför mig, det är upptakten till Håna. Det satte igång mig, det finns något i den världen som attraherar mig. Jag har gjort anteckningar om vad den figuren skulle kunna göra – lägga sin morsa i fel sovvagn till exempel", säger Gösta. Filmens huvudperson Håna kallas så eftersom hans namn Claes-Henrik Ahlhagen innehåller så många H:n. Han är en överårig yngling som samlat sina minnen från oskuldens tid i en tanig hästsvans, nu hoppar han mellan påhuggen och hamnar oftast mitt emellan. Hans mor är ett stålgrått slagskepp i hatt och kappa, kallar sig konsulinna, fast hon är änka efter en konsult. Gösta sa att filmen handlade om en till bristningsgränsen tänjd navelsträng.

”Historien byggde på två element”, säger Rolf Börjlind: ”Det ena var Håna-figuren, som råkade in i roliga situationer. Den andra var berättelsen om Gösta och mamma och farmor Greta, som hade en djupare botten. Det är en allvarlig relationshistoria, kombinerad med ren slapstick. Blandning är säregen och det är möjligt att vissa stördes av det pretentiösa i att personerna talade allvar. Den delen fyllde Gösta med stoff från sina dagböcker. Mitt bidrag var att strukturera och komma på roliga saker.”

Så många var Göstas lappar och så långa var promenaderna att filmmanuskriptet fick bortåt tre hundra sidor, mot normalt hundratio. Den första som fick läsa det var Tage Danielsson. ”Gösta hade ett stort förtroende för honom. Han var väldigt positiv, men tyckte det var långt!” säger Rolf Börjlind. Den färdiga filmen fick Tage Danielsson inte se. När han dog hösten 1985 förlorade Gösta en ”storebror” som han känt och arbetat med i nästan tjugofem år och som efter ytterligare snart tjugofem år ännu är saknad.

Gösta förbereder en scen med Claes Jansson, som spelade Tompa. Större delen av filmen utspelar sig i Vasastan i Stockholm.

EFTER EN RADIKAL kortning av manuskriptet spelades *Morrhår och ärtor* in i juni 1985. Miljön var Vasastan, skildrad som en loj småstad där rollfigurerna möts och skiljs i gathörnen. Det var Hånas kvarter – och Göstas: ”Visst, jag är vasastanit, är nästan född där och har haft ett antal bostäder där. Jag har utökat mina Stockholmserfarenheter sedan dess, men då var det ingen tvekan om att Vasastan var min stadsdel.”

Gösta minns inspelningen som rolig, men långtifrån smärtfri. Han omgav sig med människor han litade på och hade jobbat med tidigare, men den tredubbla uppgiften som manusförfattare, regissör och huvudrollsinnehavare var krävande: ”När jag var klar med förberedelserna hade jag gått ner många kilo och var så trött när vi skulle sätta igång.” Eftersom Gösta var i bild nästan hela tiden fungerade Rolf Börjlind som ögat utanför kameran. Han erinrar sig en bitvis ganska tuff inspelning: ”Gösta är en väldigt sträng människa och strängast är han mot sig själv. Det kan vara slitsamt att arbeta med någon som är så sträng. Han har en oerhört stark arbetsmoral, ett gravt lutheranskt missbruk. Han är ju nästan plågad av att uppfylla sina åtaganden. Tar han på sig något så gör han det till hundratio procent. Det är en stränghet som jag inte har träffat på hos någon annan som jag har jobbat med. Där är han väldigt speciell. Det har att göra med hela hans syn på livet.”

Under inspelningen av *Morrhår och ärtor* hyrde Gösta ett litet källarrum i huset bredvid studion, för att hela tiden kunna vara på plats. Han steg upp tidigt, efter att i allmänhet ha sovit dåligt efter en natts rollförberedelser. Om dagarna var han arbetsledare för ett stort filmteam. ”De krav han ställer på sig själv överför han på andra: ’Kan jag stå här pigg klockan sju ska alla andra också vara precis lika pigga.’ Han är samtidigt väldigt emotionellt lyhörd och känner av när han själv har orsakat någon slags misstämning. Då är han väldigt bra på att vända situationen och återvinna lusten”, säger Rolf Börjlind. Utan lusten och humorn skulle Göstas livshållning vara förödande, menar han: ”Det är sidor av samma mynt. Han måste kunna pysa ut sitt allvar någonstans.”

Som stark centralfigur påverkar Gösta dem han har omkring sig, det har Rolf Börjlind erfarit: ”Är Gösta på dåligt humör så spiller det över på omgivningen, liksom om han är irriterad eller sur. Är han glad får han hela omgivningen att leva upp." De som under årens lopp varit Göstas arbetskamrater minns gärna hur han skapat en god stämning på jobbet och varit en ständig källa till glädje. Vid inspelningar har kollegernas och filmarbetarnas skratt varit särskilt viktiga, eftersom Gösta inte haft någon annan publik att hämta energi och bekräftelse från: "Egentligen är det inte så stor skillnad på 30 och 300 personer. Det är en atmosfär som du arbetar fram. Och bra medspelare är din bästa publik."

Femtio år som Göstas vän, sommargranne och kollega på teatern, i radio, teve och film har glatt Lena Söderblom. "Så många goda skratt vi haft tillsammans – det är bara att tacka! Det har varit fantastiskt roligt. Speciellt de där gångerna när man inte *ska* och inte *får* skratta. Det finns inget som är så skräckblandat roligt", säger Lena Söderblom, som till och med höll på att brista ut i skratt under sitt eget bröllop, därför att Gösta var med som vittne.

"Man hade ju så roligt med Gösta! Han var rolig på scen, men han var nästan roligare privat. Han har en helt egen humor", säger Birgitta Andersson, Göstas kollega sedan 1956. Som scripta för Svenska Ords filmer och för två filmer om Jönssonligan säger sig Mona Haskel ha förstört åtskilliga tagningar, därför att hon inte har kunnat hålla masken medan Gösta agerat framför kameran. "Jag satt så här nära honom", säger hon och måttar någon meter mellan händerna, "och jag kunde *icke* hålla mig! Det bara sprutade och det är inte populärt när man filmar. Otroligt kul har vi haft."

Lena Nyman har återgett liknande erfarenheter: "När Gösta är på ett *strålande* humör, då är han det absolut roligaste som finns. När han är på det humöret skrattar man hela tiden, för det är bara inte klokt så rolig han är. Sen kan han vara precis lika grymt allvarlig och svart, som alla komiker väl är." Gösta har i ett teveprogram berättat hur han mötte Lena Nyman i en livsmedelsbutik vid Odenplan. Vid frysdisken såg han något hänga över kanten, det visade sig vara benen på en dam som grävde bland de iskalla förpackningarna. När damen rann tillbaka över kanten såg Gösta att benen var Lena Nymans. "Så pratade vi om priset på frysta varor. Sen sågs vi i ett antal produktioner med Svenska Ord." Sedan dess har de kallat varandra syskon. "Jag känner något *all-*

deles speciellt för Gösta, som jag inte gör för många andra: *kärlek*!", har Lena Nyman deklarerat, men att leva tillsammans med honom har hon inte kunnat tänka sig: "Gud bevare mig från det!"

Inspelningen av *Morrhår och ärtor* erbjöd Gösta ett nytt kärt samarbete med Lena Nyman. Hon spelade den jordnära och milt överseende Boel, som Håna förälskar sig i – fast han värjer sig i det längsta. "Vad är du rädd för?" undrar Boel i filmen. "Allt!" svarar Håna. "Det stämde bra med Lena, jag vet inte vem som annars skulle ha gjort den rollen", säger Gösta.

Margaretha Krook gjorde Hånas allsmäktiga mamma till en praktfull valkyria bland Östermalmsvåningens stilmöbler, ömsom mjuk som dyschatellens prydnadskuddar, ömsom hård som kristallkronornas gnistrande prismor. Hennes tystnad var ovanligt uttrycksfull, hennes suckar vibrerade av gamla oförätter: "... efter allt vad jag har gjort för dig!" Gösta säger att rollfiguren lånat drag av både farmor och mamma: "Jag är förtjust i det porträtt som Maggan gör. Jag tycker hon är fantastiskt bra!"

På Göstas förslag kom filmens affisch att likna illustratören Kurt Ards humoristiskt naturalistiska bilder, som på femtio- och sextiotalet ofta förekom i reklam och som omslag till veckotidningen Allers. Ard var i sin tur starkt påverkad av amerikanen Norman Rockwell.

På filmaffischens teckning är modern på väg att sluka sin son som en varmkorv, medan flickvännen spjärnar emot i ett försök att rädda honom. I filmen frågar Boel om Håna har det jobbigt med sin mamma. Han drar på svaret: "Som vanligt. Lite jobbigt ibland, kanske. Det är lite svårt att älska sin moder." När Boel påstår att man inte måste det, förstår han inte vad hon säger. Hon upprepar: "Man *måste* inte älska sin mamma!"

Göstas egen mamma var på Stockholmsbesök vid premiären. Hon skrattade gott åt Margaretha Krooks rolltolkning: "Farmor Greta upp i dagen!" Rolf Börjlind minns hur Agneta vid premiärfesten kom fram och bedömde filmen: "Den var rolig, men *jag* skulle ju inte ha gjort den så här." Gösta kunde inte imponera på sin mamma. "Jag vet väl hur han är, jag har ju gjort honom!" kunde hon utropa. Gösta menar att det är upplagt för svårigheter om föräldrar uppträder som om deras barn aldrig kan göra dem överraskade: "Hur bra jag än är och hur mycket beröm jag än får, så är det klart jag är värd det, det har hon alltid vetat."

När han flyttade hemifrån våren 1955 upphörde Göstas regelbundna umgänge med Agneta. Några år senare lämnade hon Stockholm, först för Malmö och sedan för Palma på Mallorca. "Kring 1960, när jag träffade Fatima, skulle gifta mig och skaffa barn, försvann min mor vid horisonten." Gösta hade gjort en roll som han själv tyckte var stor och komplicerad, i TV-teaterns uppsättning av Stig Dagermans *Skuggan av Mart*. När den visades i februari 1966 råkade Agneta befinna sig i Sverige. Gösta tyckte det var spännande att hon skulle kunna se pjäsen. "När jag undrade vad hon tyckte hade hon *tyvärr* inte haft tid att se den, men hon hade läst de berömmande recensionerna. 'Men det vet väl jag!' sa hon – och åkte till Mallorca."

Sedan han själv köpt hus på Mallorca träffades de oftare. Första gången Gösta var där promenerade han med sin mor i El Terreno, stadsdelen i västra Palma där hon hade en våning. På promenaden mötte de George, en av hennes äldsta vänner på ön. När Agneta presenterade Gösta som sin son, betraktade George henne misstroget och sa menande att hon inte alls behövde förställa sig inför honom – om det nu var sin unge älskare hon promenerade med kunde hon väl säga det rakt ut? "Då säger min mamma, till en ur sitt närmaste umgänge sedan flera år på Mallorca: 'Men det *är* verkligen min son', och George utbrister: "Good gracious, har du en son? Det har du aldrig berättat!'"

Vid den här tiden talade Gösta i en tidningsintervju åter om dilemmat i att kombinera socialt samvete med höga inkomster. "Under en lång tid hade jag svårt för att tillhöra de privilegierade i ett orättvist samhälle. Inte nog med att jag tjänade bra, jag gjorde det dessutom på något jag tyckte var roligt. Men i förhållande till hur mycket skatt jag betalar känner jag nu längre inte någon skuld, jag har äntligen börjat bli glad för att jag tjänar bra och kan dela med mig till de människor som står mig nära", sa han. En av dem han delade med sig till var mamma Agneta. "Under flera decennier skickade jag pengar till henne, allt mer regelbundet, eftersom jag tjänade bra. Jag har pratat om det med manliga vänner i likartade situationer och vi undrar vad det egentligen är vi amorterar. Vad är det vi betalar av?"

UNDER ARBETET MED *Morrhår och ärtor* köptes filmens produktionsbolag Europafilm upp av Svensk Filmindustri och Gösta blev ofrivillig pant i köpet. SF visade ett måttigt intresse för *Morrhår och ärtor*, men Gösta försäkrade att den skulle locka minst den halva miljon besökare till biograferna som krävdes för att ge vinst. Inför premiären reste han mellan de nordiska huvudstäderna och bjöd nöjesjournalister på ärtpuré för att marknadsföra filmen. Förutom i tjugosex svenska biografsalonger gick den samtidigt upp i Köpenhamn, Oslo, Helsingfors och Reykjavik. *Morrhår och ärtor* kritiserades för ett illa sammanhållet manus, Gösta fick nästan bara beröm. En recensent kallade honom "den ende stora svenska komikern inom synhåll". Filmen fick nära en miljon besökare bara i Sverige och blev en bra affär för SF, som samtidigt fick köpa Göstas bolag, med andelar i Papphammar och Jönssonligan. "Jag skulle köpa hus i Äppelviken och ville betala det i stort sett kontant."

Den stora villan på Vildsnårsvägen 2 köpte Gösta eftersom han och Pia bestämt sig för att barnen skulle gå på dagis och sedan börja skolan i Stockholm, Billie var fyra år och Robin tre. Nu hade familjen bostäder i Skåne, Mallorca och Stockholm, "men min revisor och jag är numera överens om fastighetsbegränsning", sa Gösta. Skånegården skulle säljas. "Jag kunde inte tänka mig att barnen skulle få något bättre liv än i Sverige. Vi hade precis köpt hus i Äppelviken, allt var planerat med tanke på barn. Det höll Pia med om – då!" I nio månader skulle hela familjen Ekman bo tillsammans i villan.

Gösta repeterade en föreställning som skulle sättas upp på Folkan vid Östermalmstorg, pjäsen hette *Two into one* när den gjorde succé i West End. "Jag hade aldrig spelat renodlad fars. Jag tyckte att Ray Cooney hade skrivit väldigt effektiva saker tidigare, så jag åkte till London och tittade på den." Handlingen var enligt Gösta lättfattlig: "Fel dörr, fel tillfälle och fel person." Att farsen därtill fick fel översättare gjorde Gösta ingen hemlighet av, han ändrade efter eget huvud. Titeln var det han som kläckte: *Hotelliggaren*. Vid Stockholmspremiären nyårsaftonen 1985 var det precis tre år sedan Gösta stod på en scen och han skulle få anledning att stanna länge på Folkan. Premiärpubliken tjöt av skratt och dagstidningarnas recensenter kuttrade i kapp. Svenska Dagbladets Lars Ring drabbades av en salig fröjd och fann farsskådespelaren Gösta oöverträffad och genial:

> Utan hans suveränt taffligt nervösa mimik, skruvade, laddade kroppsspråk och gnäggande skratt skulle *Hotelliggaren* blivit en skäligen platt historia där viljan till hämningslöst sex något trögt sipprat fram ur sprickorna i borgerlighetens fasad. Men med Gösta Ekman blir uppsättningen en orgiastisk skrattfest – åtminstone när han är på scenen – och ett mästerverk i sin genre.

Det gick rykten om vilket fantastiskt gage Gösta fick på Folkan. Han behövde inte klaga, men teaterchefen Olle Kinch var trots allt känd för att hålla hårt i pengarna. Han ville inte bjuda hem ensemblen eftersom han var rädd om sina mattor och på teatern var skådespelarna tvungna att själva betala för kaffet från artistfoajéns automat. Sedan Gösta påtalat saken blev åtminstone kaffet gratis för dem som spelade för utsålda hus månader i sträck.

Samtidigt som han bar upp *Hotelliggaren* hade Gösta den ledande rollen som Sickan i *Jönssonligan dyker upp igen*. Inspelningen inleddes i Stockholm försommaren 1986. Göstas familj befann sig i huset på Mallorca, han hade inte haft någon kontakt med Pia på en tid. "Jag ringde och sökte henne, för jag väntade att hon och barnen skulle komma tillbaka." När hon väl hörde av sig, på kvällen den 3 juni, var det för att berätta att hon funnit sitt livs kärlek på Mallorca och inte tänkte återvända till Sverige. Beskedet kom som en total överraskning för

Gösta. Bara en kort tid innan hade han i en tidningsintervju beskrivit sin familj som mycket lycklig. ”Jag tyckte verkligen att vi hade det bra ihop. Det var oerhört tungt.”

Gösta skapade en orgiastisk skrattfest. Vårsäsongen 1986 var hans. *Morrhår och ärtor* drog ännu publik till biograferna. I slutscenen rusade hans rollfigur över Blasieholmens kaj, försenad till den skärgårdsbåt som äntligen ska föra honom bort från stan och kapa navelsträngen, om så bara för en helg. Båten har just lagt ut. Han tar ett jättesprång för att komma med, men hamnar med ett plask i Strömmen. På övre däck skymtar Pia Ekman. Hon seglar bort, Gösta trampar vatten. Kanske fanns där en symbolik.

Uppriven, ledsen och trött efter en sömnlös natt anlände Gösta morgonen efter hennes telefonsamtal till filminspelningen. Jönssonligan skulle stjäla en väska med eftertraktad elektronisk utrustning från ett välbevakat och bepansrat rum, högst upp i finansmannen Wall-Enbergs fastighet. Enda vägen in är via mathissen från den kinesiska restaurangen i gatuplanet. Medan den övriga ligan distraherar Wall-Enberg och krogpersonalen är Sickans plan att osedd krypa in i den trånga hisskorgen, ta sig upp till pansarrummet och lägga beslag på väskan.

Restaurangscenerna spelades in i köket till Berns Salonger, där fanns den mathiss som Gösta kurade ihop i. Av misstag startades hissen för tidigt och Gösta hann inte dra in huvudet. Han blev svårt klämd. Filmarbetarna omkring honom trodde han var död. Någon kallade på ambulans. Medvetslös fördes han till S:t Görans sjukhus.

Via knät hade Göstas knytnäve under stort tryck pressats in i höger öga. Händelsevis bar han inte Sickans tjocka brillor. ”Det var tur, annars hade jag tryckt in glaset. Hade jag haft glasögonen på mig, skulle jag inte haft någon syn på det ögat.” När en kvällstidning några dagar senare fått nys om incidenten gjorde Gösta ingen affär av den. ”En beklaglig liten olyckshändelse”, förklarar han, men det var betydligt allvarligare än så. Det var ett tillbud som sånär hade vållat en komikers död. I en mathiss. Klädd i Charles-Ingvar Jönssons basker, fluga och slitna kostym.

”Jag hade inte sovit på hela natten. Det var därför mina reflexer inte fungerade, det tog lite längre tid. Det kunde jag ha dött på – eller kanske ville?" säger han om det som möjligen var ett klumpigt och oreflekterat självmordsförsök av en man som älskades av alla, men som ratats av den han valt att älska.

Birgitta Andersson var med i filmen, men bevittnade inte olyckan. Hon spelade också i *Hotelliggaren* och mötte Gösta när han några timmar senare kom till Folkan med skrapat ansikte: "Den kvällen glömmer jag aldrig. Det var synd om honom!" Halv åtta stod Gösta som vanligt på scenen och fick ännu en utsåld salong att skratta. Glasögon med tjocka bågar och skalmar täckte nödtorftigt de nysydda stygnen vid höger öga, smink dolde ansiktets övriga blessyrer.

"Man har en kronisk krabba i nacken som nyper sig fast och påminner om att halv åtta ska man minsann vara rolig. Ska man klara det måste man ha roligt själv", hade Gösta sagt strax före premiären på *Hotelliggaren*, vid en tid då han ännu ansåg sig leva ett lyckligt familjeliv. Nu var det inte längre roligt, men han lyckades genomföra de fyra föreställningar som återstod till teaterns sommaruppehåll. I efterhand kunde han inte minnas att han varit där, tiden var ett töcken. Varför tvingade han sig? Gösta tvekar om svaret: "Vad ska jag säga? Plikt? Jag är en pliktmänniska."

Minnet av den utdragna separationen från Fatima fick Gösta att den här gången agera med större beslutsamhet. Pia kom till Stockholm på kort besök. "Så gjorde vi upp om en skilsmässa, ganska snabbt. Hon fick huset på Mallorca. Det var lämpligt att jag tog barnen och Äppelviken."

Gösta säger att han inte skilde sig, han blev skild. "Det var en jobbig tid. Man är som ett ömtåligt kärl som blir sönderslaget gång på gång. Så limmar man ihop det, men med tiden blir det lite mjukt och håller inte alltid." När reaktionen kom, slogs han bokstavligt talat till marken. "Jag kollapsade och var jättedålig. Jag låg på golvet och ringde till min bror Mikael och sa: 'Jag behöver hjälp!' Efteråt hittade jag en lapp på golvet där jag skrivit: 'Jag behöver hälp'". Gösta kom till den psykiatriska akutmottagningen på S:t Görans sjukhus, men stannade inte länge: "Det var så stimmigt där." Läkarna undrade om det verkligen var klokt av honom att promenera hem till villan i Västerort – över Tranebergsbron. "De såg skeptiska ut, men jag sa att jag var väldigt förtjust i mina barn. Jag gick hem och började ett nytt kapitel i mitt liv."

INSPELNINGEN AV JÖNSSONLIGAN-FILMEN låg nere. För första gången i sitt yrkesliv hade Gösta tvingats avbryta ett pågående arbete. Hans bror Mikael, filmens regissör, drog på sig Sickans kläder för en kompletterande scen. ”Man tyckte av olika skäl att jag nog inte skulle in i mathissen mer”, säger Gösta. Producenterna stod på tå, Mikael Ekman var orolig, nervositeten spred sig i flera led. Gösta återvände för att avsluta inspelningen under ett par sommarveckor. ”Jag hade gått ner rätt många kilo, det syns på närbilderna.”

Efter sommaren inleddes ännu en utsåld säsong med *Hotelliggaren*. ”Då hade han två små barn att ta hand om, ensam”, säger Birgitta Andersson. ”Kan du inte vila innan?” föreslog hon. ”Är du tokig, då ska ju dom ha mat!” sa Gösta. ”Laga mat och vara pappa och sen till teatern – han var så bra. Han kom alltid in i logen på kvällarna, jag var ju där tidigt eftersom jag var inne på scen från början. Då kom han alltid och pratade lite”, säger Birgitta Andersson.

Gösta hade små barn och stor publik. Han kände ansvar för båda. I gengäld fick de honom på fötter. Han beskriver Billie och Robin som de trossar som förankrade honom i verkligheten och förmådde honom att inte tappa taget: ”Att vara med dem var verkligen ingen uppoffring, tvärtom kan jag säga att gudskelov hade jag barnen.” Teatern fanns också kvar. Publiken kom dit. Den skrattade åt honom. Först till sommaren 1987, efter tre säsonger och 371 utsålda föreställningar, lades *Hotelliggaren* ned.

Skilsmässan från Pia kastade en mörk skugga, Gösta kallar hela historien tragisk och trist. Att skriva blev ett sätt att bearbeta det han varit med om. Relationshistorien som han kallade *Paradiset* handlade om en medelålders man och hans unga hustru, thrillerintrigen var fiktiv, men de självbiografiska dragen uppenbara. I samarbete med Rolf Börjlind gjorde Gösta ett filmmanus av historien. Projektet var finansierat, huvudrollsinnehavarna vidtalade, Gösta skulle själv regissera. ”Det var ganska slipat, det hade kunnat bli en spännande historia”, säger Rolf Börjlind: ”Vi var i Frankrike och jobbade med det då han sa: ’Jag vill inte ha med det att göra, det är för nära.’ Det var en tid som var smärtsam och jobbig för honom. Plötsligt stod det honom upp i halsen, det påminde för mycket om något som var skit för honom.” Gösta ångrar inget: ”Jag tyckte inte det var riktigt bra, jag trodde inte på det.” De beslut han fattat ältar han inte i efterhand. ”Jag kan oroa mig och nästan bli fysiskt sjuk inför det jag åtagit mig och undra hur det ska gå. Sen måste jag komma på *varför* jag har gjort det. Jag kan inte efteråt säga att jag skulle ha gjort på ett *annat* sätt. Det intressanta är varför vi gjorde som vi gjorde, inte vad som hade hänt om vi gjort på något annat sätt. Jag tror mycket mer på för oss dunkla samband, än jag tror på slumpen.”

VIA VÄNNER FICK Gösta kontakt med en psykoterapeut som han kände stort förtroende för. ”Det var väldig tur. Jag tror vi höll på i sju år, minst två, oftast tre gånger i veckan.” Det fanns mycket att prata om: ”En analytiker är viktig för människor som aldrig tillåtit någon annan att bli viktig i deras liv”, sa Gösta. ”Kriser kan vara nödvändiga och kreativa, men för att de ska vara det så kan man få hjälp med vad det handlar om. En kris handlar om att man inte riktigt *vet* vad det handlar om”, sa Gösta när han talade om sin terapi i ett radiosamtal. Att många människor vid den tiden smusslade och smög med sina terapibesök trodde han berodde på gamla fördomar kring sinnessjukdom, själv tyckte han det var lika självklart att måna om sitt inre som om sitt yttre: ”Vi håller på så mycket med kroppen, svettas och friskar oss och tänker på vårt utseende. Det är bra, men det hindrar inte att kroppen innehåller en massa saker, inte bara inälvor. Det lilla vattenhuvudet vilar också på den spröda kroppen. Det är lika viktigt att hålla igång det.” I finansvalparnas åttiotal hade psykoanalysen en säkrare ställning än den revolutionära marxismen, förmodade Gösta: ”Jag tror inte man kan spola Freud lika lätt som man försöker spola Marx.”

Själv kallade han sig ännu socialist, om än anarkistiskt färgad och något villrådig. Som egen företagare med miljonomsättning kändes det kluvet att rösta på vänsterpartiet. ”Jag har aldrig tillhört något parti, jag har aldrig haft partibok, men jag har samma problem nu som jag hade för 25 år sedan.” Gösta tyckte att han visste och kunde allt mycket bättre när han var yngre, nu var världen svårare att tolka.

Strax efter premiären av *Hotelliggaren* hade statsminister Olof Palme mördats på öppen gata i Stockholm och polisarbetet pågick under hela spelperioden. Spaningsledaren Hans Holmér satt i återkommande presskonferenser, visade upp revolvrar av typen Smith & Wesson 357 och luftade sin teori om det kurdiska arbetarpartiet PKK:s skuld. Hans tal om "kurdspåret" gjorde Gösta ilsken och när han läste Holmérs bok *Olof Palme är skjuten* blev han förbannad. "Jag tänkte att jag vet ingenting om kurder. Jag vet inget om Kurdistan – och inte fick jag veta mer av Hans Holmér. Man kan inte bara dra ett helt folk över en kam. Jag tänkte ta reda på vad det handlar om och gjorde så gott jag kunde."

Gösta tog upp frågan i Amnestygruppen, fördjupade sig i Kurdistans historia och träffade kurder i Sverige, även PKK-medlemmar som levde i det fördolda. När Svenska kommittén för kurdernas mänskliga rättigheter bildades våren 1989 var Gösta initiativtagare, tillsammans med bland andra Rädda Barnens generalsekreterare och Metallarbetareförbundets ordförande. Vid en uppvaktning hos invandrarministern till stöd för en grupp kurder som stämplats som terrorister och satts i kommunarrest gjorde Gösta oanmäld entré, slog sig ner och lät ministern förstå att det kurder utsattes för i Sverige skämde vår demokrati."Jag känner inte för att lubba ut på barrikaderna, direkt", hade Gösta sagt i början av åttiotalet, nu hade Hans Holmér fått honom att följa ett nytt spår. "Jag kom på att jag skulle vilja göra en kurd-dag, ungefär som jag tidigare hade jobbat med IB-dagen. Så skulle man göra, nu när alla bara talade om kurdspåret."

Gösta gick till Olle Kinch på Folkan och övertalade honom att låna ut teatern. Söndagen den 26 maj 1991 hölls Kurdgalan där, från klockan 13 till sena kvällen. Biljettpriset var 50 kronor i timmen. Syftet var att informera om kurdernas situation och samla pengar till kurder på flykt. Gösta hade lockat dit ett imponerande artistuppbåd som underhöll inne i teatern och på torget utanför, själv var han konferencier. Alla ställde upp, från Jarl Kulle till Lasse Berghagen. Ute på Östermalmstorg stod Benny Andersson och spelade dragspel. "Det är ett roligt minne", säger Gösta, "jag har sedan dess alltid blivit glatt bemött av kurder."

Könet bedrar

I januari 1989 hamnade Gösta på hal is när han för en intervjuare försökte beskriva sin roll i den film han just skulle spela in: "Jag vet inte vad jag gör, jag förstår inte så mycket, tror jag. Kanske har jag keps och jag tror jag kan laga en hiss. Det är en bitvis farsartad, tragisk äktenskapsbeskrivning. Det är svårt att redogöra för vad det är."

Han skulle mycket riktigt bära keps i filmen Marie-Louise De Geer Bergenstråhle regisserade, därtill negligé och röd korsett. När *Den hemliga vännen* hade premiär, ett drygt år efter inspelningsstarten, hette regissören Marie-Louise Ekman, för då hade hon och Gösta gift sig, på hans femtioårsdag: "Jag kom på att jag inte önskade mig någonting annat än Marie-Louise."

När de blev ett par hade de känt varandra länge, en härva av familjerelationer och vänskapsband förenade dem. Marie-Louises pappa hette Walter Fuchs. I sin ungdom på trettiotalet ville han bli konstnär och det första riktiga porträtt han målade var av Göstas farfar. Walter Fuchs sökte upp gamle Gösta Ekman i hans teaterloge och fick måla av honom. Marie-Louises föräldrar träffade Göstas far och mor på fyrtiotalet, då Walter Fuchs arbetade med att lansera filmer för bland annat Lorens Marmstedts bolag Terrafilm. Walter Fuchs blev reklam-

Efter ett längre uppehåll återvände Gösta till scenen 1994, i Marie-Louise Ekmans pjäs I fru Vennermans fall. *Samma rollfigur gjorde Gösta också i teveserierna* Duo jag *och* Vennerman & Winge. *Vera Vennerman har tydliga drag av mamma Agneta. "Den där minen påminner mest om farsan, lustigt nog."*

chef på Vasateatern och på Intima teatern, där Gösta träffade honom i början av sextiotalet.

Under sitt halvår i Paris 1960 hade Gösta lärt känna textilformgivaren Veronica Nygren, som efter sin återkomst till Stockholm var med och grundade klädföretaget Mah-Jong. Där praktiserade under en tid Göstas dåvarande fru Fatima. Veronica Nygrens kompis Marie-Louise var modell för Mah-Jongs kläder, på foton tagna av hennes man Carl Johan De Geer, god vän och kollega med Adam Inczèdy-Gombos, sammanboende med Monica Nielsen, som Gösta känt sedan 1956 och som var Fatimas bästa vän ...

År 1966 var Gösta och Fatima hemma hos Carl Johan och Marie-Louise i Smedslätten i västra Stockholm. Om bara Göstas synska gåvor varit bättre utvecklade hade han då kunnat berätta för Marie-Louise att hur trevligt hon än hade det med Carl Johan skulle de bara några år senare separera. Hon skulle gifta sig och få barn med Göstas vän och arbetskamrat, regissören Johan Bergenstråhle. Drygt tjugo år senare skulle Marie-Louise gifta sig med Gösta och han skulle bli barnens nye far.

Marie-Louise hade förstås inte trott honom. Från det där första mötet minns hon den tjugosjuårige Gösta som en känd och etablerad yrkesman med bestämda åsikter om det mesta, ”det var nästan så att jag neg”. Själv var hon tjugotvå: ”Jag var som ett rö för vinden och tittade bara storögt på honom. Jag hade precis börjat måla på nätterna och fattade ingenting.”

Året därpå hade Marie-Louise sin första egna konstutställning. När hon i slutet av nittiotalet förberedde en återblickande utställning på Kulturhuset i Stockholm och samlade ihop trettio års gästböcker, visade det sig att Göstas namn ofta återfanns på de första sidorna. ”Av någon orsak var jag tidigt intresserad av henne – också som konstnär”, säger han. De umgicks i samma kretsar, satt på samma krogar, gick i samma demonstrationståg.

Första gången de samarbetade var när Gösta i mitten av sjuttiotalet upptäckte radiomediets obegränsade möjligheter i *Kabaré Öppen kanal*, där han framförde en absurd text som Marie-Louise hade skrivit. I kontrollrummet satt den dagen en räddhågsen producent som försiktigtvis undrade *var* det hela utspelade sig. På väg in i studion muttrade

Gösta vresigt: "I arslet!". Marie-Louise tänkte: "Den spelplatsen hade jag aldrig trott att någon skulle föreslå. Honom skulle man ju faktiskt kunna fortsätta att jobba med här i livet."

> Det var befriande och anarkistiskt. Det var första gången jag kände mig helt besläktad med honom. Vi fick väldigt tidigt en väldigt bra kontakt, även när vi var gifta på varsitt håll. Man kan känna att man har bra ögon till varandra och känner att det är lätt att prata. Man bygger ihop, det händer saker när man pratar. Så har vi alltid haft det, om vi så bara har pratat en minut. Det har uppstått en lätthet när vi har kommunicerat. Det har blivit ett gemensamt mentalt kapital som har vuxit. Det är inte så många människor man har det med. Det känns också roligt och slumpartat att våra vägar korsades, ungefär tjugofem år efter att vi första gången började prata med varandra. Av en slump vinklades våra öden mot varandra. En lyckosam slump!

Ibland la Gösta lappar i hennes brevlåda. Marie-Louise hade en arbetslokal i gatuplanet på Östermalmsgatan 64, där Gösta gärna passerade under sina promenader genom Stockholm. "Var hon där krafsade jag kanske på rutan. Då sa hon att hon behövde en promenad. Så gick vi ut och pratade om sånt som berörde oss. Vi hade väldigt roligt när vi pratade, om vad det vara månde."

Marie-Louise skrev på ett manus till en film som skildrade ett äktenskapligt helvete. Den skulle få namnet *Den hemliga vännen* och ha Ernst-Hugo Järegård och Margaretha Krook i huvudrollerna. Tillsammans med Ernst-Hugo Järegård bollade Marie-Louise namn till de återstående två rollerna: "Han föreslog Calle Billquist och så ville han att Gösta skulle vara med – men han fick inte vara rolig! Ernst-Hugo var en spännande person. Han var intresserad av konstnärliga utmaningar. Han såg kemin mellan sig och Gösta, där skulle det hända saker. Gösta skulle befrukta honom." Marie-Louise ringde till Gösta som skördade publikframgångar med Jönssonligan och frågade om han ville vara med i en liten film, gjord av ett fattigt bolag. Gösta hade sett och fascinerats av de filmer Marie-Louise regisserat och svarade att han gärna ville vara med, utan ersättning om så vore. "Det var ett järngäng som

Med Den hemliga vännen *inledde Gösta 1989 sitt första filmsamarbete med Marie-Louise De Geer Bergenstråhle, samma år gifte de sig.*

jag kände bra och hade jobbat mycket med. Det kändes kul och smickrande att få vara med där", säger Gösta.

Hösten 1988 inleddes manusläsningen och repetitionerna inför *Den hemliga vännen*. "Jag har på många sätt varit attraherad av Marie-Louise, rent skamligt manligt, men lika mycket för att hon är en mycket *märklig* person, sammansatt på ett sätt som väldigt många *inte* är. Nu började man haja vilken egendomlig kapacitet hon har. I och med att jag var med och gjorde *Den hemliga vännen* lärde jag mig att Marie-Louise är en egendomligt begåvad, snillrik, annorlunda, *arbetsledare*. Det hade ingen kunnat fatta – den här halvnakna tjejen som målar bajskorvar!", säger Gösta.

Han märkte att pulsen ökade när Marie-Louise var i närheten. Hennes äktenskap med Johan Bergenstråhle var sedan länge avslutat och hur hon nu levde sitt privata liv hade Gösta ingen aning om. Hans egen uppslitande skilsmässa låg nära i tiden och helst ville han inte gå in i någon ny relation. "Jag tänkte: 'Vad känner jag egentligen för Marie-Louise?' Jag blev själv ganska drabbad: 'Herregud, vad är det jag *egentligen* känner!' Jag ville stänga locket och säga att det var så bra som det var." Ändå: När Marie-Louise vid ett tillfälle sa att hon saknade klocka, tog Gösta genast av sitt armbandsur och gav henne det. Han var fast besluten att skaffa ett likadant till sig själv; som ett tecken på gemenskap skulle de bära likadana klockor.

En vårdag när inspelningen var avslutad gick de tillsammans till Konstakademien, där Marie-Louise var professor och lärare. Gösta skulle köpa några tavlor som förekommit i filmen och Marie-Louise sammanförde honom med konstnären, som var hennes elev. Efteråt gjorde Gösta och Marie-Louise sällskap därifrån:

> Vi gick ut på baksidan, det var solsken och jag fick en våldsam hjärtklappning. Jag tyckte att vi hade gjort något tillsammans. Gud eller djävulen grep mig och jag sa till Marie-Louise att jag nog var förälskad i henne. Vi stannade i solskenet och hon sa att det var nog likadant för henne. Vi gick in på något pizzerialiknande ställe på Vasagatan, hon drack ett glas rosé och jag tog en öl. Hon satt där och hade min klocka på sig. Då hade vi sagt det!

Det var inledningen till det ännu pågående kapitlet i Gösta Ekmans liv. "Man kan nog säga att vår relation har vuxit ur vårt arbete. Vi har inte valt att gå den vanliga vägen och göra barn ihop. Våra 'barn' har varit vårt arbete", säger Marie-Louise: "Jag attraheras av människor som ser till att man kan göra det man vill göra, som inte ställer sig i vägen och begränsar en. Jag tror inte heller att han hade attraherats av mig om jag inte hade tyckt att han var en väldigt bra konstnär. Det är ömsesidigt. Vi gillar varandra, inifrån och ut."

Försommaren 1989 skulle den femte filmen om Jönssonligan spelas in, lämpligt nog på Mallorca, så att Gösta kunde lämna Billie och Robin hos Pia. Marie-Louise följde med på resan. Scriptan Mona Haskel ler vid minnet: "Åh, när jag såg dem ihop när vi skulle börja filma på Mallorca. De var så söta, så nykära! Det var jättekul att de träffades, för Gösta mådde inte särskilt bra innan. Att se dem gå hand i hand på Mallorca, det var härligt!"

JÖNSSONLIGAN PÅ MALLORCA och *Den hemliga vännen* hade biopremiär med några månaders mellanrum. Jönssonligan gick upp i sextiosju kopior på biografer över hela landet, *Den hemliga vännen* i två. Nära en miljon löste biljett för att se Gösta i Sickans basker och rutiga väst, 25 377 såg honom bära keps och röd korsett. Om han låtit sig styras av en karriärcoach hade strategin knappast blivit fortsatt samarbete med Marie-Louise Ekman: "Nej, säkert hade den sagt: 'Du gör ju ett publikt självmord, vad är det för roligt med det här?' Men coachen hade i så fall inte träffat Marie-Louise!"

Hon målar de tavlor, skriver de pjäser och regisserar de filmer hon måste och vill gärna tro att alla människor ska dela hennes intresse för resultatet: "Gösta har alltid haft en stor publik. Jag har aldrig haft en stor publik. Så är det. Jag har alltid trott att jag skulle få en jättepublik i *allt* jag gjort, jag har trott att jag ska slå alla rekord, att hela landet ska stanna. Jag har aldrig nischat mig till att ha en liten källarpublik, jag har alltid trott att jag har gjort något för gemene man. Ingen har varit mer förvånad än jag."

Rolf Börjlind förstod att ett tioårigt samarbete höll på att ta slut när Gösta nu gick in i en privat och professionell relation med en författa-

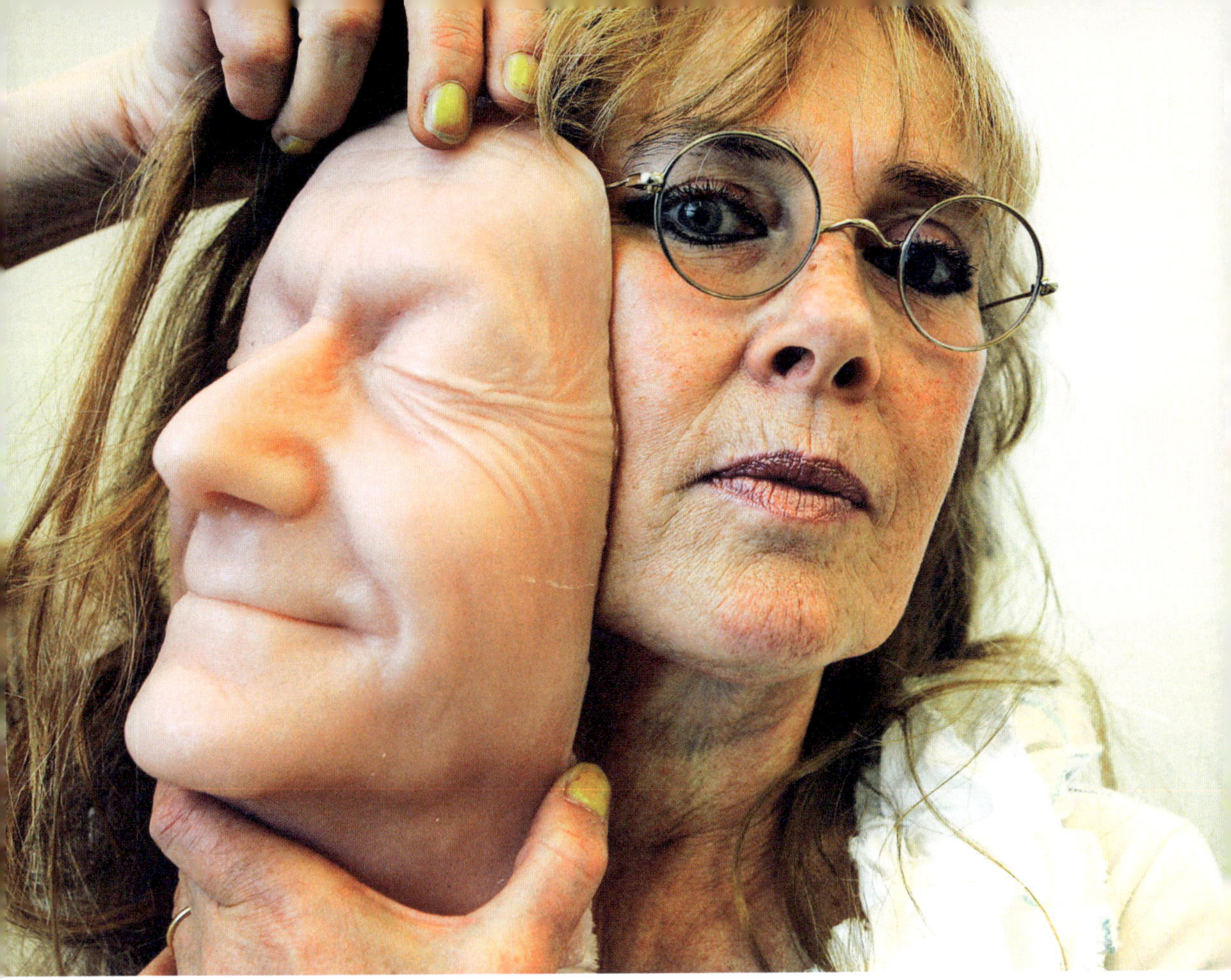

”Vi gillar varandra inifrån och ut”, säger Marie-Louise Ekman om sin livs- och arbetskamrat Gösta. ”Vi var som två hälfter”, säger Gösta om mötet med Marie-Louise.

re och regissör: ”Han gillade att jobba med Marie-Louise och han gillade filmerna. Han älskade att göra det, för att det var apart. De ligger nära en annan sida: det groteska, absurda. Filmerna grävde i teaterhistorien, där han känner sig hemma.” Att Gösta lämnade Sickan för Marie-Louise var egentligen inte förvånande, menar Rolf Börjlind: ”Så har han alltid gjort, blandat det stora och det lilla. Jag tror han behövde det. Gösta har alltid varit självständig, han har aldrig gått i ledband.” Filmbranschens folk måtte ändå ha skakat sina huvuden i samfällt tvivel på Göstas själsförmögenheter när han valde bort Jönssonligan och abdikerade som affischnamn.

Jag var mätt på kommersiell framgång och att jobba på villkoren att det måste vara skrattretande, framgångsrikt och helst med en miljonpublik. Jag tyckte det var intressant att hoppa av den här fullriggaren, driven av penninghunger, för att jobba med något som jag tycker är maximalt intressant: Marie-Louise! Så fort vi träffades började det bubbla av idéer. Vi tyckte att vi hade en massa gemensamma nämnare och tankar om vad man skulle kunna göra.

DET BUBBLAR ÄNNU, efter drygt tjugo år. I Marie-Louise har Gösta funnit en livspartner och en samtalspartner lika ordrik och idérik som han själv: "Vi har gjort experiment och har jobbat mycket tillsammans, på ett sätt som inte är så vanligt. Vi idisslar tillsammans, byter roller med varandra. Många har sagt att vi är lika, att vi har syskontycke. Det kan jag tänka mig. Vi har också stora olikheter – så klart", säger Gösta. De pratar ofta och mycket, gärna i munnen på varandra, men de är också tysta samtidigt. Marie-Louise växte upp i en pratande familj och känner sig som hemma i Göstas sällskap: "Jag blir lugn av prat, jag blir inte störd av det, vi pratar mycket. Vi går in i varandras språk och rytm. Han har påverkat mig mycket!"

Äktenskapet var tredje gången gillt för dem båda och de sammanfogade sina familjer till en lyckad enhet: "Vi jobbar ihop och har alla barn tillsammans och alla ungar har bott hemma och bott ihop och träffas regelbundet", säger Gösta.

Förhållandet ger upphov till glada utrop bland hans kolleger och vänner. "Det är en fröjd att se dem! Det är en lycka för mig att se att Gösta mår så bra", säger Fatima. "Marie-Louise har varit väldigt bra för honom, därför att hon är ett lika stort epicentrum som han själv, men med ett stort hjärta. Det har betytt mycket för honom", säger Rolf Börjlind.

När de möttes på Mallorca blev mamma Agneta stormförtjust i Göstas nya kvinna, de kom genast bra överens. "Marie-Louise förkroppsligade vad min mamma tyckte att hon själv borde ha blivit: erkänd konstnär, regissör och chef. Och hon hade hemskt gärna velat ha en dotter. Hon mådde väldigt bra av att det kom någon som var nyfiken på *henne*. Jag var ju, så att säga, mindre nyfiken", säger Gösta. Någon avund mot kvinnan som hade förverkligat hennes egna drömmar kunde han inte spåra hos Agneta: "Jag tror det fanns för mycket som hon var glad över, inte minst att jag höll käften. Jag satt vid sidan av och såg hur fint det funkade mellan dem."

Marie-Louise var intresserad av Agneta därför att hon var Göstas mamma och tyckte det var guld värt att höra henne berätta: "Hon var väldigt rolig, en stark personlighet, en tuff dam! Framför allt tror jag att hon gillade mig för att vi hade så lätt att prata med varandra. Hade vi inte hittat varandra verbalt, hade hon nog tyckt att jag var rätt meningslös. Hon var en underhållande person och vi hade roligt ihop, en fungerande kemi."

I FILMEN OM Jönssonligan spelade Kent Andersson kommissarie Persson, utsänd till Mallorca på bovjakt. "Kent och jag kände varandra sedan länge och umgicks mycket. Han kom till Mallorca och där träffade Marie-Louise honom. När hon såg Kent och mig tillsammans tyckte hon att vi var ett bra par och tände på det", säger Gösta. Med Kent Andersson fick han kort därefter agera i två tredelade teveserier. Marie-Louise skrev manus och regisserade dem tillsammans med Gösta. De sändes höstarna 1991 och 1992. I den första, *Duo jag*, kallas rollfigurerna "Den tjocke" och "Den smale". Den andra serien bär deras namn: *Vennerman & Winge*.

Eskil Vennerman och Paul Erik Winge lever i en kärleksrelation, delar en borgerligt möblerad våning i ett äldre innerstadshus, inbodd och trevlig, med djupröda väggar och öppen spis. Böckerna och tavlorna signalerar att här bor bildat folk. Paul Erik Winge är en etablerad och populär skådespelare med stort ego. Eskil Vennerman är en okänd och ännu opublicerad poet som känner sig förbisedd, inte minst i parrelationen: "Se där! Man måste bli hysterisk för att få lite uppskattning."

Filmprofessorn och tevehistorikern Leif Furhammar skriver att Marie-Louise Ekman med de här serierna framträdde som "en alldeles egensinnig och grandiost avvikande realisatör av irrationella relationsdramer med bisarra människor i sällsamma konflikter." Undra på att hennes verk lockar till tolkning, de har förstås blivit föremål för akademisk analys. Redan titeln *Duo jag* väcker frågor: Har vi att göra med en kluven personlighet, en beskrivning av en människas offentliga och privata jag, eller är det helt enkelt scener ur ett par självupptagna konstnärers äktenskap? Inget är vad det synes vara – eller är allt kanske just vad det ser ut som? ”Hos vissa författare kan man läsa mellan raderna. Marie-Louise skriver vad andra har mellan raderna”, har Gösta påpekat.

Minst av allt är *Duo jag* ett bögdrama. Att Vennerman och Winge lever i ett homosexuellt förhållande är inte huvudsaken, snarare en omständighet som löser upp konventionella mönster och därmed skärper betraktarens uppmärksamhet. ”Könet bedrar”, som Gösta brukar säga. Att i det här sammanhanget ha en bisexuell motspelare var ingen komplikation för honom. Privat levde Kent Andersson med en man och blev med jämna mellanrum förälskad i kvinnor. Gösta beskriver honom som ”allmänintresserad”, snarare än ”homosexuell”. De miljöer Gösta vistats i under sitt liv har präglats av fördomsfrihet; mamma och farmor var sexuellt frisinnade och arbetslivet tillåtande. ”Det tycker jag är bra i det här yrket med film och teater, där *är* det inte så att man hoppar till. Det är rätt vanligt med den här tvestjärtsläggningen.” Själv beskriver han sig som klart heterosexuell: ”Kvinnor har tio kroppsöppningar och män bara nio och det gör stor skillnad i vissa lägen.”

> Jag kan inte tänka mig att ha ett sexuellt *förhållande* med någon av samma kön. Det är på gränsen till att jag har försökt, men tyvärr var det omöjligt. Där går en gräns för mig. Jag känner många ”tvestjärtar” och har alltid avundats dem. Jag kan tänka mig att min farsa, för att inte tala om min farfar, var allmänintresserade. Man får ju mycket större möjligheter om man kan tänka sig båda könen. Jävlar, då vimlar det av folk! Där finns ett helt landskap, som jag saknar.

Med Kent Andersson hade Gösta ett kärleksfullt förhållande som aldrig ens tangerade sexualiteten: ”När jag jobbade med Kent – och vi kände varandra väl – pratade vi *aldrig* om sexualia, fast jag anade att han med åren föredrog sitt eget kön. Vi hade väldigt trevligt tillsammans, åt och drack och skojade och snackade jobb. Kent var en bildad person, vi hade intellektuellt roligt tillsammans. Sexualiteten var bara förd åt sidan.”

Eskil Vennerman och Paul Erik Winge i badet. ”Kent Andersson var en 'brorsa', både bildad och omdömesgill. Vi kände varandra väl och satt många nätter i månskenet på hans terrass på Mallorca och pratade. Jag saknar honom mycket.”

Relationer och människors över- och underläge har intresserat Marie-Louise Ekman när hon skrivit manus för film och teater, däremot inte frågan om kvinnligt och manligt, eller sexualiteten i sig. Hon har till exempel aldrig velat filma en sexscen. Hellre än samlag skildrar hon samtal: ”Jag vill skriva dramatik där man sekund för sekund får följa samtal som påbörjas, utvecklas och avslutas. Jag vill utforska hur människor samtalar och umgås.”

Historierna om Vennerman och Winge ska kanske inte ses som interiörer från paret Ekmans vardagsrum, men visst har Gösta och Marie-Louise gett färg åt rollfigurerna, med korsvisa stänk. ”Jag tycker att vi är som ett litet bögpar, jag och Gösta”, brukar Marie-Louise säga. Att en konstnär utgår från sig själv ligger i skapandets villkor, menar hon:

”När man jobbar har man ju sig själv som modell. Gösta har sig själv som modell när han jobbar och jag har mig själv som modell när jag jobbar. Jag tror inte det på något sätt är konstigt.”

Således tycker skådespelaren Paul Erik Winge om att promenera, pratar med *vem* som helst, läser fjorton böcker i veckan och går regelbundet till sin analytiker. Hans partner Eskil Vennerman väger orden och försöker göra sig hörd: ”Jag är inte känd. Det är ingen som ringer mig och bjuder mig på fester eller vill att jag ska läsa dikter för förtryckta turkar. Sådana som jag ska komma och *lyssna*. Helst ska vi betala inträde också.”

De är ett ältande par, snarare än ett älskande. ”Den tjocke” och ”Den smale” utövar en ständig maktkamp. ”Jag försöker göra honom lite smalare. Kulturellt, alltså”, säger den opublicerade poeten om den publikt brede skådespelaren. När han efter sin debut för första gången får medial uppmärksamhet, beror det lika mycket på poesin som på den berömde partnern. ”Visserligen står du som författare, men den hade aldrig kommit till utan min medverkan”, säger Paul Erik Winge om diktsamlingen.

”När vi började göra teveserier med Kent Andersson tror jag vi hade 1,2 miljoner på första avsnittet, sen var det väl 400 000 på andra och gick sedan ner till några trogna, halvblinda människor som vägrade ge upp. Jag hade en stor publik, men den försvann fantastiskt fort!” säger Gösta, utan att se det minsta ledsen ut. Marie-Louise Ekman har alltid fått möjlighet att göra de filmer hon velat göra, hon har aldrig känt sig hotad av vare sig pengar eller publiksiffror. Som bildkonstnär och filmare med eget uttryck blev hon i bästa fall missförstådd, i värsta fall hatad och hotad. Sedan hon fått en position i kulturlivet, först som rektor för Konsthögskolan och därefter som Dramatenchef, riskerar hon i stället att bli ihjälkramad. ”Det har ju hänt grejer omkring henne hela tiden. I dag är hon som ett bokmärke. Folk vet mycket väl vem hon är”, säger Gösta.

HAN LEKTE EN gång med tanken att skriva manus till en film där han själv hade *alla* roller. ”Det kan verka som en sjuk egocentricitet att spela allt själv, men idén var att vi bara ser oss själva, också i andra. Det här pratade jag mycket med Marie-Louise om. Det är möjligt att det är en ingrediens i att Eskil Vennerman spelar sin mamma, som i mycket är *min* mamma, med stänk av Marie-Louises mamma. Vi har pratat mycket om våra föräldrar och det gör vi fortfarande. De är väldigt intrasslade", säger Gösta, efter att i olika sammanhang ha porträtterat Marie-Louises pappa, sin egen mamma och sig själv som barn.

Marie-Louise kan känna igen båda sina föräldrar i Gösta: "Jag kan se min mamma i honom ibland och jag kan se min pappa i honom ibland. Han påminner mig om båda. Det skapar en trygghet att känna igen någon man är van vid sen mycket tidigt i livet." Att Gösta är sin mors son blev uppenbart för Marie-Louise när hon mötte dem tillsammans: "De var väldigt lika varandra, Gösta och Agneta. Det gjorde att det ofta blev kollisioner mellan dem. De var lika snabba och lika slängda i käften."

När paret Vennerman och Winge återkom i teve gestaltade Gösta och Kent Andersson inte bara sina tidigare karaktärer, utan också deras mödrar. I första avsnittet var Gösta såväl den tioårige Eskil som hans självupptagna mor. Det var inte första gången Gösta framträdde i kvinnokläder, men tidigare hade han alltid gjort det som förklädd man, alltifrån 1961 års *Akilles och jungfrurna*, till 1989 års *Jönssonligan på Mallorca*. Nu *spelade* han en kvinna, därtill sin egen mamma. Det biografiska sambandet var uppenbart; på en byrå i Vera Vennermans hem står ett ungdomsporträtt av Agneta Wrangel. "Tittar du närmare ser du mitt ansikte. Det är ett porträtt av mamma, med mitt ansikte inkopierat", säger Gösta. När han visat fotot för vänner har de sagt: "Tänk vad din mamma var söt på den tiden!"

Rollen som fru Vennerman öppnade luckor till Göstas förflutna och blottade erfarenheter som varit dolda för honom:

> När jag spelat kvinnor så märker jag hur nära min mamma jag är, per automatik så känner jag hur mamma eller farmor gjorde; hur farmor slickade lite på fingertopparna och plockade upp smulor från bordet. Jag har kommit på att jag nästan automatiskt gör gester som jag har lagrat, jag har sparat minnen i mig själv som jag inte visste fanns förrän jag satte på mig min lilla dräkt och mina klackskor.

Fruarna Vennerman och Winge återkom i Marie-Louise Ekmans pjäs *I fru Vennermans fall*, som åren 1994–95 blev en stor publikframgång med 225 föreställningar, först på Kilen i Kulturhuset i Stockholm och därefter på turné. Carl Johan De Geer hade lämnat ett bidrag till karaktären: "Han berättade för oss att hans mamma kunde *kräka* sig fram i en kö. När hon kom in på banken där det var mycket folk, kräktes hon på golvet. Då sprang personalen fram och tog hand om henne och då passade hon på att klara av sina ärenden. Jag sa till Marie-Louise att det var en så bra figur, tänk att öppna en pjäs på det sättet: en kö och en människa som kräker sig fram. Så började *I fru Vennermans fall*. Jag kräkte mig fram till bankdirektören."

I fru Vennermans fall var hans första teaterpremiär på åtta år, Gösta hade inte stått på scenen sedan han spelade *Hotelliggaren*. Det var en speciell händelse och den sammanföll med att Agneta Wrangel var i Stockholm, ditbjuden av Gösta. "Hon hade inte tid att gå och se sin son. Hon hade sitt sociala liv som var viktigare än att se sin son stå på scenen för första gången på länge. Det gjorde mig väldigt förvånad", säger Marie-Louise, som menar att Agneta än en gång svek Gösta, utan att ens vara medveten om det.

NÄR MARIE-LOUISE EKMAN återvände till filmen var det med ett rått och rörande porträtt av sin rumlande, skrävlande far, teaterkonstens och skådespelarnas förste älskare. "*Nu är pappa trött igen* är en kärleksfilm. Den skildrar kärleken till de udda", sa Gösta. Hans huvudroll som herr Khopp var en riktig enmansshow, under den en och en halv timma långa filmen syns han nästan oavbrutet i bild. Han snubblar inte, men utmanar raglande tyngdlagen – och pratar, pratar, pratar …

Rollen var en jätteläxa. "Marie-Louise är *otroligt* noga med sin text. Den ska framföras ordagrant och det är väldig sällan jag har avvikit från hennes text, den är vi väldigt rädda om. Ska den ändras, gör vi det tillsammans. Jag gillar hennes texter och har behandlat dem därefter", säger Gösta. Han jobbade med rollen varje dag i flera månader. "Han är mycket förtjust i att repetera, *väldigt* förtjust i att repetera. Det är inte jag!" säger Lena Söderblom, som spelade sköterska på mentalsjukhuset där herr Khopp i filmens inledning läggs in. Gösta slog i sig hela textmassan, för att helt kunna koncentrera sig på rollfiguren när kameran gick. Efter några månaders repetition gjordes inspelningen klar på bara tjugo dagar.

Filmen fick ett i huvudsak välvilligt mottagande i pressen. Expressens Bernt Eklund såg hur paret Ekman utövade en ömsesidigt positiv påverkan: "Marie-Louise Ekman har tillsammans med Gösta blivit mer publiktillvänd utan att offra sin egenart med raka repliker och renskalade bilder. Och Gösta Ekman använder med Marie-Louises hjälp sin stora komiska begåvning till fullt allvar. Han är storartad som spritindränkt fixare, pendlande mellan odräglig arrogans och gråtmild känslosamhet."

Verklighetens Walter Fuchs var enligt dottern Marie-Louise en stor beundrare av Det manliga geniet: "Min pappa sa att den finaste konstnären som fanns på denna jord var den gamle Gösta Ekman – och jag gifter mig med den nye Gösta Ekman. Jag är programmerad till att älska *Gösta Ekman!*" Gösta lyssnar med största ovilja till talet om konstnärliga genier, "det får man nästan inte nämna", säger Marie-Louise: "Han har sett avigsidorna; det manliga geniets hänsynslöshet mot nära och kära, inte minst mot barn. De svaga lider av det manliga geniet."

Både Gösta och Marie-Louise har tidiga minnen från teatern, de har storögt betraktat spelet bakom kulisserna från låg höjd. Teatermiljön har de därefter aldrig lämnat, den återkommer också i deras gemensamma arbeten.

I pjäsen *Godnatt herr Morris* är en självupptagen äldre skådespelare på väg hem, han har fått med sig en tystlåten ung man som sällskap, kanske är det hans eget yngre jag. Marie-Louise skrev pjäsen och skänkte den till Gösta. Den blev liggande några år, men när Kulturhuset i Stockholm i januari 1998 skulle visa hela hennes konstnärskap, med måleri, föremål och filmer, tyckte Gösta att det passade bra att också spela en ny pjäs av *dramatikern* Marie-Louise Ekman. Under året före urpremiären på Kilen på Kulturhuset hade han tuggat i sig pjäsens sjuttiosex textsidor, som herr Morris pratade han nära nog oavbrutet i drygt en och en halv timma. I monologen fann han så många beröringspunkter med sig själv att han måste koppla bort ordens betydelse för att inte bli stum. En recensent såg i den gamle skådespelaren "en rörande clown och ett vackert åldrat barn att ta till sig, och hand om." Rollen som herr Morris skulle bli Göstas sista på teatern.

Filmen *Puder* från 2001 utspelar sig på en teater där ett kollektiv av divor bevakar sina väl minerade revir. Gösta spelade den smygsupande sminkören Vippan i Andy Warhol-frisyr och med ett hemligt krypin i en sammetsröd vrå på teatern. Historien kränger hit och dit, men får en hjärtknipande final när ensemblen unisont sjunger teaterkonstens lov, ackompanjerad av fyrverkerier och pampig Benny Andersson-musik.

"VI VAR SOM två hälfter", säger Gösta, när han beskriver hur väl han och Marie-Louise kompletterade varandra i det gemensamma arbetet. Hon hade utvecklat de sidor av sin skapande begåvning som han själv lagt i träda: bildkonst och skrivande. Regiarbetet har de gärna delat, men det är Marie-Louise som skriver, beundrad av Gösta: "Om jag inte tyckte att hon skrev så bra, så hade vi nog inte varit tillsammans. Jag blev väldigt fascinerad av vad hon skriver, väldigt tidigt."

När Marie-Louise skriver stänger hon in sig och arbetar maniskt: "Jag skriver skitfort för att jag inte vill att mitt psyke ska hänga med. Jag vill förbluffa mig själv och komma åt det inre", har hon sagt. Så småningom får Gösta ta del av resultatet. "Jag kan läsa hennes material, tycka om det och berätta *varför* jag tycker om det. Så har vi lärt känna varandra; genom att prata om oss själva, delvis indirekt, men väldigt konkret och direkt samtidigt. Det är nog rent terapeutiskt en märklig situation."

Gösta är Marie-Louises musa, han har gett henne tillgång till nya teman och tankar. "Jag är i lyckliga fall en fabulerande berättande person. Efter tjugotvå år finns det väl ingenting som Marie-Louise inte har hört, men hon blir glad och inspirerad av saker som jag kan berätta. Och vice versa!"

Till litteraturens heliga rum beviljar Gösta sig själv tillträde bara i egenskap av läsare. Marie-Louise säger att han har *alltför* stor respekt för författarskapet och det skrivna ordet: "Gösta har ett bildningskomplex. Han sätter vissa saker otroligt högt, på ett sätt som jag inte gör. Vi kan till och med gräla om sådana saker. Jag har inga bildningskomplex och har inte läst en bråkdel av vad Gösta har läst eller vad han tycker att man ska läsa." Marie-Louise anser att en människa tar in det hon behöver under livsresans gång, för att bemästra de handlingar hon ska utföra. Gösta har däremot ett tvingande behov av att *begripa* tillvaron: "Ska han komma dithän måste han ta in så mycket information som möjligt. Han är besatt av sitt läsande, det blir nästan autistiskt, han skärmar av och lever i en drömvärld. Jag har inte behov av att leva i de där drömvärldarna. Att skapa är mitt sätt att smälta det jag varit med om, ett sätt att orientera mig i tillvaron."

Blotta tanken på ett eget skrivandet gör Gösta villrådig: "Om jag ska *skriva* en bok måste jag ta av den tid jag *läser* en bok. Då måste jag tycka det är viktigare att skriva något själv. Där blir jag väldigt subvalid eller subsolid eller ambivalent eller kluven eller Aftonbladet-Expressen."

Gösta har författat små absurda berättelser som Marie-Louise tagit del av och tycker mycket om: "Jag uppmuntrar honom att fortsätta skriva förutsättningslöst, men han är så självbestraffande. Han sätter ribban så högt att han omöjligt kan hoppa över den. Han är otroligt sträng mot sig själv. Då väljer han att ta del av det som andra har skrivit, vilket jag tycker är väldigt synd. Men man vet aldrig, han ska leva länge till ..."

Hans mamma brukade säga att Gösta krånglade till allting. Marie-Louise instämmer, men hennes konstaterande åtföljs inte av någon förebrående suck: "Jag tycker om honom för att han komplicerar. Det är en fin egenskap. Han går på djupet. Jag tror inte han kan leva sitt liv utan att göra en komplikation av det."

Svensk tröghet på export

Gösta säger att han har haft två sätt att närma sig en filmroll: med och utan mustasch. Han har sällan varit rolig i mustasch, genom åren har den däremot skänkt maskulin auktoritet åt såväl Strindberg som en rad roller i polisiära sammanhang. Gösta bar mustasch som agenten Stan i *Jag älskar, Du älskar*, som Säpochefen Larsson i *Slagskämpen*, som spionen Rune Strand i *Skulden* och som kriminalinspektör Lambert i *Kronvittnet*. I början av nittiotalet var det dags för ännu en rejäl mustaschroll: direkt efter *Vennerman & Winge* blev han poliskommissarie Martin Beck i en stor svensk-tysk samproduktion om sex filmer med 136 skådespelare och en budget på 70 miljoner. Nu var Gösta bred igen.

”Åttiotalet var ju de stora klippens decennium, med Sickan i spetsen. Sedan kommer räfst och rannsakan på nittiotalet, då gör jag Beck. Det stämde rätt bra med tidsandan”, säger Gösta. För honom var Sickan mycket riktigt ett större klipp än Beck; hela serien inbringade lika mycket som en enda Jönssonliga, därför att han där deltog i manusarbetet och var medproducent.

Maj Sjöwalls och Per Wahlöös tio polisromaner om Martin Beck och hans kolleger Lennart Kollberg och Gunvald Larsson var Gösta väl förtrogen med. Han läste böckerna när de kom ut, åren 1965-75.

Rolf Lassgård som Gunvald Larsson och Kjell Bergqvist som Lennart Kollberg flankerar Göstas luttrade Martin Beck, författaren Maj Sjöwall tyckte att han perfekt fångade den svenska trögheten. Under tio intensiva inspelningsmånader 1992-93 spelade Gösta kommissarie Beck i sex långfilmer.

Under sin tid i Skåne träffade han författarna och lärde känna dem.

Martin Beck hade redan flera gånger förekommit på film. I 1967 års *Roseanna* spelades han av Keve Hjelm. Sedan dess hade Beck gestaltats av Walter Matthau i den USA-producerade *Den skrattande polisen*, av Carl-Gustaf Lindstedt i *Mannen på taket* (efter boken *Den vedervärdige mannen från Säffle*), av Derek Jacobi i tysk-ungersk-svenska *Mannen som gick upp i rök* och av Jan Decleir i den holländska *Det slutna rummet*. "Man är i ett flott gäng, inte sant?" säger Gösta.

Precis som sina föregångare kritiserades han för att inte motsvara *böckernas* bild av Beck. Om Gösta sas det: "Ska Beck vara en sådan där *liten* figur?" Kommissariens signalement lämnade författarna i *Roseanna*: Magert ansikte, bred panna och kraftig käke. Rak näsa, smal mun. Mörkt bakåtstruket hår, gråblå ögon med klar och lugn blick. "Han var mager men inte särskilt lång och en smula kutryggig. Det fanns kvinnor som ansåg att han var stilig, men de flesta skulle beteckna hans utseende som alldagligt. Han klädde sig aldrig uppseendeväckande, snarare lite för diskret." Det står att hans leende avslöjade friska vita tänder, men vem har sett Martin Beck le? Om mustaschen: inte ett ord.

Författarparet hade en verklig förebild till Beck som för all del var resligare än Gösta, men Maj Sjöwall tyckte det var oväsentligt: "Det viktiga är vad skådespelarna gör av honom, och både Gösta och Carl-Gustaf fångade den svenska trögheten och allvaret perfekt." Just det där träaktigt tjänstemannamässiga hos Beck hade med tiden blivit ett problem i romanskrivandet, har Maj Sjöwall avslöjat: "I dom sista böckerna skyfflade Pelle och jag honom mellan oss för han var så trist att skriva om. Gösta gör honom både med pondus och ett slags ynklighet, som är underbar."

En reporter frågade hur han förberett sig för rollen. Gösta svarade: "Jag jobbade i fyrtio år först." Efter att ha spelat den kroppsligt uttrycksfulle Sickan i Jönssonligan lockade det honom att den här gången inte behöva göra en "gubbe". Gösta frågade sig: "Hur skulle det vara att försöka verka skuggan av naturlig? Klarar man att bara *vara*?" Han gjorde Beck till en sällsynt tungsint snut, som mest gick omkring och *grunnade*. Hos honom hände allt under pannloben. "Svår roll för en skådespelare, därför att det finns för fan inget att göra! Gösta Ekman ska ju *göra* grejer, det är ju därför vi tittar på honom!" säger Gösta. I Dagens Nyheter skrev Johan Croneman att hans tolkning av Martin Beck var vackert spelad: "Han kan hänga kvar hur länge som helst med en blick, helt nollad. Och har ni tänkt på hur han ofta andas (!) fram och tillbaka mellan tillstånden? Drar in, släpper ut, han kan helt byta färg med en in- och utandning."

UNDER HELA ÅTTIOTALET hade Gösta framstått som en motvillig Sickan, som inte ville sätta Jönssonligan i serieproduktion. Nu skulle han under tio intensiva månader spela huvudrollen i sex episoder i långfilmsformat, med fyra alternerande regissörer: "Man hinner inte mer än presentera sig så var det tack för den här gången och så nästa." Till skillnad från Jönssonligan hade Beck en trygg förankring i litterära förlagor och alla manus låg klara vid inspelningsstarten. För Gösta skulle det bli en ny erfarenhet, han hade inte tidigare deltagit i löpande filmproduktion i ett så högt tempo. Efteråt skulle han säga att det var som att ha "ett häftstift i arslet hela tiden".

I sina bästa stunder visade filmatiseringarna en samspelt grupp poliser, där nykomlingen Rolf Lassgård gav den välekiperade fähunden Gunvald Larsson en bufflig charm. Filmerna rymde också en kärleksfull skildring av Stockholm i allmänhet och Vasastan i synnerhet. Det var inte självklart att det skulle bli så. "Det är klart Tyskland krånglar till

Gösta som "storebror" i spetsen för sin brödraskara. På affischbilden framstår Gösta, 1,72 lång, som huvudet högre än Rolf Lassgård, 1,93. "Vi skojade mycket om det när vi skulle ta den här bilden. Vi stod bredvid varandra och alla var bra mycket längre än jag."

Beck-filmerna innebar en återkomst för Gösta som omslagspojke.

det hela, det är ju där pengarna finns", förklarade Maj Sjöwall, med vad som framstår som en förskönande omskrivning. Beck-böckerna var storsäljare i Tyskland och det tyska produktionsbolaget hade helst velat göra filmerna på hemmaplan, med tyska manusförfattare och tyska skådespelare. Maj Sjöwall som ensam bevakade rättigheterna efter Per Wahlöös död satte stopp för de planerna. Serien gjordes med svenska skådespelare i svenska miljöer. Kvar i rollistorna blev ett antal tyskar som kom att skämma slutresultatet, eftersom de skådespelarmässigt föll ur ramen och eftersom deras röster i de svenska versionerna var så taffligt dubbade. Värst var regissören Peter Keglevigs båda bidrag, *Polismördaren* och *Stockholm Marathon* (efter romanen *Terroristerna*). Den senare minns Gösta med missmod: "Det var en medioker film. Den kändes medioker när vi gjorde den."

Tre filmer gick direkt till videomarknaden, tre gick upp på svenska biografer och fick hyggliga besökssiffror. Den stora publiken nåddes när filmserien visades i teve, i Sverige och i flera andra europeiska länder. När Gösta kom till hotellet där han brukade bo när han var i Paris, hälsades han med ett respektfullt: "Aah, Monsieur l'inspecteur, bonjour Monsieur Beck". År 1996 fick Gösta och Maj Sjöwall ta emot det mycket prestigefulla Adolf Grimme-Preis, Tysklands finaste teveutmärkelse.

Intresset var alltså stort och Gösta var intresserad av att gå vidare med Beck. Det fanns ett antal färdiga rollgestalter som skulle kunna föras in i samtiden – böckerna var trots allt tjugofem år gamla och präglade av den tid då de skrevs. Maj Sjöwall gick med på att låta ett produktionsbolag använda romanfigurerna i nya filmer. Efter några misslyckade manusförsök ringde Gösta till Rolf Börjlind, som accepterade att skriva originalmanus. "Då gick Gösta och jag och pratade mycket om Beck i den nya, uppdaterade världen." Gösta föreslog bland annat att Martin Beck skulle få en påträngande granne, så att den annars så tystlåtne kommissarien blev provocerad att prata.

Nya Beck var en stor satsning med producenter i flera länder och många stridande viljor. "Jag blev besvärlig", säger Gösta: "Jag ville inte skriva på förrän jag visste vilka regissörer det skulle vara. De sa att jag måste skriva på, för regissörerna ville veta vem som skulle göra Beck innan de skrev på. Där stod vi. Det blev en spänd situation. De tyckte nog att den där jävla Gösta Beck-man ville bestämma för mycket."

Dödläget bröts genom att Gösta kopplades bort. Han fick beskedet att en ny skådespelare var engagerad för att spela Beck. Rolf Börjlind hamnade i ett dilemma. "Jag hade skrivit kontrakt och var igång med att skriva – och så ska Gösta inte göra det! Det blev en konstig situation för mig. Jag övervägde att bryta, men det gjorde jag inte." Sedan dess har han skrivit mer än tjugofem nya Beck-manus, de flesta i samarbete med sin fru Cecilia.

VID SIDAN AV Beck och samarbetet med Marie-Louise Ekman dök Gösta under nittiotalet upp med flera fint utmejslade roller i "vanliga" film- och teveproduktioner.

Barnfilmen *Underjordens hemlighet* från 1991 utspelar sig på Södersjukhuset i Stockholm. Gösta gjorde en bokstavligt talat skakande rolltolkning av en spattig gubbtjuv med lång näsa och dödsångest, vars krämpor inte i första hand tycks vara kroppsliga. I en korridor törnar han ihop med den filmdebuterande komikern Robert Gustafsson.

I tevedramat *Macklean*, om mannen som reformerade sjuttonhundratalets svenska lantbruk, iklädde sig Gösta 1993 än en gång rollen som Gustav III. Han porträtterade åter en ensam maktmänniska, ur takt med tiden, bittrare och mer beslutsam än i Johan Bergenstråhles sjuttiotalsuppsättning av Strindbergs pjäs.

När Göran Tunströms roman *Juloratoriet* skulle filmatiseras ringde författaren till Gösta och sa att han bara *måste* vara med. Tunström hade tänkt på Gösta när han skrev om Splendids far, han som en gång flugit över världen som kanonkungen Fonzo och som nu kavade omkring som en spillra i ett hörn av köket. I romanen beskrivs han som ett litet paket på en hjulförsedd vagn, benlös och med intryckt ansikte. Det krävdes komplicerade masker för att vanställa Gösta, hans ben skulle på något sätt gömmas i vagnen. Förberedelserna pågick länge, det var ett filmprojekt med förhinder. ”Luften gick ur mig på vägen”, säger Gösta. I augusti 1995 kom äntligen den första inspelningsdagen. Gösta satt i en husvagn i Göteborg och maskerades med kanonkungens blessyrer när en medspelare kom förbi och sa: ”Har du hört, Johan Bergenstråle har dött.” I Göstas familj ingick döttrarna som Marie-Louise och Johan Bergenstråle hade tillsammans, han var deras vardagspappa. ”Jag var tvungen att ringa till mina barn, ungarna bodde hos oss. Det var jobbigt. Jag fick tag i dem, de var genomchockade. När det var avklarat sa jag: ’Det är inte meningen att jag ska vara med här.’” Gösta lämnade kanonkungens paltor och åkte hem.

I den minnesskrift som tillägnades Johan Bergenstråhle skriver Gösta om deras gemensamma tid på Stadsteatern: ”Vi delade så mycket då, men vi delar ju faktiskt lika mycket idag. Då satt han där ute i mörkret och var en väldig trygghet för mig som skuttade runt i ljuset. För han var snäll! Och han hade tålamod. Och jag tyckte att han var vettig och jag litade på honom … och jag tror det var ömsesidigt.”

SEXTIOÅRSDAGEN NÄRMADE SIG och Gösta ville trappa ner: "Jag tycker det är kul att jobba. Ibland. Men om jag fick välja så skulle jag föredra att man skickade pengarna direkt. Sen kunde jag få göra annat som jag tycker jag har missat, med musik, litteratur, allt möjligt." Han fick ännu erbjudanden som var svåra att tacka nej till och speciellt smickrande fann han det faktum att en ny generation regissörer ville arbeta med honom.

I Måns Herngrens och Hannes Holms filmkomedi *En på miljonen* från 1995 var han en kolerisk bankdirektör, en i raden av inkompetenta chefer. Om Gösta inte hade tid att pensionera sig fick han i alla fall *spela* pensionärer i två följande samarbeten med Herngren och Holm:

I långfilmen *Det blir aldrig som man tänkt sig* från 2000 var han Tage Olsson som avtackas efter 37 år som korrekturläsare av postverkets telefonkatalog. Han har smörjt sina förhårdnader och varit nöjd med att krypa till sängs med en god bok, men efter pensioneringen byter han spår, går på gym och solarium, möter en ung kvinna och blir pappa igen.

Teveserien *En fot i graven* hade en brittisk förlaga och Gösta utformade det svenska manuskriptet tillsammans med Måns Herngren och Hannes Holm. Resultatet hälsades som något så ovanligt som en *rolig* svensk komediserie. Premiäravsnittet i januari 2001 drog drygt två miljoner tittare och resterande sju avsnitt hade runt en och en halv miljon. Gösta var den vrånge Viktor Melldrov, förtidspensionerad från Skatteverket. Hans fru spelades av Lena Söderblom. Hon kan tycka att Gösta och den beskäftige Viktor Melldrov delar åtminstone några egenskaper: "När man är riktigt bra lånar man ju alltid drag från sig själv. Gösta brukar också veta bäst. Det är svårt att göra honom förvånad."

Genast efter *En fot i graven* spelade Gösta in den sällsamma dramaserien *Soldater i månsken*, med manus av Klas Östergren och i regi av Tomas Alfredson, son till gamle vännen Hans. Gösta spelade den gråsprängde adjunkten Gunnar Larsson, som efter ett besök i Tallinn missar Estonias avgång och därmed överlever förlisningen som kostar vännerna i hans ressällskap livet. Tärd av skuldkänslor abdikerar han från allt han haft kärt; hustrun Sonja, Bruno Mathssonstolarna och Lisa Larsonfigurinerna. Tuberkulosen han fått med sig hem från Baltikum ser han som ett rättmätigt straff: ”Jag kom undan, men nu har döden kommit ifatt mig.”

Åldrande och död var teman också i *Asta Nilssons sällskap*, den film Gösta och Marie-Louise gemensamt arbetade med i flera år under första delen av nollnolltalet. En morgon på väg till jobbet hittade de en äldre dam i porten till huset på Skeppargatan 4, där de bodde. Damen tycktes leta efter något eller någon, men kunde inte upplysa dem om vad eller vem hon sökte. Gösta och Marie-Louise kunde inte överge den gamla damen, de försökte hjälpa henne att hitta hem och fann tids nog hennes serviceboende. Damen var återbördad, men mötet med henne lämnade inte deras tankar. Hon var i åttioårsåldern och betedde sig som en femåring. Hon hade mist sin ålder. ”Vi blev väldigt gripna av det. Sedan bar vi det med oss och snackade om det där ibland. Jag tror också man blir gripen av det här ödet, för att man kan identifiera sig med det själv. Det kan gå *väldigt* fort, så blir verkligheten väldigt förändrad”, säger Gösta.

Händelsen blev utgångspunkt för filmen, där damen kallades Asta Nilsson och spelades av Sven Lindberg, en aktör som ofta samarbetat med Hasse Ekman och som här gjorde sin sista filmroll efter en sextioårig karriär. Damroller hade han haft förr, bland annat i farsen *Charlies tant*. Gösta spelade den välklädde herre som blir damens ofrivilliga sällskap. En recensent kallade *Asta Nilssons sällskap* obehaglig och drabbande, men föredrog att se den som en rätt knepig konstinstallation, snarare än som en film. Den blev en av tidernas minst besökta svenska biograffilmer, ungefär tusen personer såg den.

Peter Dalles eleganta *Skenbart* blev, enligt en flera gånger upprepad försäkran, Göstas sista filminspelning. *Skenbart* utspelar sig under en tågresa Stockholm-Berlin, julen 1945. Gösta spelade den blide Theodor Bäckström, kallad Pompe. Han hunsas av sin sarkastiske partner Sixten, men vill gärna tro att ett delat helvete är bättre än ett ensamt. ”Vem bryr sig om en fjolla i tårar?” frågar han sig.

Porträttet av den känslosamme Pompe, med nerverna krypande tätt under sidenscarfen, är rörande. För rollen nominerades Gösta till en guldbagge för bästa manliga biroll och dramaturgin tycktes solklar: en femtioårig filmkarriär var slut och skulle krönas av ett fint pris. Det

Den känslosamma Pompe i Skenbart *blev Göstas sista filmroll, här med Gustaf Hammarsten. Under inspelningen tvivlade Gösta på sin insats. "Det var en mardröm, jag kände mig som jag ser ut på bilden. Det var inte många inspelningsdagar, men de räckte för att lägga av."*

var dessutom lätt att se *Skenbart* som en generationsväxling komiker emellan. I filmen spelade Robert Gustafsson en soldat som lyckats klara finska vinterkrigets umbäranden oskadd, men som under den fredliga tågresans gång blir alltmer tilltygad i en lång rad olyckshändelser. På samma sätt drabbades nära fyrtio år tidigare Göstas rollfigur i *Att angöra en brygga*, då han i tur och ordning vrickade foten, stukade armbågen, skadade huvudet, träffades av blyhagel i baken, blev biten i armen av en hund för att slutligen, med hela kroppen i bandage, bli fastnaglad vid en husfasad. Nu skulle Robert Gustafsson axla Gösta Ekmans mitella.

Det blev ingen bagge till Gösta den gången, utmärkelsen dröjde till 2008 då han till den samlade filmbranschens varma och långa applåd tog emot en hedersguldbagge. Den gjorde honom glad och hedrad, men filmen har han inte för ett ögonblick längtat tillbaka till. Beslutet att aldrig mer göra film tog han i ateljén under inspelningen av *Skenbart*, våren 2003. ”Där greps jag av – vad det nu var? En panik drabbade mig under dagarna då jag spelade in. Det har aldrig hänt förut att jag blivit så psykad. Det var en mardrömssituation. Jag trodde att ingen egentligen gillade vad jag gjorde, att alla bara låtsades.” Han nämnde inget om tvivlet på sin egen insats, men ville aldrig försätta sig i samma situation en gång till. ”Jag tror ju på att man ska känna lust och glädje, åtminstone i så hög grad att ambitionen inte blir strypande eller kvävande. Där blev det ingen lust kvar! Jag tänkte bara: ’Jag måste göra det, jag måste göra det, jag får inte göra dem besvikna.’ Jag gjorde det, men aldrig, aldrig, aldrig mer!”

I den stunden betydde femtio års filmrutin ingenting. ”Jag var inte övertygad om varför jag skulle göra det, mina egna motiv var för svaga. Om jag inte kan överraska mig själv, kan jag inte heller överraska någon annan.”

Konsten att höra publiken le

En förmiddag i mitten av februari 2010 vankar Gösta ensam över Kungliga Dramatiska teaterns stora scen, lätt haltande efter att på vägen dit ha tagit ett oförsiktigt skutt. På Stockholms trottoarer har den stränga vinterns snödrivor packats till isig puckelpist.

Nationalscenen har Gösta aldrig beträtt som skådespelare. Han arbetade här 1956, som sjuttonårig regiassistent till Per-Axel Branner. Nu har han kommit tillbaka, en grånad man i lätt säckiga manchesterbyxor, yllepolo och kavaj i fiskbenstweed. ”Jag är sjuttio. Det är femtiofyra år sedan jag var där på scenen och satt och tittade andaktsfullt på de stora skådespelarna. Nu ska *jag* fixa till det! Kära hjärtanes. Jag har funderat på det i femtiofyra år.”

Gösta regisserar *Hantverkarna*, Line Knutzons morbida fars om samtidens klasskamp, där arbetarna är självmedvetna egna företagare som pungslår en löneslavande ängslig medelklass på flykt från sin ångest till en köksö i ädelträ med märkeskran över vattenhon.

Teaterns egna hantverkare har just lämnat scenen, de som för att skiljas ut från konstutövarna kallas ”teknisk personal” och har skruvdragarhölster och verktyg dinglande i midjebälten. En har lagt dubbelhäftande tejp under en matta som måste hållas på plats, en annan har demonstrerat pyrotekniska effekter från överbelastade elsäkringar.

Paret Ekman på Dramaten våren 2007, när de gemensamt regisserade Marie-Louise Ekmans pjäs Gäckanden. *I januari 2009 blev hon teaterns chef och Gösta har sedan dess regisserat två föreställningar i huset. Som sjuttonåring kom han till Dramaten som regiassistent, några år senare sprack han i provet till elevskolan och har utvecklat ett komplicerat förhållande till nationalscenen.*

Vad som tillhör scenbygget och vad som är rekvisita är svårt att avgöra, eftersom pjäsen utspelar sig i ett hus under genomgripande renovering, med lösa gipsskivor, väggar med spacklade skarvar och en trappa utan räcke. Flyttkartongerna, rullarna med isolerande glasull och sladdvindorna tillhör uppenbarligen pjäsen, eftersom de är kvar också sedan scenarbetarna dragit sig tillbaka och lämnat Gösta ensam.

Under årens lopp har han några gånger fört diskussioner med teaterledningen om att spela på Dramaten. Varje gång har han tackat nej och nästan sprungit därifrån, lättad. Det är något med denna institution som Gösta inte har kunnat förlika sig med. ”Jag funderar på varför jag är extra spänd i förhållande till Dramaten. Sitter det fortfarande kvar att jag försökte pröva till scenskolan? Att jag var där som springgrabb till Per-Axel Branner redan 1956?”

År 2008 fyllde teaterhuset vid Nybroplan hundra år och firades med en maskeradbal. Gösta kom dit med en bajskorv i pannan. Det kunde tolkas som trotsig nonchalans: ”Jag skiter väl i Dramaten!” Så raffinerat var det tyvärr inte, säger Gösta. Han hade inte förberett någon maskering alls, men när det var dags att ge sig iväg hittade han den naturtrogna plastkorven i Marie-Louises ateljé och tog den med: ”Det var fullständigt oplanerat och det gick lika fort som att gå från dörren till taxin. Jag hade inte ens tejp, jag tryckte fast den och gick med högburet huvud. Det var väldigt oöverlagt, en hastig improvisation i stunden. Efteråt kom jag på att ingen hade avslöjat min maskering, nämligen att jag var korvgubbe.”

Nu kommer skådespelarna till dagens repetitioner. Några av dem är klädda som hantverkare, i flanellskjorta och overall. De hälsar: ”Läget?”. Kramar om varandra eller backar med avvärjande gester för att inte sprida snuvan som gjorde sig påmind i morse. På teatern är hypokondri en yrkessjukdom. Repetitionerna har nyligen flyttat in på Stora scenen, efter att ha inletts i lånade lokaler. Det är bara dagar till de första provföreställningarna med publik, knappt tre veckor till premiär.

Plötsligt ramlar en kvinna handlöst från den provisoriska trappans avsats. Ingen bryr sig. Hon reser sig, går uppför trappan och ramlar igen, för att få stil på det vådliga fall som i pjäsen ska bli hennes död.

Gösta ber om tystnad och skådespelarna samlar sig. Han följer spelet från sin plats i salongen, replikerna har han i huvudet.

I ensemblen finns Anita Wall. Hon har just påmint Gösta om att de båda prövade till Dramatens elevskola samtidigt, hösten 1959. Efteråt möttes de vid anslaget som förkunnade vilka som blivit antagna. Deras namn saknades. De delade sorgen, svartklädda var de redan. De satt i Berzelii park och rökte svarta franska cigaretter. Anita Wall kom in tre år senare, Gösta försökte inte mer. Stadsteatern blev hans scen.

I mitten av sextiotalet umgicks Gösta med Thommy Berggren, skämtsamt kallade de sig själva för Kolosserna. De var Stockholmsscenernas unga arga män; arbetargrabben Thommy Berggren spelade på fina Dramaten, teaterbarnet Gösta spelade i Folkets hus.

Det skulle dröja till vårvintern 2007 innan Gösta kunde närma sig Dramaten. Marie-Louise Ekman hade skrivit pjäsen *Gäckanden*, som hon och Gösta regisserade tillsammans på Lilla scenen. Ett år senare tackade Marie-Louise ja till erbjudandet att bli Dramatenchef. Det var inte hon, utan huvudrollsinnehavaren Johan Rabaeus som bad Gösta ta över regin för Molières *Den girige* på Dramatens lilla scen, sedan föreställningen plötsligt förlorat sin regissör.

Gösta kallar det en upprörande erfarenhet. Repetitionerna hade börjat, scenografin var färdig, dräkterna likaså. Det var kort varsel. Göstas analytiker berättade en gång för honom att det tar oss människor en och en halv minut att fatta ett viktigt beslut i livet, resten av tiden ägnar vi åt att försöka förstå *varför* vi gjorde det. ”Dagen efter att Johan Rabaeus hade ringt mig läste jag delar av pjäsen. Jag sa: ’Okej, jag hoppar på det.’ Jag kände mig som om jag knuffades baklänges ner i vattnet, vilket är lite löjligt! Varför ska jag känna på det sättet?”

Varför han accepterade regiuppdraget har Gösta grunnat på sedan dess, kanske var det för att han redan kände Molière. *Misantropen* var den första föreställning han arbetade med som Ingmar Bergmans assistent i Malmö. Därefter har han spelat i *Tartuffe* i både TV-teatern och på Stockholms stadsteater. ”När man jobbar med Molière märker man att han själv var en teaterman ut i fingerspetsarna. Han var först och främst skådespelare, iscensättare och dramatiker. Det känns tydligt. Jag har ett förhållande till Molière, snudd på ett personligt förhållande.”

Första repetitionsmånaden pendlade Gösta mellan panik och lyckorus och hade svårt att sova om nätterna. När han kommer till ett samtal för den här boken en glåmig eftermiddag hösten 2009 är han grå och sliten efter en intensiv repetitionsperiod och med sviterna av en infektion i kroppen. Medan han berättar om regiarbetet får kinderna färg och ögonen ny lyster. Efter att ha ägnat en vecka åt att *prata* om Molière började han jobba tillsammans med ensemblen på golvet:

> Via ett fysiskt arbete hittade vi Molière. Det var väldigt intressant och väldigt lustfyllt! När jag går hem och lägger mig med bindeln, bettskenan och öronpropparna, då är jag ju ensam. När vi är tillsammans och det händer saker *i ögonblicket*, då känns det som om vi spelade instrument – och plötsligt stämmer det! Vi spelar samma låt! Det är rätt tempo! Att vara med om de ögonblicken var fantastiskt roligt. Jag vet att jag har en förmåga att tillsammans med andra skapa ett rum eller ett landskap eller en plats som vi, via texten, kan utforska tillsammans. Det är något väldigt speciellt. Jag kan vara femton centimeter ifrån en skådespelare när han pratar, det är nästan handpåläggning, glossolali, tungomålstalande. Det var hemskt roligt! Jag tror inte det är alla förunnat. Nu är jag ju gammal och av alla möjliga skäl tror jag att unga skådespelare kan ha en viss respekt för mig och vet att jag har gjort och kan en del saker. Det skapar ofta en bra jordmån för att gemensamt så frön eller sätta lökar och hoppas att rätt grejer växer upp.

Gösta menar att regissörens viktigaste uppgift är att vara arbetsledare, se vem som behöver mer plats och vem som kan hållas nere. Det handlar om att skapa den där jordmånen, där alla får gro och växa och blomma: ”Det är kommunikation på ett barnsligt plan, som jag är rädd om och vårdar. Alla i gruppen kan bidra: ’Eller så kan man göra så här! Eller så här!’ Det är precis som när barn leker med varandra. Att skapa en sådan stämning, utan att kväva varandra så att det blir *rätt* eller *fel*, gör regiarbetet så intressant.”

Johan Rabaeus kom på ett tidigt stadium av repetitionerna till Gösta och sa: ”Det är så jävla bra att du är *skådis*!” Det var ett kvitto på att Gösta tänkte rätt när han bestämde sig för att först skaffa scenerfarenhet för att senare kunna bli en bra regissör – låt vara att tiden som skådespelare blev längre än han då anade. "Skådespelare utsätter sig oerhört. Det kan man nästan inte förstå, förrän man själv försökt. Det jag kan njuta av är att jag vet, att de vet, att jag vet ...", säger Gösta. Som nykomling på scenen var han fullt upptagen av att visa upp sina egna konster: "Man har så jävla mycket skräck och rädsla att handskas med för att våga ta plats. Får man sedan ta plats, då jävlar gäller det! Som äldre kan jag känna en väldig kärlek till skådespelarna."

Beslutet att inte dela lunchbord med ensemblen tog Gösta utifrån egna erfarenheter; repeterande skådespelare har behov av att få prata ostört om sin regissör. "När jag sitter som en arbetsledare, har jag en känsla av att de behöver tid tillsammans att säga vad fan de vill. Jag brukar ta min nyckelknippa och skramla högt, så det hörs när jag kommer. Om det är mig de pratar om, ska de veta det."

Den girige blev en stor framgång, en recensent beskrev föreställningen som "en triumf för skådespelarkonsten". Premiärkvällen ropades regissören upp på scenen av en stående publik som skanderade: "Gösta, Gösta, Gösta!" I ett spontant tal beskrev han hur enormt begreppet "Dramaten" har varit i hans liv. "Det jag i min ungdom tyckte var så stort med Dramaten var De Stora Skådespelarna och De Stora Föreställningarna. Per-Axel Branner tog mig till Dramaten och såg till så att jag fick respekt för *rätt* saker. Det som med all rätt ska vara stort på Dramaten är kapaciteten, kunnandet, allvaret, erfarenheten, hantverksskickligheten. Liksom den glädje man kan mobilisera tillsammans när man jobbar. Det fick fortsätta att vara stort."

Fyra trappor upp i Dramatenhuset har Marie-Louise Ekman sin arbetsplats, med vita väggar och stora golvytor liknar teaterchefens rum numera en konstnärsatelje. Från en teddyfluffig rosa stol vid sammanträdesbordet konstaterar hon att Göstas förhållande till Dramaten inte har blivit mindre komplicerat sedan han kommit dit som regissör:

> Det finns en omdiskuterad bild av att Dramaten ska bjuda den finaste dramatiken med de finaste skådespelarna och de finaste regissörerna inför den finaste publiken. Det är upphöjt och kulturarv och nationalscen. Det är Gösta kritisk mot och det är väldigt sunt att han är det. Han

är skeptisk till hierarkin inom konstformen. Han har aldrig sökt sig till de sammanhangen i sitt konstnärskap och han är inte stimulerad eller attraherad. Han tycker om bra yrkesmänniskor och är det något som har kvalitet här, är det alla fina yrkesmänniskor. Men den uppblåsta aura som kan omge en sådan här institution, den är han väldigt skeptisk till.

Efter premiären av *Den girige* drog han ingen suck av lättnad, vilade inte på några lagrar. I stället skruvade framgången upp de egna kraven inför *Hantverkarna*: ”*Nu* kan jag vara nervös, för nu har jag gjort en stor succé som är utsåld i förköp. Nu ska jag komma med en föreställning på Stora scenen. Det vore underligt om jag inte fick på käften efter den, men det får jag ta.”

Av nio lysande recensioner vägde den tionde tyngst, den som inte föll in i hyllningskören. Gösta unnar sig inte berömmet, han säger ständigt som Relling i Ibsens *Vildanden*: ”Fan tro't!” Att det är ett plågsamt drag är han den förste att erkänna: ”Det spelar ingen roll vad jag hittar på, ändå sitter jag där och säger: 'Jag vet vem du är!' Men vem är jag då? Sen måste jag ut och knata igen.”

Som ung hade Gösta en återkommande dröm: Det ringer på dörren, han öppnar och utanför står några trevliga människor som ber att få komma in. Han vet inte vilka de är eller i vilket ärende de kommit. Under det samtal som följer förstår han att besökarna är civilklädda poliser. De frågar om en speciell händelse. Liket efter en svart man har hittats i vägrenen. ”Jag slår ifrån mig, har inte ens bil. Men medan det här pågår börjar jag ana att jag har förträngt detta, jag *vill* inte minnas. Jag tror att de har rätt, men fortsätter att spela oskyldig.”

Nu är det länge sedan han hade drömmen, misstänksamheten finns kvar, den lever Gösta med. ”De som tror att de kan sätta mig på det hala genom att vara misstänksamma mot *mig*, de har inte en aning om hur misstänksam *jag* är! Jag misstror mig själv i vad fan jag än hittar på. Jag tror inte på mina motiv. Det jag är misstänksam mot är mitt syfte, mitt uppsåt. Jag ifrågasätter alltid mig själv. Jag brukar säga att jag lider av en obesvarad kärlek till mig själv. Det är sant. Jag blir aldrig lugn.”

Den kärlek hans tacksamma publik skänker honom har han lärt sig ta emot och uppskatta. För den unge outsidern i Marelliskor och färgfläckade jeans som i det tidiga femtiotalet sökte sin plats mellan van Gogh och James Dean hade blotta tanken på en framtid som folkkär komiker tett sig förolämpande. Det där folkkära håller Gösta fortfarande ifrån sig, det ska vara lagoma korvar, som farmor brukade säga. För honom räcker det så bra med att bli bemött med sympati. "Jag gillade inte det här tidigare. I dag ser jag det som en jättestor present. Det händer mig rätt regelbundet att folk ber att få tacka, undrar om inte Sickan ska komma igen eller om jag har någon plan. Det är väldigt gripande. Ofta är det människor som bryter på svenska. 'Do er den där Jonsson!' Jag blir rörd."

Tidigare ville Gösta själv bestämma vilket intryck han skulle göra, han ville styra över sin framtoning som offentlig person. Det har gått över: "Jag börjar bli så gammal att jag tycker det är underligt att de ens känner igen mig, så skrynklig och förkrympt som man blir. I dag är jag snarare nyfiken på hur folk uppfattar mig, eftersom jag själv undrar vem fan jag är."

Det är länge sedan Gösta blev bespottad för att han stödde FNL i Vietnam, i dag har han inget otalt med svenskarna. Man behöver inte promenera många meter vid hans sida på en Stockholmstrottoar för att notera de vänliga leenden hans person väcker. Gösta besvarar ofta en hälsning, det kan ju vara någon han känner, fast mer troligt är bekantskapen inte ömsesidig. "Det är lika bra att hälsa. Folk vet ändå inte riktigt vad de ska göra. Själv stötte jag ihop med Gustaf VI Adolf en gång på NK. Det var en sommardag och han kom i kritstrecksrandig kostym och hatt. 'Nämen, goddag!' sa jag, som trodde det var Karl Gerhard. Jag hade sett Karl Gerhard göra kungen precis så där kritstrecksrandig. Kungen nickade tillbaka, så där bara."

Det ska mycket till för att de människor Gösta möter ska uppträda okänsligt. "Det finns ju de – ofta överförfriskade – som kommer och ska berätta sanningen för en eller ge goda råd, därför att de tycker att de känner mig." En sådan person förekommer i Peter Dalles film *Ogifta par* från 1997. Johan Ulveson spelade en okänd, arbetslös och vid tillfället berusad skådespelare som antastar Gösta när han sitter och läser i baren till en restaurang. Det blir inget förtroligt samtal kolleger emellan, utan en monolog med illa dolt förakt för den skrattretande teatern: "Det du gör Gösta – from my heart – det är jävligt svårt! Det är helt i nivå med skådespeleri ... jag menar *riktigt* skådespeleri ... jag menar *annat* skådespeleri ..." Gösta slår irriterad ihop sin bok, men sitter kvar och lyssnar på fortsättningen: "Du skulle ju lätt kunna göra annat också. Sånt ser jag! Du som är så jävla bra, varför har du inte fått spela *Hamlet*?" Gösta svarar syrligt, med sin enda replik: "Jag *har* spelat *Hamlet*."

"Observera att jag *spelar* mig själv", säger Gösta om sin insats i filmen, han har aldrig gjort rollen som Hamlet. "Om jag tyckte att någon var så jobbig skulle jag be att få vara ifred, eller gå därifrån. Ska Marie-Louise och jag prata vill vi helst sitta i fred och allra helst hemma. Vi lever i ett väldigt hänsynsfullt land. Människor är vänliga och snälla."

I flera tidningsreportage om Gösta återkommer samma scen, fast omgivningen och aktörerna skiftar. I en version passerar en bil med en kvinna som ropar: "Gud välsigne dig, Gösta". I en annan möter Gösta en ung man på gatan, han kan tas för en lymmel, men sträcker fram näven och deklarerar: "Jag skulle vilja tacka herr Ekman. Jag är en stor beundrare av Papphammar. Ni har givit mig många glada stunder." Det är utdelningen på Göstas höga insats; att han tagit sitt arbete på allvar och visat sin publik respekt. Det har alstrat många glada stunder, inte ens han själv kan förklara hur det gått till.

Det räcker inte att sätta på sig en röd näsa eller bära en liten hatt, många har försökt och misslyckats. Det är heller inte så enkelt som att säga att Gösta Ekman *är* rolig – han har ju under hela sin karriär varvat komik med allvarsroller, då publiken inte har skrattat åt honom. Gösta talar om en subtil, outtalad överenskommelse mellan aktören och publiken. Vi kan se någon på en scen – eller på film – och känna: "Jag är beredd på att det kommer att bli något skrattretande med den här personen." Det finns något i aktörens framtoning som väcker de förväntningarna. "Man *har* det och det känner publiken, om man går från det privata till att *våga* använda det på en scen." Det är en gåva som också kan missbrukas, påpekar Gösta: den kan stjäla syre från medspelare och grusa dramatikerns och regissörens avsikter.

Från revybesök tidigt i sitt liv har han bevarat känslan av att de som stod på scenen *ville* att han skulle vara med dem på något sätt, att han som publik inte störde, de skulle göra något tillsammans. "De uppskattar att jag gör mig påmind, de vill bekräftas av mig där ute i mörkret. Så uppstår något som man kan säga är väldigt svårdefinierbart, men när humorn saknas, då känns det jävligt tydligt: *Det* är borta! Det är något som saknas i rummet och det gör en nervös. Jag kan inte heller tänka mig en sann, bra dramatiker utan humor. Det gäller Shakespeare, Molière, Brecht – vem du vill av de stora gubbarna. Eller Strindberg!"

Tragedi kan spelas för en salong som hyssjats till tystnad, publiken kan sitta där och undra om den verkligen behövs. I komedi går det inte att tänka bort publiken, den spelar alltid med. "Det finns ingen dålig publik, bara dåliga föreställningar, brukar man säga. Men som komiker, skrattretare, underhållare kan man bli väldigt bortskämd av en publik. Skratt efter skratt efter skratt gör att man vänjer sig vid en viss temperatur. Om den sjunker aldrig så lite kan man känna en iskyla och fråga sig om man är slut som underhållare", säger Gösta. Publikens skratt är knark för en komiker, det är lätt att bli beroende. Minskar tillgången blir abstinensen svår, till slut gör man vad som helst för en dos. "Det kan bli vanebildande att få garv, du är van att få dina garv och kommer de inte blir du ställd och vill skylla ifrån dig och säga: 'Det beror på de där jävlarna, som sitter där. Ska dom ha en propp i stället? Jag behöver inte vara här!'"

Den som roar en krogpublik kan frestas att tolka några påstrukna personers alltför gälla skratt som kvällens samlade glädjeindex. "Det gäller att lyssna på *rätt* garv – och på det som inte är garv", säger Gösta. Den som roar på en scen ska helst också kunna höra sin publiks leenden. Gösta har ofta märkt att han gjort publiken på gott humör. Det har glatt honom, publikens glädje har gjort honom glad. Så blir närvaron maximal, det händer något i ögonblicket. "Det skapas en temperatur i vårt gemensamma rum, en växelverkan mellan scen och salong som går helvetes fort!"

TILLFRÅGAD OM VEM Gösta Ekman egentligen är stryker sig vännen och kollegan Hans Alfredson över hakan och låter svaret dröja: "Det är en rätt svår uppgift att tala om en människa som man känt så in i bänken länge. Jag tror – om vi ska titta tillbaka på seklet – att han har varit en av de mer betydande aktörerna under andra hälften av nittonhundratalet. Han har ju inte bara jobbat med Svenska Ord, utan med allt möjligt annat. Även om hans farfar var rysligt berömd, hann han nog inte göra lika mycket som Gösta har gjort."

Det är länge sedan Gösta uppnådde en högre ålder än den hans farfar hade vid sin död. Lill-Gösta har blivit den äldre Gösta Ekman. Det händer numera att han möter unga människor som vet vem han är, men som inte har ett hum om vare sig hans far eller farfar.

Pappa Hasse dog 2004, 88 år gammal. Gösta besökte honom aldrig i hemmet i södra Spanien, men de träffades i Sverige åtminstone en gång varje sommar. Mamma Agneta dog våren 2006, nyss fyllda 89. Då hade hon återvänt till Sverige. Det goda humöret övergav henne bara de sista dagarna i livet, då gjorde det för ont att skratta. Nu är Gösta familjen Ekmans äldste.

Frågan vem denne Gösta Ekman är har hans fru Marie-Louise aldrig ställt sig:

> Jag tycker att jag känner Gösta väldigt, väldigt väl. Han är den människa som jag har bott ihop med allra längst, ändå skulle jag säga att jag inte vet allt om honom. Jag tror inte att han skulle kunna förbluffa mig med något totalnytt, men jag skulle inte vara så förmäten att säga att jag vet precis hur han är. Det finns skrymslen i honom som är helt dolda för mig, som jag inte känner till. Vem är Gösta Ekman? Det håller jag på att ta reda på. Det är spännande att ha det framför sig!

Närmast ser Marie-Louise fram mot att få höra Gösta prata om det han varit med om under arbetet med den senaste uppsättningen på Dramaten. Genast efter premiären stack han iväg till ett gömställe, en koja, en eremitkräftas tillflykt. Han ska göra ett nytt försök att pensionera sig, sitta på en bänk, fundera på vad han ska bli: "Det är kort tid kvar! Det är svårt att fatta. Det tänkte jag undersöka, utan att låta jobbet distrahera mig."

Kronologi

Från Skansenteatern till Dramaten - Gösta Ekmans karriär under 55 år

Datum anger premiär/första sändning.

1955-06-12
Markurells i Wadköping
Skansenteatern i Stockholm
Författare: Hjalmar Bergman
Regi: Sandro Malmquist
GE: Staterar som student

1956-06-11
Sjunde himlen
Långfilm
Manus, regi: Hasse Ekman
GE: Regiassistent, scripta

1956-06-20
Théhuset Augustimånen
Skansenteatern i Stockholm
Författare: John Patrick
Regi: Sandro Malmquist
GE: Statist

1956-09-05
Monsieur Topaze
Alléteatern i Stockholm
Författare: Marcel Pagnol
Regi: Sam Beskow
GE: Rollen som En elev

1956-10-20
Swing it, fröken!
Långfilm
Manus, regi: Stig Olin
GE: Rollen som Erik, skolelev

1957-01-30
Ett brott
Kungl Dramatiska teatern i Stockholm
Författare: Sigfrid Siwertz
Regi: Per-Axel Brannet
GE: Regiassistent

1957-07-01
Med glorian på sned
Långfilm
Manus, regi: Hasse Ekman
GE: Regiassistent

1957-12-06
Misantropen
Malmö stadsteater
Författare: Molière
Regi: Ingmar Bergman
GE: Regiassistent

1957-11-16
Falskspelare
Radioteater
Författare: Nikolaj Gogol
Regi: Ingmar Bergman
GE: Regiassistent

1957-12-26
Smultronstället
Långfilm
Manus, regi: Ingmar Bergman
GE: Regiassistent

1958-02-21
Venetianskan
Teveteater
Författare: okänd
Regi: Ingmar Bergman
GE: Regiassistent

1958-03-31
Nära livet
Långfilm
Manus: Ulla Isaksson
Regi: Ingmar Bergman
GE: Regiassistent

1958-04-12
Sagan
Malmö stadsteater
Författare: Hjalmar Bergman
Regi: Ingmar Bergman
GE: Regiassistent

1958-04-14
Du är mitt äventyr
Långfilm
Manus: Hasse Ekman, Stig Olin
Regi: Stig Olin
GE: Inspicient

1958-06-23
Den store amatören
Långfilm
Manus, regi: Hasse Ekman
GE: Regiassistent

1958-09-18
Sagan
Radioteater
Författare: Hjalmar Bergman
Regi: Ingmar Bergman
GE: Regiassistent

1958-10-17
Ur-Faust
Malmö stadsteater
Författare: Johann W. Goethe
Regi: Ingmar Bergman
GE: Regiassistent

1958-11-07
Rabies
Teveteater
Författare: Olle Hedberg
Regi: Ingmar Bergman
GE: Regiassistent

1958-11-13
Den som intet har
Radioteater
Författare: Bengt Anderberg
Regi: Ingmar Bergman
GE: Regiassistent

1958-12-19
Värmlänningarna
Malmö stadsteater
Författare: Fredrik A. Dahlgren
Regi: Ingmar Bergman
GE: Regiassistent

1958-12-26
Ansiktet
Långfilm
Manus, regi: Ingmar Bergman
GE: Regiassistent

1959-11-02
Himmel och pannkaka
Långfilm
Manus: Hasse Ekman, Gösta Stevens
Regi: Hasse Ekman
GE: Regiassistent

1959-11-14
Vår tids hjälte
Munkbroteatern i Stockholm
Författare: Beppe Wolgers
Regi: Claes von Rettig
GE: Rollerna som Poet, En överlevande med bandspelare, Kultursnobb samt En man i doktorshatt

1960-01-15
Antigone
Munkbroteatern i Stockholm
Författare: Jean Anouilh
Regi: Lars-Erik Liedholm
GE: Rollen som Budbärare

1960-01-19
Muntra musikanter
Stockholms skolbarnsteater
Författare: Thorbjørn Egner
Regi: Nils Olsén
GE: Rollen som Nordsjötorsk m fl

1960-10-21
Fårakällan
Stockholms stadsteater
Författare: Lope De Vega
Regi: Bengt Ekerot
GE: Regiassistent samt rollen som Calatravaordens stormästare Don Rodrigo Tellez Giron

1960-11-17
Tuppen
Stockholms stadsteater
Författare: Sean O'Casey
Regi: Lars-Levi Læstadius
GE: Först den mindre rollen som Utroparen, sedan den större som Robin Adair (inhopp för Axel Düberg)

1961-01-18
Akilles och jungfrurna
Stockholms stadsteater (Kretsteatern, Stora scenen, Intiman), Fredriksdals sommarteater. Författare: Artur Marya Swinarski
Regi: Per Verner-Carlsson
GE: Rollen som Akilles

1961-03-02
Körsbärsträdgården
Stockholms stadsteater
Författare: Anton Tjechov
Regi: Bengt Ekerot
GE: Regiassistent

1961-09-04
Stöten
Långfilm
Manus: Jan-Olof Rydqvist
Regi: Hasse Ekman
GE: Regiassistent

1961-09-30
Gustav Vasa
Stockholms stadsteater
Författare: August Strindberg
Regi: Lars-Levi Læstadius
GE: Rollen som Prins Johan

1961-10-01
Jubileums-cabaré
Kabaré med Lulu Ziegler, Olle Adolphson m fl på Hamburger Börs i Stockholm
Författare: Beppe Wolgers m fl
GE: Regissör

1962-03-15
Patrasket
Stockholms stadsteater
Författare: Hjalmar Bergman
Regi: Stina Bergman
GE: Rollen som Felix Meng

1962-08-27
Chans
Långfilm
Manus: Birgitta Stenberg
Regi: Gunnar Hellström
GE: Rollen som gymnasisten Stefan

1962-09-12
Nils Holgerssons underbara resa
Långfilm
Manus: Tage Aurell, Kathrine Aurell efter Selma Lagerlöfs roman
Regi: Kenne Fant
GE: Rollen som student i Uppsala

1962-10-26
Tartuffe
Stockholms stadsteater
Författare: Molière
Regi: Lars-Levi Læstadius
GE: Rollen som Damis

1963-01-19
Den kaukasiska kritcirkeln
Stockholms stadsteater
Författare: Bertolt Brecht
Regi: Hans Dahlin
GE: Rollerna som Drängen och Prinsens brorson

1963-03-22
Bara en barberare
Stockholms stadsteater
Författare: Georges Schehadé
Regi: Lars-Levi Læstadius
GE: Rollen som Soldaten Grégoire

1963-04-21
Påsk
Stockholms stadsteater
Författare: August Strindberg
Regi: Birgit Cullberg
GE: Regiassistent och rollen som gymnasisten Benjamin

1963-04-24
Kvinnor, minnen
Teveversion av Hamburger Börs-kabaré
Författare: Beppe Wolgers
Regi: Mille Schmidt
GE: Rollen som Mannen (inhopp för Allan Edwall)

1963-05-09
Konstgjorda Pompe
Svenska Ords revy på Gröna Lunds teater i Stockholm. Även i teve 1963-12-31.
Författare: Hans Alfredson, Tage Danielsson
Regi: Tage Danielsson
GE: Rollen som tjänsteman i Institutet för folkhälsan, m fl

1963-11-09
Se men inte höra
Intima teatern i Stockholm, två enaktare
Författare: Peter Shaffer
Regi: Hasse Ekman, GE
GE: Regissör av *Ögon till att se*, rollen som Bob i *Öron till att höra*

1964-02-17
Markisinnan
Teveteater
Författare: Noel Coward
Regi: Gustaf Molander
GE: Rollen som Miguel

1964-06-05
Gula Hund
Svenska Ords revy på China-teatern i Stockholm, gästspel på Lorensbergsteatern i Göteborg. Även i teve i engelskspråkiga versionen "Yellow Dog" 1965-04-05 samt på svenska i två delar 1966-01-06 + 08.
Författare: Hans Alfredson, Tage Danielsson
Regi: Tage Danielsson
GE: Rollen som Mahatma Ekman m fl

1964-09-07
Svenska bilder
Långfilm
Manus: Hans Alfredson, Tage Danielsson
Regi: Tage Danielsson
GE: Rollen som arbetsförmedlingsdirektörsassistent Bengtsson

1964-12-16
Äktenskapsbrottaren
Långfilm
Manus: Hasse Ekman, efter en pjäs av Georges Feydeau
Regi: Hasse Ekman
GE: Rollen som Sixten, ateljéassistent

1965-01-18
Nattcafé
Teveteater
Författare: Bengt Bratt
Regi: Johan Bergenstråhle
GE: Rollen som Peter

1965-01-19
Nick
Intima teatern i Stockholm
Författare: Herb Gardner
Regi: Håkan Ersgård
GE: Rollen som Albert

1965-05-23
Alla mina söner
Teveteater
Författare: Arthur Miller
Regi: Bengt Lagerkvist
GE: Rollen som Frank Lubey

1965-07-26
Festivitetssalongen
Långfilm
Manus, regi: Stig Ossian Ericson
GE: Rollen som journalist-volontären Blom

1965-10-11
Herr Dardanell och hans tupptåg på landet
Teveteater
Författare: August Blanche
Regi: Johan Bergenstråhle
GE: Rollen som Henrik

1965-12-01
Gals and Pals på nya äfventyr
Kabaré på Hamburger Börs i Stockholm
Författare: Beppe Wolgers
GE: Regissör

1965-12-20
Villa med staket
Teveteater
Författare: Bengt Bratt
Regi: Johan Bergenstråhle
GE: Rollen som Den andre unge mannen

1965-12-26
Hans nåds testamente
Teveteater
Författare: Hjalmar Bergman
Regi: Jan Molander
GE: Rollen som Jacob

1965-12-26
Att angöra en brygga
Långfilm
Manus: Hans Alfredson, Tage Danielsson
Regi: Tage Danielsson
GE: Rollen som den olycksdrabbade Lennart

1965-12-27
De tre musketörerna
Radioteater i 40 avsnitt
Författare: Alexandre Dumas
Regi: Johan Bergenstråhle
GE: Rollen som Aramis

1965
Nilsson
Kortfilm
Manus: Stig Claesson
Regi: Jan Halldoff
GE: Rollen som självmördaren Nilsson

1966-01-17
Hotet
Teveteater
Författare: Arnold Wesker
Regi: Johan Bergenstråhle
GE: Rollen som Peter

1966-02-21
Skuggan av Mart
Teveteater
Författare: Stig Dagerman
Regi: Johan Bergenstråhle
GE: Rollen som Gabriel

1966-05-09
Kvinnas man
Teveteater
Författare: Vilhelm Moberg
Regi: Per-Axel Branner
GE: Rollen som Mikael Steiner

1966-06-13
Farfar till häst
Teveteater
Författare: Leif Panduro
Regi: Hans Abramson
GE: Rollen som Nick

1966-09-19
Tartuffe
Teveteater
Författare: Molière
Regi: Hans Dahlin
GE: Rollen som Damis

1966-10-01
Yngsjömordet
Långfilm
Manus: Eva Dahlbeck
Regi: Arne Mattsson
GE: Rollen som Per Nilsson

1966-11-18
Lådan
Svenska Ords revy på restaurang Kronprinsen i Malmö samt i Jönköping, Linköping, Karlstad, Göteborg och Stockholm. Även som filmad föreställning, visad på biograf, 1968-02-24.
Författare: Hans Alfredson, Tage Danielsson
Regi: Tage Danielsson
GE: Rollen som En människa ställd i en besvärlig situation (Aftonbladet eller Expressen) m fl

1967-01-05
Trettondagsafton
Teveteater
Författare: William Shakespeare
Regi: Hans Dahlin
GE: Rollen som Sebastian

1967-01-08
OBS! Sammanträde pågår
Teveteater
Författare: P C Jersild
Regi: Bengt Lagerkvist
GE: Rollen som En ung man

1967-02-16
Karnaval
Kabaré med Gals and Pals på Hamburger Börs i Stockholm, gästspel i Göteborg och Oslo samt folkparksturné
Författare: Beppe Wolgers
Regi: GE, Mikael Ekman
GE: Medregissör

1967-06-14
Mördarligan
Teveteater
Författare: Henrik Tikkanen
Regi: Stig Törnroos
GE: Rollen som Gideon Labb

1967-09-28
Tango
Stockholms stadsteater
Författare: Slawomir Mrożeks
Regi: Johan Bergenstråhle
GE: Rollen som Artur

1967-12-04
ABC
Teveteater
Författare: Birger Christofferson, Ingemar Leijonborg
Regi: Ingemar Leijonborg
GE: Rollen som Bertil

1968-01-05
Stålar
Scalateatern i Stockholm
Författare: Joe Orton
Regi: Yngve Gamlin
GE: Rollen som Hal

1968-02-02
Till alla dessa pojkar
Kabaré på Hamburger Börs i Stockholm
Författare: Stig Claesson, Beppe Wolgers, Björn Lindroth
GE: Regissör

1968-04-26
Så tuktas en argbigga
Stockholms stadsteater
Författare: William Shakespeare
Regi: Johan Bergenstråhle
GE: Rollen som Grumio

1968-05-01
Snack
Aktualitetsprogram i teve i 5 avsnitt
Författare: GE, Olle Adolphson m fl.
Producent: Birgitta Zachrisson.
GE: Redaktionsmedlem och diverse roller

1968-06-26
Jag älskar, Du älskar
Långfilm
Manus: Stig Björkman, Jonas Cornell
Regi: Stig Björkman
GE: Rollen som Stan, detektiv i fransk agentfilm

1968-10-11
Volpone
Stockholms stadsteater
Författare: Ben Jonson
Regi: Göran O Eriksson
GE: Rollen som Mosca

1968-12-06
I huvet på en gammal gubbe
Delvis animerad långfilm
Manus: Hans Alfredson, Tage Danielsson
Regi: Tage Danielsson
GE: Rollen som studentskans kavaljer

1969-01-10
Spader, Madame!
Svenska Ords revy på Oscarsteatern i Stockholm. Även i teve 1970-01-01.
Författare: Hans Alfredson, Tage Danielsson
Regi: Tage Danielsson
GE: Rollen som Johan Isak Thyraeus, informator och skald

1969-02-13
Som natt och dag
Långfilm
Manus, regi: Jonas Cornell
GE: Rollen som underläkaren Rikard

1969-09-23
Måsen
Stockholms stadsteater
Författare: Anton Tjechov
Regi: Otomar Krejča
GE: Rollen som Konstantin

1969-09-24
Duett för kannibaler
Långfilm
Manus, regi: Susan Sontag
GE: Rollen som Tomas

1969-12-05
Mumintrollet
Teveserie i 13 delar
Författare: Tove Jansson och Lars Jansson
Regi: Vivica Bandler
GE: Rollen som Kungen

1970-01-24
Vännerna
Stockholms stadsteater
Författare och regissör: Arnold Wesker
GE: Rollen som Roland

1970-04-08
88-öresrevyn
Svenska Ords revy på restaurang Skeppet i Stockholm
Författare: Hans Alfredson, Tage Danielsson
GE: Regissör

1970-10-28
Marta, Marta
TUR-teatern i Stockholm
Författare: Sara Lidman
GE: Scenograf och regissör

1971-09-09
Den goda människan i Sezuan
Stockholms stadsteater
Författare: Bertolt Brecht
Regi: Johan Bergenstråhle
GE: Rollen som Yang Sun, en flygare utan anställning

1971-12-18
Niklas och Figuren
Långfilm
Manus: Ulf Andrée, efter Bengt Anderbergs barnbok
Regi: Ulf Andrée
GE: Rollen som Mickes pappa, granskogsfigur

1971-12-18
Äppelkriget
Långfilm
Manus: Hans Alfredson, Tage Danielsson
Regi: Tage Danielsson
GE: Rollen som Sten Wall, art director i PR-firman Swedish Public Relation

1972-03-01
Experimentlek
Barn-teveserie i 7 avsnitt
GE: Programledare

1972-04-16
Hundarna
Teveteater
Författare: Kjell Sundberg
Regi: Per Ragnar
GE: Rollen som Observatör

1972-05-07
Trummor i natten
Teveteater
Författare: Bertolt Brecht
Regi: Kurt-Olof Sundström
GE: Rollen som Friedrich Murk

1972-11-20
Mathjulet
Barn-teveserie i 7 avsnitt
GE: Programledare

1972-12-16
Mannen som slutade röka
Långfilm
Manus, regi: Tage Danielsson
GE: Rollen som nikotinisten Dante Alighieri

1973-01-13
Mumlan
Barn-teveserie i 22 avsnitt
GE: Programledare

1973-03-10
Brott och brott
Stockholms stadsteater
Författare: August Strindberg
Regi: Jonas Cornell
GE: Rollen som Maurice

1973-03-17
Träben och emaljöga
Tevefilm
Manus: Ulf Andrée, efter en berättelse av Fritiof Nilsson Piraten
Regi: Ulf Andrée
GE: Rollen som Konrad

1973-04-01
Kvartetten som sprängdes
Teveserie i 6 delar
Manus: Hans Alfredson efter Birger Sjöbergs roman
Regi: Hans Alfredson
GE: Rollen som Petrus Anker

1973-09-20
Glaset i örat
Svenska Ords revy på Berns i Stockholm, samt på turné. Även i teve 1974-10-12.
Författare: Hans Alfredson, Tage Danielsson
Regi: Tage Danielsson
GE: Roller som center-extremist, tangodansören Jan, m fl

1974-04-08
Gustav III
Teveteater
Författare: August Strindberg
Regi: Johan Bergenstråhle
GE: Rollen som Gustav III

1974-09-26
Dunderklumpen
Manus: Beppe Wolgers
Regi och animation: Per Åhlin
GE: Röst till kaninen En Dum En

1974-10-01
Siden, sammet, trasa, lump
Stockholms stadsteater
Författare: Britt Edwall, GE, Lena Söderblom
GE: Medförfattare och regissör

1975-03-17
Ägget är löst!
Långfilm
Manus, regi: Hans Alfredson
GE: Rollen som Sonen

1975-12-06
Släpp fångarne loss – det är vår!
Långfilm
Manus: Tage Danielsson, ”med stulna brottstycken av Birger Sjöberg”
Regi: Tage Danielsson
GE: Medregissör och rollen som fängelsedirektören Frans

1976-02-15
Svea Hund
Svenska Ords revy på Göta Lejon i Stockholm. Även i teve 1977-02-25.
Författare: Hans Alfredson, Tage Danielsson
Regi: Tage Danielsson
GE: Roller som Olof Palme, expedit i sportaffär, grodslukare, m fl

1976-04-28
Ansikte mot ansikte
Teveserie i 4 delar
Manus och regi: Ingmar Bergman
GE: Rollen som Mikael Strömberg, skådespelare

1976-09-24
Kabaré Öppen kanal – listiga lögner och sataniska sanningar
Satirprogram i radio i 9 avsnitt
Författare: Carl Zetterström, Anders Ehnmark, Rolf Börjlind m fl
GE: Rollen som Henry Kissinger, Gunnar Biörk och många andra

1976-11-17
En dåres försvarstal
Teveserie i 3 delar
Manus: Kjell Grede efter August Strindbergs roman
Regi: Kjell Grede
GE: Rollen som Axel

1977-06-21
Barnens ö
Radioföljetong i 26 delar
Författare: P C Jersild
GE: Uppläsare

1978-01-24
Herr och fru Papphammar
Sketcher i Sveriges magasin, 9 delar
Författare: GE, Carl Zetterström
GE: Medförfattare och rollen som Gunnar Papphammar

1978-05-20
Picassos äventyr
Långfilm
Manus: Hans Alfredson, Tage Danielsson
Regi: Tage Danielsson
GE: Manusidéer och rollen som Pablo Picasso

1978-12-25
En vandring i solen
Långfilm
Manus: Bibi Edlund, efter Stig Claessons roman
Regi: Hans Dahlberg
GE: Rollen som Tore Andersson, sportjournalist

1979-02-21
En kärleks sommar
Långfilm
Manus: Jonas Cornell, efter Ivan Klimas roman
Regi: Mats Arehn
GE: Rollen som biologen David Jernberg

1979-09-08
Lucie
Långfilm
Manus: Jan Erik Düring, efter Amalie Skrams roman
Regi: Jan Erik Düring
GE: Rollen som Gerner

1979-12-25
Farbrorn som inte vill va' stor
Tecknad filmserie i 6 delar
Manus: Peter Cohen
Animation: Olof Landström
GE: Berättare

1980-05-17
Mannen som blev miljonär
Långfilm
Manus: Olle Hellbom m fl, efter en roman av Olle Högstrand
Regi: Mats Arehn
GE: Rollen som den allergiske porrklubbsägaren Stickan

1980-09-19
Mordet på Marat
Stockholms stadsteater
Författare: Peter Weiss
Regi: Etienne Glaser
GE: Rollen som Marat

1980-10-27
Herr Gunnar Papphammar
Pausprogram för teve i 24 delar. Även som kortfilm för biografvisning: *Från och med Herr Gunnar Papphammar*, 1981-02-21.
Författare: GE, Rolf Börjlind
GE: Idé, regi, musik och rollen som Gunnar Papphammar

1981-03-21
SOPOR
Långfilm
Manus, regi: Tage Danielsson
GE: Rollen som John Smith (pseudonym), chef för Säpo

1981-12-04
Varning för Jönssonligan
Långfilm
Manus: Rolf Börjlind, GE, efter Erik Ballings och Henning Bahs *Olsen-Bandens sidste bedrifter*
Regi: Jonas Cornell
GE: Manusmedverkan och rollen som Charles-Ingvar "Sickan" Jönsson

1982-01-14
Fröken Fleggmans mustasch
Svenska Ords lustspel på Göta Lejon i Stockholm. Även på video, samt i teve 1984-09-14.
Författare: Hans Alfredson, Tage Danielsson
Regi: Tage-Lena Ekfredson
GE: Regimedverkan och roller som bankir Kurt S Wresig, kommissarie Kolerik Wresig, m fl

1982-01-15
Skulden
Teveserie i 4 delar
Manus: Rolf Börjlind efter en roman av Olle Högstrand
Regi: Mats Arehn
GE: Rollen som Rune Strand, journalist

1982-02-12
Den enfaldige mördaren
Långfilm
Manus, regi: Hans Alfredson
GE: Rollen som den nye chauffören

1982-08-13
En flicka på halsen
Långfilm
Manus: Tomas Löfdahl, Göran Hägg
Regi: Tomas Löfdahl
GE: Rollen som gangstern Kurt

1982-09-17
Jönssonligan & Dynamit-Harry
Långfilm
Grundmanus: Erik Balling, Henning Bahs
Regi: Mikael Ekman
GE: Rollen som Charles-Ingvar "Sickan" Jönsson

1982-12-16
Gräsänklingar
Långfilm
Manus: Åke Cato, Jan Richter
Regi: Hans Iveberg
GE: Rollen som arkitekten Gary Engström

1983-08-26
Kalabaliken i Bender
Långfilm
Manus: Rolf Börjlind
Regi: Mats Arehn
GE: Rollen som Karl XII

1984-08-31
Slagskämpen
Långfilm
Manus: Alan Plater, efter Harry Kullmans roman
Regi: Tom Clegg
GE: Rollen som Säpo-chefen Stig Larsson

1984-10-19
Jönssonligan får guldfeber
Långfilm
Manus: Rolf Börjlind, GE, efter Erik Ballings och Henning Bahs *Olsen-banden går i krig*, m fl
Regi: Mikael Ekman
GE: Manusmedverkan och rollen som Charles-Ingvar "Sickan" Jönsson

1984-12-26
Magister Flykt
Tecknad filmserie i 5 delar
Manus: Peter Cohen
Animation: Olof Landström
GE: Berättare

1985-03-22
Dödspolare
Långfilm
Manus och regi: GE, Rolf Börjlind, Mats Arehn, Sten Ljunggren
GE: Manusmedverkan, medregissör och rollen som pianisten Torbjörn "Tobbe" Skytt

1986-02-07
Morrhår och ärtor
Långfilm
Manusmedverkan: Rolf Börjlind, GE
GE: Manus, regi och rollen som Claes-Henrik "Håna" Ahlhagen

1986-10-24
Jönssonligan dyker upp igen
Långfilm
Manus: Rolf Börjlind i samarbete med GE, Mikael Ekman
Regi: Mikael Ekman
GE: Manusmedverkan och rollen som Charles-Ingvar "Sickan" Jönsson

1986-12-31
Hotelliggaren
Fars på Folkan i Stockholm
Författare: Ray Cooney
Regi: Tony Verner
GE: Rollen som George Pigden

1987-12-05
Caprice med Orphei Drängar
Musikaliskt program i Uppsala Universitetsaula
GE: Hemlig gäst, dirigerade bl. a. kören i Mozarts Pianokonsert nr 21 i C-dur

1988-01-06
Herr Bohm och sillen
Tecknad kortfilm
Manus och regi: Peter Cohen
Animation: Olof Landström
GE: Berättare

1988-03-31
Vargens tid
Långfilm
Manus: Hans Alfredson, efter Vagn Lundbyes berättelse
Regi: Hans Alfredson
GE: Rollen som värdshusgästen Anders Bjelke

1989-02-03
Kronvittnet
Långfilm
Manus: Jon Lindström, Rita Holst
Regi: Jon Lindström
GE: Rollen som kriminalinspektör Rolf Lambert

1989-03-06
7 maj 1945
Kortfilm
Manus och regi: Thomas Wahlberg
GE: Roll

1989-11-03
Jönssonligan på Mallorca
Långfilm
Manus: Rolf Börjlind, GE, Mikael Ekman
Regi: Mikael Ekman
GE: Manusmedverkan och rollen som Charles-Ingvar "Sickan" Jönsson

1990-03-30
Den hemliga vännen
Långfilm
Manus och regi: Marie-Louise Ekman
GE: Rollen som vännen Jerker Ybander

1991-02-22
Underjordens hemlighet
Långfilm
Manus och regi: Clas Lindberg
GE: Rollen som patienten Carson

1991-09-09
Duo jag
Teveserie i 3 delar
Författare: Marie-Louise Ekman
Regi: GE, Marie-Louise Ekman
GE: Medregissör, rollen som Den smale

1992-11-15
Vennerman & Winge
Teveserie i 3 delar
Författare: Marie-Louise Ekman
Regi: GE, Marie-Louise Ekman
GE: Medregissör, rollerna som Fru Vennerman och Eskil Vennerman

1993-04-08
Macklean
Teveserie i 2 delar
Författare: Ragnar Lyth, Per Lysander
Regi: Ragnar Lyth
GE: Rollen som Gustav III

1993-07-02
Brandbilen som försvann
Långfilm
Manus: Rainer Berg, Beate Langmaack efter Sjöwall-Wahlöös roman
Regi: Hajo Gies
GE: Rollen som kriminalkommissarie Martin Beck

1993-11-26
Mannen på balkongen
Långfilm
Manus: Jonas Cornell, Daniel Alfredson efter Sjöwall-Wahlöös roman
Regi: Daniel Alfredson
GE: Rollen som kriminalkommissarie Martin Beck

1993-10-06
Roseanna
Långfilm
Manus: Jonas Cornell efter Sjöwall-Wahlöös roman
Regi: Daniel Alfredson
GE: Rollen som kriminalkommissarie Martin Beck

1993-10-06
Polis, polis potatismos!
Långfilm
Manus: Jonas Cornell efter Sjöwall-Wahlöös roman
Regi Pelle Berglund
GE: Rollen som kriminalkommissarie Martin Beck

1994-01-12
Polismördaren
Långfilm
Manus: Rainer Berg, Beate Langmaack, Maj Sjöwall efter Sjöwall-Wahlöös roman
Regi: Peter Keglevic
GE: Rollen som kriminalkommissarie Martin Beck

1994-07-01
Stockholm Marathon
Långfilm
Manus: Rainer Berg, Beate Langmaack efter Sjöwall-Wahlöös roman *Terroristerna*
Regi: Peter Keglevic
GE: Rollen som kriminalkommissarie Martin Beck

1993-12-31
I fru Vennermans fall
Kilen, Kulturhuset i Stockholm, samt i Göteborg, Malmö, Örebro, Helsingfors och London
Författare: Marie-Louise Ekman
Regi: Marie-Louise Ekman, GE
GE: Medregissör och rollen som Vera Vennerman

1995-08-25
En på miljonen
Långfilm
Manus och regi: Måns Herngren, Hannes Holm
GE: Rollen som bankdirektör Callert

1996-06-03
Lisa får en barnvakt
Tecknad kortfilm
Manus och regi: Magnus Carlsson
GE: Berättare (Även *Lisa hos tandläkaren*, 1998, samt *Lisa på picknick*, 1998)

1996-08-30
Nu är pappa trött igen
Långfilm
Manus: Marie-Louise Ekman
Regi: Marie-Louise Ekman, GE
GE: Medregissör och rollen som pappa, herr Khopp

1996-12-26
Från tilja till spånplatta
Artistporträtt i teve i 3 delar
Producent: Margareta Feldt-Arehn
GE: Berättar om livet och karriären

1997-10-29
Ogifta par – en film som skiljer sig
Långfilm
Manus och regi: Peter Dalle
GE: Rollen som sig själv

1998-01-10
God natt herr Morris
Kilen, Kulturhuset i Stockholm
Författare: Marie-Louise Ekman
Regi: Marie-Louise Ekman, GE
GE: Medregissör och rollen som herr Morris

1999-06-28
Papphammar
Teveserie i 8 delar
Författare: Gösta Ekman, Rolf Börjlind
Regi: Rolf-Gösta Börjman
GE: Medregissör, rollen som Gunnar Papphammar

2000-02-18
Det blir aldrig som man tänkt sig
Långfilm
Manus och regi: Måns Herngren, Hannes Holm
GE: Rollen som Tage Olsson

2000-10-02
Soldater i månsken
Teveserie i 4 delar
Författare: Klas Östergren
Regi: Tomas Alfredson
GE: Rollen som adjunkten Gunnar Larsson

2001-01-14
En fot i graven
Teveserie i 8 delar
Manus: Måns Herngren, Hannes Holm, GE, efter engelsk förlaga
Regi: Måns Herngren, Hannes Holm
GE: Rollen som Viktor Melldrov

2001-02-09
Puder
Långfilm
Manus och regi: Marie-Louise Ekman
GE: Rollen som sminkören Vippan

2003-12-25
Skenbart
Långfilm
Manus och regi: Peter Dalle
GE: Rollen som Theodor Bäckström, kallad Pompe

2005-04-15
Asta Nilssons sällskap
Långfilm
Manus: Marie-Louise Ekman
Regi: Marie-Louise Ekman, GE
GE: Medregissör samt rollen som Den välklädde mannen

2006-02-17
Pingvinresan
Dokumentärfilm
Manus: Luc Jacquet, Michel Fessler
Regi: Luc Jacquet
GE: Svensk berättare

2007-03-17
Gäckanden
Dramaten i Stockholm samt på turné
Författare: Marie-Louise Ekman
Regi: Marie-Louise Ekman, GE
GE: Medregissör

2007-03-26
Gunnar och Anette
Kortfilm
Manus och regi: Sebastian Torngren Wartin
GE: Berättare

2008-10-02
Alla tiders kartor
Utbildningsprogram från UR i 11 delar
GE: Berättare

2009-10-25
Den girige
Dramaten i Stockholm
Författare: Molière
GE: Regissör

2010-03-13
Hantverkarna
Dramaten i Stockholm
Författare: Line Knutzon
GE: Regissör

Författarens tack

... till Gösta Ekman, för förtroendet och engagemanget, frikostigheten med det privata arkivet och de många spirituella samtalen,

... till Hans Alfredson, Birgitta Andersson, Rolf Börjlind, Marie-Louise Ekman, Katinka Faragó, Kjell Grede, Maud Hansson, Mona Haskel, Kerstin Pawlo Hedeby, Erik Johansson, Britt-Marie McDowell, Christina Ringsberg, Maria Sundbom, Fatima Svendsen och Lena Söderblom, som bidragit med sina minnen,

... till Jannike Åhlund, för skarpögd granskning av manus,

... till Leif Furhammar, för filmhistoriska kunskaper,

... till Kerstin Alfredsson/SVT Bild, Stephan Bergman/Scanpix, Kerstin Eriksdotter, Britt-Marie McDowell, Rose-Marie Otter/Scanpix, Ingemar Perup och Christina Ringsberg, för hjälp med illustrationer,

... till Arbetarrörelsens arkiv och bibliotek, Kungliga Biblioteket – i synnerhet dess avdelning för audiovisuella medier –, Stiftelsen Ingmar Bergmans arkiv och Svenska filminstitutets bibliotek, för dokumentation,

... till Stiftelsen Olle Engkvist Byggmästare för generöst ekonomiskt bidrag och Sveriges författarfond för arbetsstipendium.

Källor

Boken bygger i huvudsak på samtal mellan GE och författaren, totalt 23 timmar, förda vid tio tillfällen från maj 2009 till maj 2010. Ytterligare två samtal med GE har använts, förda 2007 och 2008, under arbete med Tage Danielssons och Monica Zetterlunds biografier. Samtalen med GE har kompletterats med intervjuer med personer som mött GE som vän, arbetskamrat och lärare (se ”Författarens tack”).

Under arbetet har författaren haft tillgång till GE:s omfattande privata arkiv och har hämtat information och citat ur personliga anteckningar och korrespondens, liksom ur en stor mängd artiklar och intervjuer i tidningar och tidskrifter och program i radio och teve, de viktigaste redovisas nedan.

Författaren har under arbetet haft god hjälp av Bengt Forslunds krönika *Från Gösta Ekman till Gösta Ekman: en bok om Hasse, far och son*, teveproducenten Margareta Feldt-Arehns tredelade artistporträtt *Från tilja till spånplatta*, sänt i SVT1 1996-12-26 och följande två dagar, samt två opublicerade intervjuer med GE gjorda av Tove Ellefsen-Lysander 2000-09-08 och 2001-01-17.

BOKENS BÄSTE VÄN

Sin svaghet för att citera litterära förlagor bekänner GE i programmet O.S.A. *Inger Säfwenberg intervjuar Gösta Ekman*, SVT TV2, 1979-11-10. Sin respekt för författare uttrycker han i en intervju med Martin Röshammar i GP 2001-02-03.

LUSTEN FRAMFÖR ALLT

Det farbroderliga kynnet utreder GE i *Sommar med Gösta Ekman*, SR P1, 1993-08-21. Om sitt inneboende barn talar han med Göran Skytte i *Skytte*, SVT TV2, 1991-10-15. Mia Skäringer skriver om sin fula barndom i Helander (red): *Den skrattretande teater: ett år med Gösta Ekman och hans vänner*, en dokumentation av GE:s tid som professor vid Teaterhögskolan i Stockholm. Beppe Wolgers porträtterar GE i Idun-Veckojournalen 1966:11. GE talar om sin vanlighet med Gittan Mannberg i RiR-TV 1987:20.

KÄND REDAN SOM SPERMIE-

GE beskriver sitt liv i offentligheten i en intervju av Jan Guillou, publicerad i Folket i Bild/Kulturfront 1979:1, samt i boken *Artister*. Förutom i sin egen memoarbok återger Agneta Wrangel glimtar från sin uppväxt i en intervju av Jan Mårtensson i Arbetet/Skånska Dagbladet 1989-12-17. Signaturen Den Pigge rapporterar i Filmjournalen 1938:26 och 1938:27 från Agneta Wrangels och Hasse Ekmans bröllop. I Svenska hem i ord och bilder 1942:12 granskar Gunvor Björkman familjen Ekmans våning på Dalagatan.

JAG HAR GRÅTIT MYCKET I LIMHAMN

Tevedokumentären *Jag har gråtit mycket i Limhamn* av Mats Weman och Stefan Berg visades i SVT2 2004-10-14. GE berättar om visslingen utanför Malmö stadsteater i *Från tilja till spånplatta* och i ett radiosamtal med Beppe Wolgers: *Du – plattor!* SR P3, 1969-01-31.

HASSE EKMANS REGI-ASSISTENT

Oscar Hedlunds roll som musikalisk stigfinnare beskriver GE för Beppe Wolgers i *Du – plattor!* SR P3, 1969-01-31. Ingmar Bergman och Hasse Ekman tonar ner talet om sin rivalitet i Furhammar och Åhlund: *En liten bok om Hasse: Hasse Ekman som filmregissör.*

INGMAR OCH JAG KOMMER NOG ALDRIG RIKTIGT ÖVERENS

GE berättar om mötet med Sjöström på sjukhuset i Forslund: *Victor Sjöström: hans liv och verk*. Bergman beskriver sin antipati inför Gösta Ekman den äldre och redogör för sina dagliga bestyr i den självbiografiska *Laterna Magica*. GE porträtteras i Bildjournalen 1958:7.

EN BÖRJAN TILL ETT LÖFTE

Beppe Wolgers porträtt av GE finns i Idun-Veckojournalen 1966:11.

PRINSESSAN FRÅN KRÅK-SLOTTET

GE talar om skådespelarens tvång i en intervju av Jonas Cornell i Expressen 1966-02-19. Brevet från Kar de Mumma är daterat december 1963.

BLEK OCH SKÖN OCH VANSINNIGT ROLIG

GE återger det trevande mötet med Hasse och Tage i en intervju av Inger Ärlemalm i Vecko-Revyn 1967:21. Hans Alfredsons vers är daterad 29 juli 1982, "Till Göcke dagen efter hanses fölsedag". Tage Danielssons vers ingår i "Sång den 21 juli 1964". Auktionen av Hasse Ekmans konst refereras utförligt i Stockholms dagstidningar, bland annat i Stockholms-Tidningen 1964-10-06.

JAG ÄR VÄLDIGT VÄNSTER

Wolgers vänporträtt publicerades i Idun-Veckojournalen 1966:11. Forssells Vietnam-artikel *Brev till en svensk tidning* publicerades i DN 1965-06-01. GE talar om sitt politiska engagemang i en intervju av Annika Holm i DN 1967-10-22. Enquists recension publicerades i Expressen 1967-09-29. Åke Lif rapporterar från demonstranternas attack mot Stadsteatern i Aftonbladet 1968-05-26. Hedlunds artikel om GE och Fatima publicerades i DN 1967-04-16. GE talade om daghem i Vecko-Revyn 1967:21.

JAG KAN KOSTA PÅ MIG ATT HA MORAL

Disa Håstad rapporterar från repetitionerna av *Måsen* i DN Söndag 1969-10-05. GE presenterar sig som snackskådis i en intervju med Anna-Karin Eurelius i Vi 1966:12. Filmupptagningen från *Måsen* finns på Kungliga biblioteket. GE berättar om arbetet med föreställningen i samtal med Tove Ellefsen-Lysander och i ett radiosamtal med Stig Olin: *Mannen bakom masken*, SR P1, 1987-05-15. I Weskers manus till *The friends* heter det: "Roland and Crispin kiss each other on the lips and remain casped during Manfred's next words." TUR-teatern var inte ensam om att vid den här tiden sätta det gemensamma ansvaret högre än den enskildes insats; även en pjäs på Dramaten kunde presenteras som "ett grupparbete", där skådespelare, regissör och scenograf värderades lika. Om skilsmässan från Fatima berättar Gösta för Ann-Sofi Lejefors i Damernas Värld 1979:2. GE talar moral med Maria Schottenius i Aftonbladet 1976-11-20.

TUSEN KÄRLEKSFULLA LÖGNER

GE talar om sin splittrade framtoning med Gittan Mannberg i RiR-TV 1974:15.

STRINDBERGS VÄNSTRA STORTÅ

GE, Kjell Grede och Bibi Andersson berättar om *En dåres försvarstal* i RiR-TV 1976:48, intervjuade av Kajsa Harryson. Grede talade om serien i DN 1976-11-17 och GE i DN 1976-11-24, båda intervjuade av Betty Skawonius.

VECKOPRESSENS FIENDE NUMMER ETT

Morgonen i Mallorca skildrar GE i *Sommar med Gösta Ekman*, SR P1, 1993-08-21. Kortfilmen om självmördaren heter *Nilsson* och regisserades av Jan

Halldoff. GE talar om *En kärleks sommar* med Margareta Hall i Veckojournalen 1979:10. Ann-Sofi Lejefors i Damernas Värld 1979:2 skildrar mötet med GE i Oslo. GE talar med Gunnar Rehlin i GT 1983-08-14 om att värna privatlivet.

HÄR SER NI EN SOM INTE SYNS

Betty Skawonius skriver om *Kabaré Öppen kanal* i DN 1976-11-24. GE beskriver Papphammars vanlighet för Gunnar Rehlin i GT 1981-12-26. Tage Danielssons vers till GE är handskriven på Svenska Ords papper: "Tage skrev med kärlek 18 dec. 1982."

EN SVENSK FILMSTJÄRNA

GE berättar om barnens plats för Gunnar Rehlin i GT Söndags 1983-08-14. Om samarbetet med Dennis Hopper berättar han för Christer Olsson i Vecko-Revyn 1984:32.

LYSANDE, SICKAN!

GE beskriver Sickans karaktär i Nöjesmagasinet, SR P3, 1981-12-06. Jonas Cornell talar om Jönssonligan med Gunilla Tengvall i DN 1982-01-02. Ulf Brunnberg jämför Sickan med James Bond i Expressen 1991-11-22, intervjuad av Petter Karlsson. Episoden från Sergels torg återger GE i Aftonbladet 1997-07-03, intervjuad av Bengt Hörnemark.

MAN MÅSTE INTE ÄLSKA SIN MAMMA

GE och Lena Nyman förklarar varandra sin kärlek i *Från tilja till spånplatta*. GE berättar om sin terapi för Ulf Elfving i radioprogrammet *Efter tre*, SR P3 1989-01-25, och för Göran Tonström i Ica-Kuriren 1996:33.

KÖNET BEDRAR

Filmvetaren Tytti Soila skriver om Marie-Louise Ekmans filmkonst i boken *Att synliggöra det dolda*. Sin fascination för samtalskonsten beskriver Marie-Louise Ekman i Film & TV 1992:4, intervjuad av Klas Viklund. Om sina kvinnliga gester berättar GE i *Den skrattretande teatern*.

SVENSK TRÖGHET PÅ EXPORT

Maj Sjöwall talar om Beck-filmatiseringarna intervjuad av Christina Jofs i Chaplin 1993:3. I samma tidskriftsnummer skildrar Annelie Jordahl och Håkan Lahger inspelningen.

KONSTEN ATT HÖRA PUBLIKEN LE

Mötet med gamle kungen återger GE i samtal med Tove Ellefsen-Lysander.

Litteratur

INGMAR BERGMAN

Bilder
Norstedt, 1990

Laterna magica
Norstedt, 1987

SICKAN CARLSSON

Sickan: minnen berättade för Anna Nyman
Bonnier, 1977

MARTIN DYFVERMAN (RED)

Den första TV-teatern: 1954-1969
Blå bergen, 2004

AGNETA EKMAN WRANGEL

Hallon och torr champagne
Bonnier, 1987

HASSE EKMAN

Den vackra ankungen
Wahlström & Widstrand, 1955

Kurre Korint och drömfabriken: en djupt osannfärdig berättelse från filmens underbara värld
Wahlström & Widstrand, 1956

JOHAN ERLANDSSON

Då kan man lika gärna kittla varandra: en bok om Allan Edwall
Atlas, 2009

BENGT FORSLUND

Dramat i tv-soffan: från Hamlet till Svensson, Svensson: svensk tv-dramatik under 50 år
Arena/SVT, 2006

Från Gösta Ekman till Gösta Ekman: en bok om Hasse, far och son
Askild & Kärnekull, 1982

Victor Sjöström: hans liv och verk
Bonnier, 1980

LEIF FURHAMMAR, JANNIKE ÅHLUND

En liten bok om Hasse: Hasse Ekman som filmregissör
Filmkonst, 1993

LEIF FURHAMMAR

Sex, såpor och svenska krusbär: television i konkurrens
Ekerlid, 2006

PER GERHARD
Karl Gerhard: med kvickheten som vapen
Lind & Co, 2007

JAN GUILLOU, JAN HÅKAN DAHLSTRÖM
Artister: intervjuer och porträtt
Norstedt, 1979

KARIN HELANDER (RED)
Den skrattretande teatern: ett år med Gösta Ekman och hans vänner
Carlssons, 2009

BIRGITTA HÖIJER
Det hörde vi allihop! Etermedierna och publiken under 1900-talet
Stiftelsen etermedierna i Sverige, 1998

MARIANNE HÖÖK
Får man vara lite tilltalande i det här samhället?: en antologi
Annette Kullenberg (red)
Atlas, 2008

ULF KJELLSTRÖM
Sture Lagerwall: teatergeni – och busfrö
Norlén & Slottner, 2005

MÅNS LAGERLÖF (RED)
Johan Bergenstråhle: en minnesskrift
Stockholms stadsteater, 1996

KARIN MOBERG
Hans Alfredsons rörliga bilder
Discantus, 1998

ULF MÅRTENSSON
Hasse & Tage: från äppelkrig till vargatid
Kabusa böcker, 2008

STAFFAN SCHÖIER, STEFAN WERMELIN
Hasse & Tage: Svenska ord & Co: saga & sanning
Bonnier, 2005

HENRIK SJÖGREN
Lek och raseri: Ingmar Bergmans teater 1938–2002
Carlssons, 2002

TYTTI SOILA
Att synliggöra det dolda: om fyra svenska kvinnors filmregi
Symposium, 2004

CAROLINA SÖDERHOLM
Svenska formrebeller: 1960- & 70-tal
Historiska media, 2008

GÖRAN TONSTRÖM
Hasse & Tage och deras Svenska ord
Ica, 1994

PER VERNER-CARLSSON, TOR-IVAN ODULF
Stockholms stadsteater 21. 10. 1960: en dokumentation i ord och bild
Stockholm: [Stadsteatern], 1960

KATJA WALDÉN (RED)
Teatern i centrum: en bok om Stockholms stadsteater 1960–1990
Komm. för Stockholmsforskning, 1990

ARNOLD WESKER
The friends: a play in two acts
Cape, 1970

Illustrationer

Några illustrationer har hämtats ur privata album. Trots efterforskningar har förlaget inte kunnat kontakta samtliga upphovsmän/rättighetsinnehavare. Dessa uppmanas höra av sig till förlaget.

6: Jan Friedlund
14: Olof Landström
16–17: Okänd fotograf
28: KW Gullers fotosamling © Nordiska museet
36: Privat bild
40: Linda Axelsson / Sydsvenskan / IBL Bildbyrå
42: Privat
47: Privat
50: Privata
54: Privat
60–61: Privat
72: Scanpix
75: © 1955 AB Svensk Filmindustri / © 1957 AB Svensk Filmindustri/ ur Svenska Filminstitutets bildarkiv
86–87: © 1957 AB Svensk Filmindustri
95: Jan Friedlund
100: IBL Bildbyrå
104: Roland Andersson
109: © 1959 AB Svensk Filmindustri/ur Svenska Filminstitutets bildarkiv
130: Lennart Nilsson/Scanpix
134: André Lafolie/Stockholms stadsteater
138: Privat
144: Jan Ekenryd/SVT
152: Okänd fotograf
156: Per Wiklund/Scanpix
158: Privat

160–161: Ragnhild Haarstad/ Scanpix
163: Roland Andersson/SVT
168: André Lafolie/Stockholms stadsteater
174–175: Jan Ekenryd
180: Privat
186–187: Peder Björkegren
190–191: André Lafolie/ Stockholms stadsteater
196: André Lafolie/Stockholms stadsteater
208: © 1971 AB Svenska Ord, AB Svensk Filmindustri Stillbildsfoto: Bo-Erik Gyberg
212: Privat
215: Scanpix
217: © 1978 AB Svenska Ord, AB Svensk Filmindustri Stillbildsfotograf: Roland Sterner
222–223: Kenneth Thorén/ SVT
225: Bertil S-son Åberg/SVT
234–235: Staffan Johansson/ Scanpix
237: Privat
248: Okänd fotograf
250: SVT
258–259 Okänd fotograf
266–267: Scanpix
275: © 1983 AB Svensk Filmindustri/ ur Svenska Filminstitutets bildarkiv
279: Joakim Strömholm
281: © 1985 Omega Film & Television AB/ur Svenska Filminstitutets bildarkiv
282–283: Scanpix
292–293: © 1986 AB Svensk Filmindustri Stillbildsfoto: Göran Hallberg
296: © 1986 AB Svensk Filmindustri Stillbildsfoto: Göran Hallberg
299: © 1986 AB Svensk Filmindustri/ ur Svenska Filminstitutets bildarkiv
308: Jonas Karlsson
312: © 1989 Hinden/Länna-ateljéerna/ur Svenska Filminstitutets bildarkiv
315: Lars Epstein/Scanpix
319: Scanpix
326–327: © 1993 Victoria Film ApS Stillbildsfoto: Alexander Crispin
330: © 1993 Victoria Film ApS/ur Svenska Filminstitutets bildarkiv
336: © 2003 Fladen Film
338–339: Oskar Kullander/ SvD/Scanpix
350: © 1981 AB Svensk Filmindustri
351: Eva Lindblad/1001bild.se

Verksregister

Personregister